事業性評価・
ローカル
ベンチマーク
活用 事例集

資金調達コンサルタント・
中小企業診断士　中村　中
㈱マネジメントパートナーズ　共著

ビジネス教育出版社

はじめに

　中小企業に対する金融機関の融資手法の大変革があり、銀行の審査方法や借入申込企業の情報開示方法が新しくなりました。それは、「事業性評価融資」であり、「ローカルベンチマーク」です。この手法の徹底を目指して、金融庁は「金融仲介機能ベンチマーク」の実施を各金融機関に促しています。

　そのなかでも、経済産業省が中心になって推進している「ローカルベンチマーク」は、地域のビッグデータをわかりやすい図表やグラフで表現したRESAS（地域経済分析システム）を組み込み、また、今までは金融機関内部で作成していた個々の企業の財務データの分析・評価も「財務分析シート」として、中小企業自身で作成し評価することができるようになりました。従来、中小企業は自社のデータについてもその処理は難しく、金融機関が長い期間にわたる企業などとの人的関係の中から得られた情報を加工しながら融資などを行う「リレーションシップバンキング：リレバン」というビジネスモデルが、一般的な中堅・中小企業には通用しなくなりました。情報化・IT化・IoT化の波は、地域金融機関に任せきりにしていた中小企業の情報開示に大きな変化をもたらすことになりました。

　一方、地域金融機関も、地域に密着する大企業として、多くの優秀な人材を抱えて、中小企業の経営相談・指導・支援を行うこともなかなかできなくなりました。地域金融機関は、少子高齢化や地方と都市の格差拡大と、銀行業務の効率化・IT化また業務内容の複雑化から、以前のように中小企業に積極的に手を差し伸べるような「人的サービス」は、収益面・人材面の制約から、なかなかできなくなっています。地域金融機関の融資現場である支店の貸出担当者は、多くのルーティンワークのため、毎日、決められた業務を手際よく行わなければならず、収益の見込めない「人的サービス」に投入する時間はなくなっています。ほとんどの貸出担当者は、全く自由な時間がなく、新しい仕事などは受け入れる

ことができない状況にあります。「事業性評価融資」も「ローカルベンチマーク」も新しい業務ですから、他の業務を軽減しない限り、この業務を行えない状況にあるようです。しかも、一人ひとりの銀行員は、本部の業績考課と人事考課に縦横に縛られており、ルーティンワークを励行しなければ、各人の評価は下げられ、行内での昇進昇格が望めなくなっています。

　金融庁が取引先中小企業の発展を支援するガイドラインを地域金融機関に提示し、本部の役員や審査部メンバーがそのガイドラインを承諾したとしても、融資現場の貸出担当者のレベルまでには届きません。ガイドラインに沿いブレークダウンした業務は取引先と接する担当者には徹底しないようで、なかなか中小企業へのサービスが実行されないのが現実です。

　そこで、本書は、地域金融機関の融資現場にいる、このような貸出担当者の実態を想定して、「事業性評価融資」「ローカルベンチマーク」の事例を解説することにしました。融資現場の貸出担当者が、情報開示を受けながら、中小企業経営者や税理士などの専門家と交渉し対話を行って、本部審査部に「事業性評価融資」「ローカルベンチマーク」の内容を盛り込んだ申請書（稟議書）を上げることができるように、多くの事例を集めました。融資現場を念頭に置きながら、わかりやすく説明することにチャレンジしました。

　「事業性評価融資」「ローカルベンチマーク」は誕生して、それほど時間が経っていませんし、各金融機関内部にもその実例は豊富にあるわけではありませんので、平成14年に公表され、融資現場の貸出担当者ならば誰でも知っている「金融検査マニュアル別冊（中小企業融資編）」の27事例を「事業性評価融資」の支援ケースとして解説しました。さらには、実際のコンサルティングを実施した4つの事例を「ローカルベンチマーク」を通して、金融機関が支援することとして、この事例集をまとめてみました。金融検査マニュアル別冊（中小企業融資編）の27事例には、「ローカルベンチマーク」のRESAS（地域経済分析システム）を使った説明を盛り込み、実際のコンサルティング事例には、やはりRESAS

と財務データの分析・評価のローカルベンチマーク・ツールを組み込んだ解説をしました。

　この事例集によって、金融機関の融資担当者は稟議書作成に役立ち、中小企業経営者や税理士などの専門家は、交渉や対話の参考になるものと思います。この事例集は、金融検査マニュアル別冊（中小企業融資編）の事例をすべて載せていますから、事業性評価を網羅しているとも言えます。また、現実のコンサルティング案件をローカルベンチマークの視点で多面的に解説しましたので、情報開示資料のサンプルにもなります。ぜひとも、すべての事例を、通読されることをお願いしたいと思います。

　私としては、「事業性評価融資」「ローカルベンチマーク」のそれぞれのテーマについて、既に単行本を出しておりますが、どうしても、この新しい概念の紹介だけで精一杯になってしまい、多くの皆様がこの素晴らしい金融手法を実践するには、いまひとつ、抵抗感があるようでした。金融機関の担当者の稟議書や、中小企業の経営者や専門家の交渉や対話など、事例がない場合は、この新概念の溝を、なかなか乗り越えることができないとの声が大きくなってきました。そこで、コンサルタント経験を重ね、金融機関交渉や対話の経験を積んできた我々が、思い切って、事例の解説を試みることにしました。

　とは言いながら、「事業性評価融資」「ローカルベンチマーク」は、まだまだ日が浅い融資手法であり情報開示手法です。これから、実際に、多くの実例が積み上がっていくことになると思いますので、その事例を、今後、さらに本書に加えていきたいと思っています。そうすることにより、この事例集はより立体感のある充実したものに育っていき、これらの手法が定着した後には、大いに中小企業の発展や地域の活性化に寄与できることになると思っています。この事例集が「事業性評価融資」「ローカルベンチマーク」推進の呼び水になることを、心より期待しております。

2017年1月

中村　中

事業性評価・ローカルベンチマーク 活用事例集

目　次

第 1 章　金融機関融資の変化

1．従来の銀行の融資審査の実態 ……………………………………………… 8
2．金融機関審査の新しい方向性 ……………………………………………… 14
　① 　事業性評価融資 ……………………………………………………… 14
　② 　ローカルベンチマーク ……………………………………………… 18
3．事例研究 …………………………………………………………………… 23

第 2 章　事業性評価融資 事例集

1．経営者への着目 …………………………………………………………… 34
　① 　経営者の資質を評価 ………………………………………………… 34
　② 　金融機関の支援取り付けへの経営者の資質を評価 ……………… 48
　③ 　後継者への支援と評価 ……………………………………………… 56
2．事業への着目 ……………………………………………………………… 67
　① 　営業力・販売力 ……………………………………………………… 67
　② 　技術力 ………………………………………………………………… 80
　③ 　業種 …………………………………………………………………… 92
3．関係者への着目 …………………………………………………………… 104
　① 　実質同一体 …………………………………………………………… 104
　② 　家族の支援 …………………………………………………………… 117
　③ 　短期継続融資（返済猶予）による金融機関の支援 ……………… 122

4．内部管理体制への着目 ……………………………………………………… 141
- ① 内部管理体制の維持・充実 ……………………………………………… 141
- ② 外部連携にふさわしい内部管理体制の構築 …………………………… 154

5．地域の経済・産業の把握 ……………………………………………………… 168
- ① 地域の雇用維持・増加等支援 …………………………………………… 168
- ② 地域産業の活性化支援 …………………………………………………… 175

第3章 ローカルベンチマーク 活用事例集

1．「日本型金融排除」と「金融仲介機能ベンチマーク」 ……………… 188
2．事例集 …………………………………………………………………………… 193
- **1** ロカベン・ツールの活用法と注意点：アパレル卸売業のケース ……………………………………………………………………… 193
- **2** 対話を通じた経営者の気づきと意識変革：葬祭業のケース ……… 216
- **3** 対話を通じた経営戦略立案への接続：小売業のケース ………… 236
- **4** 実態把握における外部専門家の活用：食品製造業のケース …… 250

*上記**1**〜**4**共通の構成は次のとおり
① 企業概要
② ローカルベンチマークにおける財務分析診断結果
③ 非財務情報分析による実態把握
④ 活用のポイント
⑤ ローカルベンチマーク（作成時および）作成後の金融機関・経営者・専門家による対話

第1章 金融機関融資の変化

1 従来の銀行の融資審査の実態

　銀行員が初めて貸付課の担当者になりますと、「お金を貸すならば、企業の現在および将来性を判断して、お客様からお預かりしたご預金を大切に融資しなさい。」と教わります。お客様のご預金を融資して、その金利差にて利ザヤをとって銀行は収益を上げるのですから、「融資は絶対に良い会社、すなわち財務内容が良く将来性のある企業に貸して確実に返済をしてもらわなければなりません。」ということです。そのために、企業の財務内容をスコアリングシートで吟味して、すなわち財務指標を傾斜した点数の合計で評価して、企業の強さを判断します。

　ただし、それだけでは、企業の本当の強さがわからないために、数値で現すことのできない定性評価を金融検査マニュアル別冊（中小企業融資編）の27事例などで見直して最終的な企業のランキング評価を行います。一般的には、これを「債務者区分」（≒格付け）といい、正常先、要注意先、要管理先、破綻懸念先、実質破綻先、破綻先と名付けています。この下位のランキングである「要管理先から破綻先」までを不良債権先としています。

▶「中小企業格付」の全体像

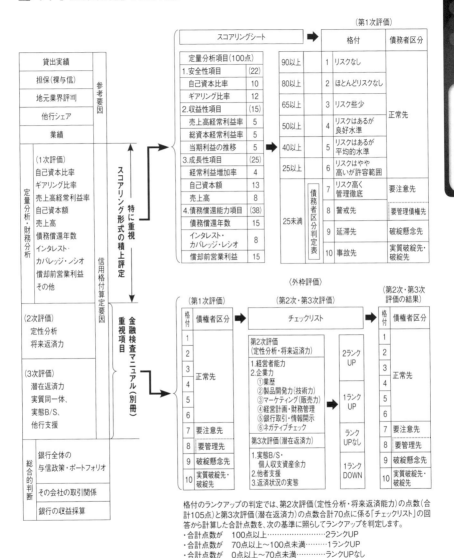

格付のランクアップの判定では、第2次評価(定性分析・将来返済能力)の点数(合計105点)と第3次評価(潜在返済力)の点数合計70点に係る「チェックリスト」の回答から計算した合計点数を、次の基準に照らしてランクアップを判定します。
・合計点数が　　100点以上……………………2ランクUP
・合計点数が　　70点以上～100点未満………1ランクUP
・合計点数が　　0点以上～70点未満…………ランクUPなし
・合計点数がマイナスの場合……………………1ランクDOWN
ただし、上記の合計点が、70点以上でも、企業力の「④経営計画・財務管理」(最高40点)と「⑤銀行取引・情報開示」(最高10点)の合計が30点未満の場合は、ランクUPなしとします。

▶ **金融検査マニュアル別冊（中小企業融資編）
定性分析項目別の類似事例分類表**

定性分析項目		類似事例	補足・細目事項
将来返済力	営業力（販売力）	7、8	8例は銀行との意思疎通を重視
	技術力	5、6	6例は銀行との意思疎通を重視
	経営者の資質（経営計画）	11、12、13、14	
	経営者の資質	9、16、17	（貸出条件履行等）特に9例は代表者個人の信用力
潜在返済力	実質同一体	1、2、3	
	外部支援度	4、15	4例は代表者の家族、15例は銀行の各支援度
	キャッシュフロー	10、28	10例は減価償却、28例は本業が順調
貸出条件緩和債権	元本返済猶予債権	19、20、21、22、23	19例はコロガシ借入、20例は短期継続融資、21例は法定耐用年数内期限、22例は信用保証協会で保全、23例は担保保証で保全
	同上（正常運転資金）	18	18例は在庫借入
	卒業基準	24、25	24、25例は「合理的かつ実現可能性の高い経営改善計画」が必要
	資本的劣後ローン	27	一定の5つの条件と合理的かつ実現可能性の高い経営改善計画

2008年11月7日の金融検査マニュアル別冊（中小企業融資編）の改訂で第25事例は削除され、2015年1月20日に第20事例が追加されました。
この追加に伴い、従来の20～24事例は21～25事例となり、第26事例が飛び番号になりました。
そこで、27・28事例は従来の26・27事例ということになっています。

　融資については、正常先は信用で融資を行うことができますが、要注意先については極力担保・保証をとって融資を行うように金融機関の担当者は貸付課への導入研修で教わりました。要管理先から破綻先までは、原則新規の融資は行わないように、もし新規に融資を行うならば、担保や保証を取って、万一返済ができなかった時には、その担保処分や保証履行で、営業活動などで返済できなかった融資を返済してもらうように言われました。すなわち要管理先、破綻懸念先の多くは担保・保証を取って融資を行い、返済できなかった時は、その担保を売却し、その代金で融資を返済してもらい、または、資産のある保証人には別に資金を作

ってもらって、その資金で返済をしてもらうことと習いました。実質破綻先・破綻先の場合は、その企業には担保も保証人も要求せずに、新規融資は謝絶していました。以上のことがすべての金融機関で、ほぼ例外なく実行されていました。

　1999年に金融検査マニュアルが公表され、正常先は0.3％、要注意先は5％、要管理先は20〜25％、破綻懸念先は60〜70％、実質破綻先、破綻先はほぼ100％の引当金を、信用扱いの融資残高に掛けた金額を積み上げるように、金融庁検査などで指導され、金融機関はこの引当金の積上げを励行していました。担保・保証があれば、この引当率が引き下げられ、引当金の負担が軽減されました。実はこのルールや論理が、担保・保証に依存する融資が増加した大きな原因です。

　金融機関としては、引当金負担が大きくなると費用負担が増加し収益に悪影響を与えることになるので「担保・保証に過度に依存する融資」しか貸し出さなくなってしまったともいえるのです。とにかく、いままでの金融機関は、「企業自身の財務内容・定性要因のみ」を判断して、債務者区分を算定し、その結果によって融資を行っていたのです。金融機関の貸付担当者には、ドラマ「半沢直樹」の主人公である半沢直樹とか、ドラマ「花咲舞が黙ってない」の相馬健調査役のような筋を通す人材もいますが、金融機関の意思決定を行う稟議書については、作成は支店の担当者や課長が起案し、支店ならば支店長や副支店長が、本部審査部ならば副審査役、審査役、次長、部長が融資実行などの最終意思決定を行います。

▶ 金融機関内部の稟議書の典型的フォーム

貸出の種類	金額	利率	期日	返済方法	資金使途
担保					

貸出内容	現在残高	利率	毎月返済額	引当	当初金額	期日
①						
②						
③						
④						
合計						
財務内容						
損益状況						
財務比率						
所見						

支店長	副支店長	課長	担当	副審査役	審査役	次長	部長	取締役	専務・常務	副頭取	頭取
○	○	○	○	○	○	○	○	○	○	○	○

▶ 銀行・信用金庫・信用組合の組織のイメージと貸出案件の決定フロー

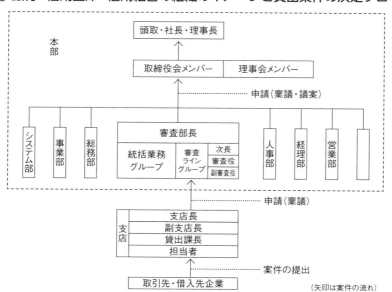

(矢印は案件の流れ)

半沢直樹や相馬健は、融資現場を熟知している稟議書の起案者ですが、金融機関の意思決定者は、現場の実情や取引先企業の実態をよく知らない支店長ないしは本部の副審査役、審査役が判断するので、なかなか「半沢直樹」や「相馬健」などの主張も、金融機関内部では通らないことが多くなります。貸出現場の担当者は、一般的には融資経験も少ない、若手の担当者が融資教育も兼ねて配属されています。支店長や副支店長また本部の副審査役、審査役などは、融資スキルも高く融資業務経験も長いベテランです。ただし、現場や企業の実態はあまりわかっていないケースが一般的です。支店の融資担当者が、取引先企業の実態を、稟議書という文章にして詳しく、正しく表現できれば、その上司は正しく判断できますが、担当者は融資経験もスキルもあまりありません。そのうえ、本部の副審査役や審査役になれば、1日に50〜100件程度の案件処理をしなければならず、到底、細目についての情報収集はできません。そこで客観的な資料データとしてスコアリングシートのデータや担保・保証の情報に融資判断の力点を置くようになってしまいます。

　また、中小企業の多くは複数行から借入れを行っています。この複数行取引の場合は、支店長や副支店長また本部の副審査役や審査役などは客観的な情報として他行の支援動向を見るようになります。もしも他行の支援姿勢が消極的であるならば、また返済を強めているならば、その企業の存立基盤は危ういと見られます。この姿勢は、各金融機関の融資残高の推移をフォローすればわかります。

　本部の副審査役、審査役などは、各金融機関の融資残高推移を、各企業自身のスコアリングシートや担保・保証（保証協会保証を含む）の情報に加えて、大きな判断材料にしています。どうしても、支店の未熟な担当者の文章やその意見は、軽んじられる傾向にあります。たとえ、その課長・副支店長や本部の副審査役・審査役などは、稟議書に書かれた担当者の意見が正しいと思ったとしても、自分の上司やその上の上司、すなわち、支店長や審査部長などの意思決定を想定して、やはり、客観的な数値であるスコアリングシートなどを重視して、担当者の意見を軽

視することになってしまいます。スコアリングシートのデータや目の前にある担保・保証などを重んじる結論になってしまうものです。

　債務者区分や金融検査マニュアルがこれほど広がっていない1999年より前では、貸出現場の担当者・課長またその上司の支店長の意見を本部も重視していました。しかし、2000年に入ってからは、不良債権が多く発生し、その解消に全力投球を行っていた金融機関は、本部に融資スキルの高い人材を集めて、融資現場の支店担当者の意見よりも債務者区分などの客観的なデータばかりを信頼するようになってしまいました。

　ほとんどの地域金融機関について、融資現場の支店の意見よりも、意思決定者である本部の副審査役、審査役などは、客観的データや目に見える担保や保証を重んじるようになりました。

　ということで、今までの金融機関の中小企業の審査は、その承認基準が高まってしまい、中小企業への実態を反映する融資はなかなか実行できないようになってしまいました。しかし、地域金融機関は自行庫のためにも、地域活性化のためにも、どうしても、中小企業融資を積極的に推進しなければならなくなり、これからは融資審査の手法や考え方を大きく変えなければならなくなりました。

2　金融機関審査の新しい方向性

① 事業性評価融資

　従来の金融機関の審査では、中小企業への融資はなかなか承認することは難しくなってしまいました。長期間のデフレやリーマンショック後の、30～40万社にも及ぶといわれる返済猶予先の現状からは、中小企業の財務内容は傷ついており、各金融機関ともスコアリング評価、債務者区分評価などによって、積極的には融資ができにくい状況にあります。そのうえに、都市と地方の格差の広がり、また、地域企業の新規借入れや創業企業の資金ニーズの弱さも加わり、地域金融機関の収益源泉である融資残高増加は極めて難しい状況になってしまいました。

このような厳しい状況ですので、どうしても地域は元気がなくなり、地域活性化を目指す「金融庁」「まち・ひと・しごと創生本部」「経済産業省」「中小企業庁」などの行政機関は、各金融機関に融資の活発化を強く期待するようになりました。地域金融機関としても、マイナス金利下で、資金利ザヤが減少していることに対し、何とか利ザヤ拡大を講じなければならず、従来の手法を乗り越えて、積極的に広範囲の中小企業に貸出しをセットすることに注力しなければならなくなりました。

　そのためには、債務者区分のボーダーラインを引き下げて、融資をしなければなりません。とはいうものの、与信管理も手を抜くことはできません。そこで、いままではそれほど重視していなかった事業の内容と成長可能性を、もう一度見直すことになりました。技術力・販売力・経営者の資質、ステークホルダーの支援度、内部管理体制、そして、地域貢献などに対する「事業性評価のベースになる項目」を再評価することになりました。

　もともと、金融機関の行う融資というものは、貸出金が事業活動を経由して将来入金するまでの「つなぎ資金」という位置づけです。商品を仕入れて、在庫を経由して、販売を行い、その売掛金の入金がありますが、その入金を見通して、資金供給を行うのが融資であり、これが仕入資金貸出であり、在庫資金貸出であり、売掛金貸出というものです。賞与資金貸出は、毎月積み立てた賞与引当金を取り崩すまでの「つなぎ資金」融資です。設備資金貸出は、毎年積み立てた減価償却を取り崩すまでの「つなぎ資金」融資です。

▶ **銀行貸出のパターン**

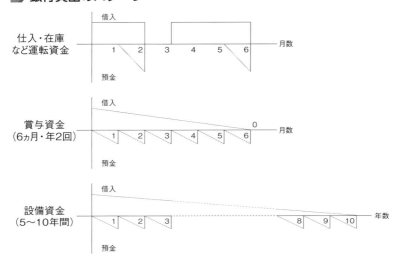

　その融資期間に、企業が赤字を出しますと、返済財源がなくなってしまいますので、その間の企業活動をチェックするのが「企業審査」というものです。企業の赤字は、手元のキャッシュを食ってしまい、「つなぎ資金」の入金分を食ってしまいますから、業績をフォローし予測するのです。これを「企業審査」と言います。その前の「つなぎ資金」のキャッシュフローをチェックすることが「事業審査」です。もしも、「企業審査」でも「事業審査」でも返済財源が不安であるならば、「担保や保証」を徴求して、その対象資産の売却代金や対象財源で返済を想定します。しかし、その売却代金や返済財源も見込めないこともありますので、その時は企業が雇用や仕入先・販売先などを通して企業活動で地域貢献を行っている内容や将来の可能性を判断します。この審査が「エリア審査」であり、「リレーションシップバンキング審査：リレバン審査」というものです。

金融機関の審査プロセス

●第1プロセス

企業審査	第1行程	定量分析（財務分析）チェック＝自己資本比率・債務償還年数など
	第2行程	定性分析（金融検査マニュアル別冊）チェック＝営業力・販売力など

●第2プロセス

事業審査		資金使途チェック
事業審査	短期マネーフロー（主に「資金繰り実績・予想表」でチェック）	1）仕入・在庫・販売 2）賞与・決算 3）正常なる運転資金
	長期マネーフロー（主に「資金運用調達表」でチェック）	1）設備 2）長期運転資金 3）貸出構成修正 4）事業再生 5）経営改善支援
	資本的資金 充当貸出 （含、ファンド等）	1）創業（成長） 2）業種転換 3）自己株式購入 4）M&A 5）事業承継

担保・保証チェック
コベナンツ （財務制限条項）
流動資産担保 （ABL等）
従来型 固定資産担保 （不動産・株式等、 含定期預金）

第1プロセス
第2プロセスの
審査でリスクが
大きい時

●第3プロセス（企業審査・事業審査不可の場合）

エリア審査	大分類	小分類
エリア審査	ステークホルダー への貢献度	消費者（顧客）
		仕入先
		得意先
		従業員
		株主
		債権者
		地域住民
		行政機関
		その他（　　　　）
	地域貢献への 当社の意欲	経営者等役員
		従業員
		その他（　　　　）
	地域・地元での 当社への評価	税理士・会計士
		商工会議所・商工会
		学・官
		その他（　　　　）

いままでは、金融機関の審査は、より安全性を見るために、網掛け部分を融資対象にしませんでしたが、今後は、企業の事業性評価を行って、この網掛け部分に融資を行うことになります。これが、事業性評価融資とも言えるのです。この融資の根拠を示すには、事業の内容や成長可能性を、経営者・事業・関係者・内部管理体制に着目して、明確にしなければなりません。時には、借り手企業は外部の専門家に支援を依頼することも想定するのです。このようにして、資金フローや融資の可否をチェックするのです。

② 　ローカルベンチマーク
　一方、債務者としての企業も、自分の強みや実態を債権者や支援機関である金融機関に、情報開示する必要が出てきました。もともと、リレーションシップバンキング手法として、「債権者である金融機関が、長期間の親密な取引関係のなかから、債務者である取引先企業の業務内容を徐々に習得して、情報の非対称性を解消して、融資を行うこと」という手法が、地域金融機関と取引先企業の間で、通用していました。
　しかし、今となっては、金融機関と取引先の間では、企業の成長や衰退のスピードが速く、その激しい変化を見守るということは通用しなくなりました。中小企業は、元来、急成長を期待されていますから、変化があることが当然です。
　一方、現在は、ビッグデータの情報が容易に得られるようになっています。このデータから、短時間に的確な情報を得られるようになってきました。もはや、債務者企業の情報は企業自身ばかりではなく、債権者である金融機関自身でも、このビッグデータを加工することで得られます。大雑把かもしれませんが債務者企業のアウトラインや概要を把握することができるようになっているのです。すでに、地域に関する情報を大量に保有している地域金融機関は、地域のビッグデータから、債務者企業の的確な情報を債権者として、収集することができるようになりました。しかも、そのビッグデータは、RESAS（地域経済分析システム）として、グラフや図表としてわかりやすく表示されています。

同時に、企業自身としても、自社の財務情報データを財務指標としてわかりやすく加工するシステムを容易に利用することができるようになり、非財務情報データも種々のチェックリストや一覧表で第三者に伝えやすい形式で整理できるようになってきました。
　このような環境の下、地域の中小企業や金融機関またその専門家は、ローカルベンチマークの手法を習得するようになったのです。

▶ローカルベンチマークの内容

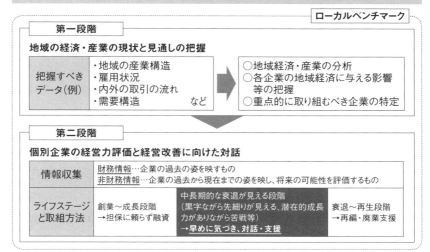

　このローカルベンチマークを使って、金融機関と債務者企業は、相互の対話によって、両者の情報交換や意見交換ができるようになりました。このような環境の変化から、ローカルベンチマークの指標作成とそれに基づく対話が行われるようになり、相互の理解は深まることになってきました。
　債務者企業としては、今までは自社しかわからないと思っていた主観的な情報を、客観的な財務指標や非財務の一覧表で情報開示資料にすることができるようになり、債権者の金融機関への融資申込資料やその後のモニタリング資料にも使えるようになりました。

財務分析入力シート

- 「入力シート」の黄色い網掛け部分に必要な情報を入力・選択すると、「【診断結果】財務分析シート」に6つの指標が計算され、点数が算出されます。

以下項目の黄色い網掛け部分について入力してください。

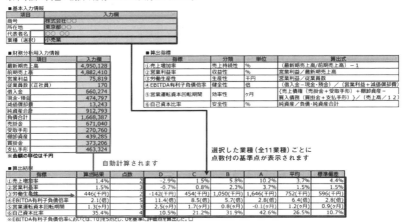

自動計算されます

選択した業種（全11業種）ごとに点数付の基準点が表示されます

【診断結果】財務分析シート

- 財務分析診断結果が表示されます。
- 6つの指標について業種平均との乖離を把握できます。

定性ヒアリングシートイメージ①

定性ヒアリングシート

■基本情報

商号	株式会社帝国テクノツール	売上高	4,950,128（千円）
所在地	東京都中央区新富1-12-2	営業利益	75,819（千円）
代表者名	志水　和正	従業員数	170（人）
業種（選択）	卸売業		

経営者への着目	経営者自身について ビジョン 経営理念	ビジョン：ファッションを通じてお客様の生活を豊かにする。お客様に楽しみや感動を得てもらえるように、お客さまの気持ちに共感することを心掛けている。	企業を取り巻く関係者への着目	市場規模・シェア 競合他社との比較	SPA、ファストファッションの台頭があり、低価格化が進んでいる。当社の強みであるデザインをどのように訴求していくかが課題である。
	後継者の有無	代表は現在45歳と若いため、まだ後継者については考えられていない		主力取引先企業の推移	・卸に関しては、売上上位の20社は取引を維持している。 ・ユーザーへの直販に関しては、70％以上が1年以内に複数回購入。
事業への着目	企業及び事業沿革	昭和34年に現代表の父親が創業し、平成15年に2代目社長である現代表に交替。自社ブランドによる販売に限界を感じていたところ、商社の仲介で有名カジュアルブランドと提携し、主にTシャツのデザインを提供。		従業員定着率 勤続日数 平均給与	・平均年齢：44歳 ・従業員定着率：95％ ・正社員人数→ 　　平成24年：40名 　　平成25年：48名
				取引金融機関数とその推移	創業時より地元信用金庫をメインとしており、現代表になってからも変更はない。
	技術力、販売力の強み	・Tシャツだけでなく、パンツやシャツなどの品揃えを強化している。 ・自社ブランドの育成に注力し、有力ブランドとのコラボレーションを積極的に展開。	内部管理体制への着目	組織体制	ISO9001やPマークの認証取得により、業務プロセスの見える化が進んでおり、マニュアルなども整備されている。
				経営目標の有無 共有状況	現代表が就任してから、中期経営計画の策定や月次決算による予実管理など、管理体制が強化されている。また、これらの内容について取引先とも一部共有されており、対外的な信用獲得にもつながっている。
	技術力、販売力の弱み	デザイナーの属人的な力に頼っている部分がある点は改善していくべき課題である。		社内会議の実施状況	毎週月曜日に全体会議を行っており、社長、幹部、社員の意識共有の場として機能している。
	ITの能力 イノベーションを生み出せているか	平成24年には自社ウェブサイトで独自に販売を開始。ユーザーへの直接販売を通して、これまでの販売ルートよりも利益を確保できるようになった。		人事育成のやり方 システム	・新入社員研修や階層に応じた研修制度を構築。 ・有料の外部機関が実施する研修にも会社負担で希望者には取り組ませている。

債権者の金融機関も、従来ならば、債務者企業から提示される財務報告や事業計画の情報を、自分たちの経験や知識によって評価することが精々でしたが、今後は、金融機関自身が、独自に得た債務者企業やその周辺情報また地域情報から大雑把であるものの企業情報を把握することができ、債権者と債務者の両者間でより突っ込んだ対話ができるようになりました。金融機関は、多くの地域情報を加工したRESAS情報や総務省統計局の経済センサスによって、ビッグデータなどを保有することができ、従来債務者企業からしか入手できなかった財務データに加えて、債権者独自の企業情報や地域情報も持つことができるようになりました。

▶ RESAS（地域経済分析システム）とは

目的
- ▶人口減少、過疎化が構造的に進展し、疲弊する地域経済を真の意味で活性化させていくためには、自治体が、地域の現状・実態を正確に把握した上で、将来の姿を客観的に予測し、その上で、地域の実情・特性に応じた、自発的かつ効率的な政策立案とその実行が不可欠。
- ▶このため、国が、地域経済に係わる様々なビッグデータ（企業間取引、人の流れ、人口動態、等）を収集し、かつ、わかりやすく「見える化（可視化）」するシステムを構築することで、自治体による様々な取組における、真に効果的な計画の立案、実行、検証（PDCA）を支援する。

RESASを用いて把握できること（一例）

❶産業マップ

企業数・雇用・売上で地域を支える産業が把握可能に
行政区域を超えた産業のつながりが把握可能に（※）

❷地域経済循環マップ

自治体の生産・分配・支出におけるお金の流入・流出が把握可能に

❸農林水産業マップ

農業部門別の販売金額割合が把握可能に
農業経営者の年齢・農地の利用状況が把握可能に

❹観光マップ

どこからどこに人が来ているか把握可能に
インバウンド観光動向が把握可能に

❺人口マップ

人口推計・推移、人口ピラミッド、転入転出を合算して把握可能に
地域の少子化と働き方の関係が把握可能に

❻消費マップ

飲食料品や日用品の購入金額・購入点数の商品別シェアが把握可能に

❼自治体比較マップ

各種指標を他の自治体と比較し、自らの位置付けを把握可能に

RESASのご利用はこちらから
https://resas.go.jp/
（Google Chromeよりご覧ください）

（※）企業間取引データは、国および地方自治体の職員が一定の制約の下で利用可能な「限定メニュー」。

今後は、債務者企業の情報開示と債権者金融機関のビッグデータ等の独自の情報のすり合わせにより、金融機関はレベルの高い審査が可能になると思われます。ローカルベンチマークに基づく、債権者と債務者の対話を通せば、借り手企業の審査もより精度が高まるものと思われます。このことによって、従来の審査における融資実行水準を引き下げたとしても、金融機関の与信リスクが高まることは防止できることになるのです。事業性評価融資の審査も、このローカルベンチマークのスクリーンを通せば、より精度が高まるものになると思われます。

3　事例研究

　このように、事業性評価融資やローカルベンチマークを通した金融機関の審査は精度が高まると思われますが、このことは平成28年（2016年）9月15日の金融仲介機能ベンチマークにおいても明確に記されています。今後の金融庁検査や金融機関ヒアリングはこのベンチマークに沿って行われますから、近々、各金融機関に徹底されるものと思われます。

　具体的には、このベンチマークは、すべての金融機関が金融仲介の取組みの進捗状況や課題等を客観的に評価するために「共通ベンチマーク」5項目があり、各金融機関が自身の事業戦略やビジネスモデル等を踏まえて選択できる「選択ベンチマーク」50項目の構成になっており、以下に示すとおりです。

1．共通ベンチマーク

項　目	共通ベンチマーク
(1) 取引先企業の経営改善や成長力の強化	1. 金融機関がメインバンク（融資残高1位）として取引を行っている企業のうち、経営指標（売上・営業利益率・労働生産性等）の改善や就業者数の増加が見られた先数（先数はグループベース。以下断りがなければ同じ）、及び、同先に対する融資額の推移
(2) 取引先企業の抜本的事業再生等による生産性の向上	2. 金融機関が貸付条件の変更を行っている中小企業の経営改善計画の進捗状況
	3. 金融機関が関与した創業、第二創業の件数
	4. ライフステージ別の与信先数、及び、融資額（先数単体ベース）
(3) 担保・保証依存の融資姿勢からの転換	5. 金融機関が事業性評価に基づく融資を行っている与信先数及び融資額、及び、全与信先数及び融資額に占める割合（先数単体ベース）

2．選択ベンチマーク

項　目	共通ベンチマーク
(1) 地域へのコミットメント・地域企業とのリレーション	1. 全取引先数と地域の取引先数の推移、及び、地域の企業数との比較（先数単体ベース）
	2. メイン取引（融資残高1位）先数の推移、及び、全取引先数に占める割合（先数単体ベース）
	3. 法人担当者1人当たりの取引先数
	4. 取引先への平均接触頻度、面談時間
(2) 事業性評価に基づく融資等、担保・保証に過度に依存しない融資	5. 事業性評価の結果やローカルベンチマークを提示して対話を行っている取引先数、及び、左記のうち、労働生産性向上のための対話を行っている取引先数
	6. 事業性評価に基づく融資を行っている与信先の融資金利と全融資金利との差
	7. 地元の中小企業与信先のうち、無担保与信先数、及び、無担保融資額の割合（先数単体ベース）
	8. 地元の中小企業与信先のうち、根抵当権を設定していない与信先の割合（先数単体ベース）

		9.地元の中小企業与信先のうち、無保証のメイン取引先の割合(先数単体ベース)
		10.中小企業向け融資のうち、信用保証協会保証付き融資額の割合、及び、100%保証付き融資額の割合
		11.経営者保証に関するガイドラインの活用先数、及び、全与信先数に占める割合(先数単体ベース)
(3) 本業(企業価値の向上)支援・企業のライフステージに応じたソリューションの提供		12.本業(企業価値の向上)支援先数、及び、全取引先数に占める割合
		13.本業支援先のうち、経営改善が見られた先数
		14.ソリューション提案先数及び融資額、及び、全取引先数及び融資額に占める割合
		15.メイン取引先のうち、経営改善提案を行っている先の割合
		16.創業支援先数(支援内容別)
		17.地元への企業誘致支援件数
		18.販路開拓支援を行った先数(地元・地元外・海外別)
		19.M&A支援先数
		20.ファンド(創業・事業再生・地域活性化等)の活用件数
		21.事業承継支援先数
		22.転廃業支援先数
		23.事業再生支援先における実抜計画策定先数、及び、同計画策定先のうち、未達成先の割合
		24.事業再生支援先におけるDES・DDS・債権放棄を行った先数、及び、実施金額(債権放棄額にはサービサー等への債権譲渡における損失額を含む、以下同じ)
		25.破綻懸念先の平均滞留年数
		26.事業清算に伴う債権放棄先数、及び、債権放棄額
		27.リスク管理債権額(地域別)

(4) 経営人材支援	28.	中小企業に対する経営人材・経営サポート人材・専門人材の紹介数（人数ベース）
	29.	28の支援先に占める経営改善先の割合
(5) 迅速なサービスの提供等顧客ニーズに基づいたサービスの提供	30.	金融機関の本業支援等の評価に関する顧客へのアンケートに対する有効回答数
	31.	融資申込みから実行までの平均日数（債務者区分別、資金使途別）
	32.	全与信先に占める金融商品の販売を行っている先の割合、及び、行っていない先の割合（先数単体ベース）
	33.	運転資金に占める短期融資の割合
(6) 業務推進体制	34.	中小企業向け融資や本業支援を主に担当している支店従業員数、及び、全支店従業員数に占める割合
	35.	中小企業向け融資や本業支援を主に担当している本部従業員数、及び、全本部従業員数に占める割合
(7) 支店の業績評価	36.	取引先の本業支援に関連する評価について、支店の業績評価に占める割合
(8) 個人の業績評価	37.	取引先の本業支援に関連する評価について、個人の業績評価に占める割合
	38.	取引先の本業支援に基づき行われる個人表彰者数、及び、全個人表彰者数に占める割合
(9) 人材育成	39.	取引先の本業支援に関連する研修等の実施数、研修等への参加者数、資格取得者数
(10) 外部専門家の活用	40.	外部専門家を活用して本業支援を行った取引先数
	41.	取引先の本業支援に関連する外部人材の登用数、及び、出向者受入れ数（経営陣も含めた役職別）
(11) 他の金融機関及び中小企業支援策との連携	42.	地域経済活性化支援機構（REVIC）、中小企業再生支援協議会の活用先数
	43.	取引先の本業支援に関連する中小企業支援策の活用を支援した先数
	44.	取引先の本業支援に関連する他の金融機関、政府系金融機関との提携・連携先数
(12) 収益管理態勢	45.	事業性評価に基づく融資・本業支援に関する収益の実績、及び、中期的な見込み

⑬ 事業戦略における位置づけ	46.事業計画に記載されている取引先の本業支援に関連する施策の内容	
	47.地元への融資に係る信用リスク量と全体の信用リスク量との比較	
⑭ ガバナンスの発揮	48.取引先の本業支援に関連する施策の達成状況や取組みの改善に関する取締役会における検討頻度	
	49.取引先の本業支援に関連する施策の達成状況や取組みの改善に関する社外役員への説明頻度	
	50.経営陣における企画業務と法人営業業務の経験年数（総和の比較）	

　以上、この金融仲介機能ベンチマークを概観しますと、「金融機関は積極的に中小企業への融資支援を行うように努力すべき」という意向が見えてきます。そこで、本書の第2章は、「事業性評価融資」に関する事例を述べることにしました。事業性評価融資とは、従来融資支援しづらかった案件を、事業の内容や成長可能性を見極めて積極的に支援することですから、このベンチマークの主旨に一致します。そして、ここでご紹介する事例は、平成14年（2002年）に公表された「金融検査マニュアル別冊（中小企業融資編）」の27事例です。企業の財務報告をスコアリングシートに掛けて算出した第一次の債務者区分を、金融機関の貸付担当者がランクアップするための事例です。すなわち、この27事例は一見ランクアップすることが難しい事例であり、当然、金融機関としては融資支援しにくい案件ばかりということです。

　第3章はローカルベンチマークに沿った事例であり、実際にMPS（㈱マネジメントパーナーズ）が取り上げた事例です。実際の数値や固有名詞は変更していますが、リアリティのあるケースとして、事業DD（デューデリ・調査）部分は、金融機関の融資担当者にとって参考にできるものになっています。

第2章 事業性評価融資 事例集

平成14年（2002年）に、「金融検査マニュアル別冊（中小企業融資編）」が、中小零細企業が金融機関から借入れをしたり、今まで借り入れていた融資を存続できるように、金融庁から公表されました。平成11年（1999年）に出された「金融検査マニュアル」をその条文通りに解釈すれば、金融機関としては、中小零細企業にはなかなか融資ができなくなってしまうという心配から、この別冊は誕生しました。

　同様に、平成28年（2016年）9月には、中小企業に対して、金融機関が円滑に融資をしていないことが明らかになり、「金融仲介機能ベンチマーク」が生まれました。平成27年度の金融行政方針で、金融庁は中小企業に対して金融機関がいかなる対応をしているか、「1000社ヒアリング」を行いました。その結果は、金融庁の「担保・保証に依存する融資を行わないように」という主張や、「事業性評価融資」「短期継続融資」「経営者保証ガイドライン」という指導方針は、各金融機関に徹底していないことが明らかになりました。

　一方、日銀のゼロ金利政策により、地域金融機関は中小企業に対する融資推進以外には、預金と貸出の利ザヤを確保する手段がないことが明らかになりました。このままでは、多くの金融機関が赤字になり、統廃合等によってか、大幅に人件費などの経費節減を行わなければならないことにもなります。しかし、この利ザヤを増やすには、高い金利が取りやすい事業性評価融資の増額を図ることが近道です。事業性評価融資こそ、従来の融資審査では取り上げられなかった、「審査目線をやや落とし、逆に事業内容と成長可能性を明確に示した事業性評価」を拠り所にした融資です。具体的には、金融検査マニュアル別冊（中小企業融資編）の27事例を、中小零細企業から中小企業全体に拡大するような行動が、最もわかりやすい事例になります。

　とはいうものの、金融機関の貸出現場である支店の融資担当者は、「信用力に疑義がある先に対しては、融資は行ってはいけない。そのような先に融資をしたならば、焦げ付きが発生すかもしれない。」と思い込んでいました。いくら「金融庁が、中小企業に融資を積極的に行うように」と言おうとも、やはり、本気で融資拡大をする支店の担当者はあまりい

ませんでした。「金融庁が金融機関に対して、中小企業に積極的に融資せよ」と言ったとしても「もしも、焦げ付きが出たならば、また、金融機関を強く追及するに決まっている。」と決めつけているようでした。

しかし、平成21年（2009年）12月にスタートした、「金融円滑化法」は、国を挙げての中小企業融資への壮大な実験と言えるものでした。この「金融円滑化法」によって、中小企業で返済猶予先は数十万社に上りました。この返済猶予というものは、金融検査マニュアルの資産査定（自己査定）の定義によれば、ほとんどが破綻懸念先に該当しますが、それなのに、中小企業の倒産は大幅に減少しています。金融機関が、返済猶予先に対して、強く返済を求めたり、正常返済を強要しなかったために、目下、戦後最も少ない倒産状況にあります。すなわち、中小企業は金融機関の支援が続く限り、倒産をすることは少ないことが明確になりました。しかも、その返済猶予先の貸出に金融機関が引当金を自主的に積み上げていたならば、金融機関の資産内容も劣化することはありません。そのうえ、中小企業への融資は、その大半が小口分散融資であり、金融機関の貸出資産はリスク分散が図れているのです。

このようなことから、ここでは、「金融検査マニュアル別冊（中小企業融資編）」の事例を、融資実行を行うスタンスで再度見直すことにしました。金融機関の融資担当者にとって、この事例は常に見慣れている事例でもあり、中小企業の経営者や財務担当者も、税理士などの専門家も、皆が馴染みのある事例です。しかも、その事例の内容は、短文でわかりやすくまとめられています。ただし、この事例のいくつかは、中小零細企業のケースになっていますが、とはいっても、そのほとんどは、中堅中小企業にも通用するものです。

また、ここでは、ローカルベンチマークにおける非財務情報の4項目である「経営者、事業、関係者、内部管理体制への着目」に対して、第一段階の「地域の経済・産業の把握」に役立つ「RESASや総務省統計局の経済センサス」などの情報を加えました。

さらには、この事例の解説には、膨大なRESASや経済センサスの中から、多くの図表やグラフを引用しました。これらは、事例の内容と必

ずしも整合性のあるものではありませんが、金融機関と取引先経営者やその顧問税理士などの専門家との間で対話を行う時には、認識を共有することができ、役立つ情報になります。

そして、「事業性評価（内容・成長可能性）の見方」や金融機関の見方として「資金ニーズと融資判断の可否」の項目も追加し、会計事務所との連携を想定して「外部連携」にも触れました。中小企業の90％超が会計事務所に税務・財務・経営相談などを行っていることからです。

なお、事例を通読されることを想定して、ローカルベンチマークの上記の非財務情報の着目点の順に事例を並べ直しました。

▶ ローカルベンチマークの非財務情報と金融検査マニュアル別冊（中小企業融資編）事例の関連一覧表

ローカルベンチマークの非財務情報	非財務情報の着目点の内容（13項目）	金融検査マニュアル別冊（中小企業融資編）事例
経営者への着目	経営者の資質	事例11、12、13
	金融機関支援取付け資質	事例16、17
	後継者の養成力	事例9、24
事業への着目	販売力の活用	事例7、8
	技術力の活用	事例5、6
	業種の強みの活用	事例10、28
関係者への着目	実質同一体	事例1、2、3
	経営者家族の支援	事例4
	金融機関の短期継続融資などの支援	事例18、19、20
内部管理体制への着目	内部組織の充実	事例21、27
	外部連携に相応しい組織	事例23、25
地域の経済・産業の把握【第一段階】	雇用増加	事例15
	産業の活性化	事例14、22

※　本一覧表とp.10の「金融検査マニュアル別冊（中小企業融資編）27事例の定性分析項目別の類似事例分類表」との間で、一部の事例の表題が異なりますが、これは「金融検査マニュアル別冊（中小企業融資編）」が公表された後に明確にされた種々の概念に事例を合わせたために相違が生じたものです。

▶第2章の構成

1. 経営者への着目	事例
①経営者の資質	11、12、13
②同上(金融機関の支援取り付けへの経営者の資質を評価)	16、17
③後継者	9、24

2. 事業への着目	事例
①販売力	7、8
②技術力	5、6
③業種	10、28

3. 関係者への着目	事例
①実質同一体	1、2、3
②家族の支援(含む仕入先・販売先)	4
③短期継続融資の金融機関支援	18、19、20

4. 内部管理体制への着目	事例
①内部管理体制の維持・充実	21、27
②外部連携にふさわしい内部管理体制の構築	23、25

5. 地域の経済・産業の把握	事例
①地域の雇用維持・増加等支援	15
③地域産業の活性化支援	14、22

1 経営者への着目

① 経営者の資質を評価……事例11、12、13

事例 11

▼ 概況
　債務者は、当信金メイン先（シェア80％、与信額：平成13年8月決算期50百万円）。県内に3店舗を有するラーメン専門店である。

▼ 業況
　過去いずれの店舗も立地条件が良く業況も順調であったが、4年前に、各店舗の同一営業圏内に競合店が相次ぎ出店、2店舗の業績が急速に悪化、連続赤字を計上し、2期前から債務超過に陥っている。

　当金庫は、開業資金や改装資金に応需しているが、前期に、業績の悪化から約定返済が困難となったとして、債務者から貸出金について返済条件の緩和（元本返済猶予）の申出を受けた。これに対し、当金庫は今後の収支計画の策定及び提出を求め、代表者は店舗改装、新メニューの追加等による黒字化を折り込んだ収支計画を策定、提出した（計画では3年後に約定返済開始予定）。

　現状、計画開始から1年が経過しようとしているが、代表者の地道な努力により、業績は計画比8割以上の実績で推移し、赤字幅は縮小傾向にあるが、依然として債務超過は多額なものとなっている。現状、法人預金の取り崩し、経費削減等により資金繰りを繰り回している。

▼ 自己査定
　当金庫は、現状、計画比8割以上の実績で推移していることを踏まえ、要注意先（その他要注意先）としている。

検証ポイント
収支計画の具体性及び実現可能性について

解　説
1．売上減少により連続して赤字を計上し、大幅な債務超過に陥っている債務者

については、一般的には、当該債務者の財務内容からは返済能力は認められず、今後、業況回復の可能性が低いと認められるのであれば、経営破綻に陥る可能性が大きい状況にあると考えられ、破綻懸念先の債務者区分に相当する場合が多いと考えられる。しかしながら、金融機関等の支援を前提として策定された経営改善計画等が合理的で、実現可能性が高いと判断される場合には、要注意先（その他要注意先）に相当する可能性が高いと考えられる。

　また、中小・零細企業等については、大企業の場合と同様な大部で精緻な経営改善計画等を策定できない場合があり、その場合であっても、当該計画に代えて今後の業況の改善等の可能性を検討できる資料があれば、それに基づいて債務者区分の判断を行うことができると考えられる。

2．本事例の場合、債務者は4期連続で赤字、大幅な債務超過に陥っている。返済についても元本返済猶予の条件緩和を実施している状況にあることから、今後、返済能力の改善が見込めないならば、破綻懸念先に相当する可能性が高いと考えられる。しかしながら、条件緩和の申出時に作成した収支計画に基づいて経営改善に努め、1年を経過した時点で計画比8割以上の実績で推移し、2年後には約定弁済が見込まれるなど業況の改善がほぼ計画に沿って進捗していると認められる場合には、要注意先（その他要注意先）に相当する可能性が高いと考えられる。

3．なお、債務者によっては、金融機関が債務者からのヒアリング等により経営指導計画書等を作成している場合がある。その際は、その内容について債務者が同意していることに加え、また、再建の時期は明確か、過去の実績を無視した売上・経費削減等の計画となっていないか、借入金の返済計画は妥当かなどについて、これまでの経営実績、今後の収支見込等を踏まえ、検討する必要がある。

経営者への着目

　債務者は、「収支計画」を策定し、金融機関から見ても、その計画は具体性および実現可能性があります。実際に、1年を経過した時点で計画比8割以上の実績で推移し、2年後には約定弁済が見込まれるなど業況の改善がほぼ計画に沿って進捗しています。この経営者は、経営の方向性を明確に持っていますし、実行力もあり、リスク認識もあってそれをマネジメントする能力もあることから、経営者の資質は高いものと思わ

れます。また、法人預金の取り崩しや経費節減等により資金繰りを繰り回している姿勢は、責任感が強いと解釈できます。

外部連携

　企業が、中堅・中小企業の場合は、金融機関自身が債務者からのヒアリング等により経営改善計画書等を作成することは不可能であり、他行の同意も得にくい点から、税理士などの専門家に、計画の策定とその後のモニタリングを行ってもらうように、金融機関担当者としてはアドバイスを行うことが望ましいと思います。一般的に計画策定については、企業内部の営業部や技術開発部、工場などから生の情報を取らなければならず、また策定後の計画の進捗状況については、企業の中に入り込んだモニタリングが必須で、外部連携は欠かせません。特に、金融機関等の支援を前提として策定された経営改善計画等が合理的で、実現可能性が高いと判断される場合には、一層、税理士などの専門家によるモニタリングが重要になります。

事業の内容と成長可能性

　県内3店舗のラーメン店ですが、外食産業として、または個性ある店として、チェーン展開による雇用吸収力として、その事業内容と成長可能性を評価することは大切です。競争店の動向や地域の評判も、地域金融機関として把握してアドバイスをすることも重要です。両店のSWOT分析も有効です。中小企業は短期間に急成長する出世魚・成長魚として接することも必要です。

　また、地域の人口動態や競合ラーメン店の状況把握も必要です。仮に、静岡県沼津市で、RESASと総務省統計局の経済センサスの情報を以下に取ってみました。沼津市の出生数・転入数や、宿泊業・飲食サービス業の売上高と各町村の事業所・従業者数を把握することができます。表面的には、楽観できる情報とは言えませんが、競合店を凌駕できれば、勝算はあると思われます。

出生数・死亡数 / 転入数・転出数

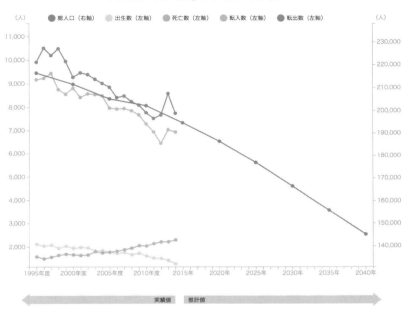

		地域	全国、都道府県、市区町村	M 宿泊業、飲食サービス業	N 生活関連サービス業、娯楽業	O 教育、学習支援業	P 医療、福祉	Q 複合サービス事業	R サービス業（他に分類されないもの）
ti.22203	4	沼津市	3　203 沼津市	37,217	57,101	13,075	63,854	8,223	49,545

		75 宿泊業		76 飲食店		77 持ち帰り・配達飲食サービス業		N 生活関連サービス業、娯楽業	
	市区町村	事業所数	従業者数	事業所数	従業者数	事業所数	従業者数	事業所数	従業者数
沼津市		170	1714	1258	7378	80	678	918	4329
	一本松	-	-	-	-	2	9	3	11
	三園町	1	3	4	4	1	4	7	15
	三芳町	-	-	-	-	-	-	2	13
	三枚橋	-	-	1	4	-	-	3	5
	三枚橋町	-	-	6	23	1	1	4	5
	五月町	-	-	17	103	2	25	8	15
	八幡町	-	-	8	19	1	2	2	4
	旭町	-	-	2	10	-	-	2	4
	井出	-	-	2	4	-	-	4	6
	井田	10	24	-	-	-	-	1	4
	岡一色	-	-	15	149	-	-	9	93
	岡宮	1	1	29	272	5	26	19	138
	下河原町	-	-	4	7	-	-	11	21
	下香貫	2	18	57	325	7	62	53	178

地域として、このラーメン店を見れば、経年赤字であるものの、他のラーメン店や飲食店との対比から、当社ラーメン店の位置づけを考える必要があります。

　新規参入店が多い地域ならば、当社が存在しなくとも地域全体の利便性は低下しませんから、過当競争を続け赤字を増やすことが明らかならば、当社の退却のアドバイスを行うこともあるかもしれません。

　しかし、当社の経営者は他社よりも、経営者として高い資質を持っているならば、地域金融機関としては、存続に向けた支援を行うべきであると判断できるのでないでしょうか。金融機関自身は、地域密着型の大企業であることから、当社に対し顧客紹介や仕入れのアドバイスなど種々の支援こそ、当社の再生や活性化に通じるものと思われます。

資金ニーズと融資判断の可否

　当社は、条件緩和の申出時に作成した収支計画に基づいて経営改善に努め、1年を経過した時点で計画比8割以上の実績で推移し、2年後には約定弁済が見込まれるなど業況の改善がほぼ計画に沿って進捗していると認められています。また、当社の資金ニーズは、店舗新設の設備資金ニーズであり、急成長における採用・研修などの人件費の前払いニーズであると思います。この資金ニーズに沿った設備や労働生産性の高まりから生まれるキャッシュフローの確実度が融資判断の可否になります。入居保証金や遊休資産の現金化を見通しそれを担保に差し入れてもらうことで融資判断を行うことも考えられます。なお、メイン銀行としては、融資シェア20％（＝100－80）の他行の支援状況を十分把握し、支援中に撤退意向があるか否かも与信判断上、見極めておく必要があります。

コメント

　当社の強みまた事業性評価を検討する時は、「経営者への着目⇒外部連携⇒事業の内容と成長可能性⇒資金ニーズと融資判断の可否」の順番で検討することをお勧めします。融資担当者が、「地域のために、債務者企業の成長を支援したい。」「当社の発展によって地域活性化に貢献してもらいたい。」という気持ちを持って、接することが大切です。「この企

業の業績が悪化したならば、上司に叱られ、上司の顔を潰すことになる。」などという内向きの心配は、禁物です。地域の発展の足を引くことになり、結局、地域の衰退を招き、地域金融機関の存立基盤を崩壊させることになってしまいます。

　上記の静岡県沼津市は出生数・転入数ともに、アゲンストの統計値になっていますが、当社が頑張ることで、他の撤退・廃業企業の地域貢献を当社が肩代わると考え、町単位の動きに注目しながら、当社の強みを見つけ出すことこそ、金融機関や専門家、また経営者の役割ではないでしょうか。

　「経営者への着目⇒外部連携⇒事業の内容と成長可能性⇒資金ニーズと融資判断の可否」において、経営者の資質や強みを認識し、外部支援者の協力を評価し、事業の優位性や将来性を見つけ出せれば、地域の大企業であり資金量も豊富な金融機関が返済を待ってあげることで、この企業の自主再生のきっかけになるものと思います。金融機関の地域情報やビジネスマッチング力で企業は救われるかもしれないのです。

事例 12

▼ 概況

　債務者は、当行メイン先（シェア97％、与信額：平成13年3月決算期330百万円）。関東一円を事業区域とするトラック運送業者で創業30年。その間、事業区域の拡大、営業所の設置等、業容拡大に努めてきた。当行とは創業当時からの取引である。

▼ 業況

　景気低迷による貨物輸送の絶対量の減少、また、参入基準、運賃規制等の規制緩和による競争の激化等で、ここ数年の売上は減少傾向、利益率も低下。その結果、積極的に行ってきた設備投資の金利負担が相対的に大きくなり、3期連続で赤字を計上。財務内容は倉庫部分の減価償却不足額を加味すると実質債務超過状態に陥っている。

　当行の貸出金は割引手形と証書貸付で、前者については、その振出人は当行の優良取引先のもので特段問題はないが、後者については、大型トラ

ック購入資金と過去の支払手形決済資金を一本化したもので、3 年前から元本返済猶予の条件緩和を行っている。

当行は、代表者から「今後は輸送販路の拡大等売上増加に向けて更なる営業努力をし、引き続き経費抑制にも努める。収益力が回復したならば、再度分割返済したい。」との申出を受けたことから、債務者側の今後の売上増加、個人資産売却による借入金及び金利負担の軽減などの経費抑制等に向けての方針、事業計画について検討し、今後 3 年間元本返済を猶予すれば、その後約定返済も可能との確信を得て条件緩和に応じた。代表者の話によれば、今期の決算見込では、売上は微増ながら、経費抑制の効果もあり赤字幅は縮小する見通しとのこと。今後も新規顧客の開拓等に努め、来期には黒字を計上し、約定返済も再開したいとしている。

▼ 自己査定

当行は、赤字幅は縮小する見通しとなったことや、長年の取引先で今後とも引き続き支援方針であることから、要注意先（その他要注意先）としている。

検証ポイント

経営改善状況と今後の見通しについて

解 説

1. 例えば、売上の減少により連続して赤字を計上しているなど業況不振が続き、減価償却不足額も加味すると実質債務超過の状態にあり、かつ借入金の返済も事実上延滞の状態にある債務者については、一般的には、返済能力は認められず、今後、業況回復の可能性が低いと認められるのであれば、経営破綻に陥る可能性が高い状況にあると考えられ、破綻懸念先の債務者区分に相当する場合が多いと考えられる。
2. 本事例の場合、金融機関が当該条件緩和を実施する際に、債務者の今後の収支見込み等を基に返済能力を検討した事業計画等に沿った形で業況が推移し、今期になってその兆しが現れてきたと考えられる。今後も業況の改善が見込まれ、さらに借入金の約定返済に向けた動きが見込まれると判断できるのであれば、要注意先（その他要注意先）に相当する可能性が高いと考えられる。
3. なお、中小・零細企業等の債務者区分の判断に当たっては、今後の業況見通しや借入金の返済能力の判断について、債務者が作成した経営改善計画や収支

計画等によって確認することが望ましいが、それらがない場合であっても、例えば、本事例のように、金融機関が返済条件の緩和を行う際、債務者の今後の収支見込等を基に返済能力を検討した資料等で確認することもできると考えられる。その際、債務者の今後の収支見込等については、具体的かつ現実的なものかを過去の実績等も踏まえて確認する必要がある。

また、当該業種の特性として、一般的に、車両、倉庫等への投資が大きく、固定資産比率が高いため、減価償却不足の状況、また、顧客からの回収不能債権（運賃）の状況等、正確な財務内容（実質債務超過の解消の可能性）も合わせて検討する必要がある。

経営者への着目

債務者の今後の収支見込み等を基に返済能力を検討した事業計画等に沿った形で、実際に業況が推移し、今期になって、その兆しが現れてきたという点、また、その間、減価償却等の数値を使った客観的で納得性のある説明を金融機関に行うなど、明確な方針で実行力がありリスク管理能力もうかがえる当社の経営者は経営の資質があると考えられます。今後についても、業況の改善が見込まれ、さらに借入金の約定返済に向けた動きが見込まれる点の説得も評価できます。

外部連携

年商330百万円の運送業であるならば、顧問税理士がいて、税理士事務所として所長以外の担当者が、月次訪問（巡回監査）をしていると思います。資金繰りや試算表の作成も依頼しているかもしれません。メイン金融機関としては、経営者を経由して、情報開示資料の様式や提出の期間を話し合うことも必要です。

事業の内容と成長可能性

金融機関として、仮に沼津市について、RESASを利用して地域の全産業における運輸業シェア実態や、製造業の事務所の一覧を提示し、その地域の物流の今後の動向などを、当社の経営者と情報交換・意見交換をすることは意義があります。たとえば「製造業・卸小売業において社内で行っている運送業務を当社のような専門的な運送業者にアウトソーシングできないか」「地域内企業の運送業務を効率化することはできない

か」などの検討をすることです。

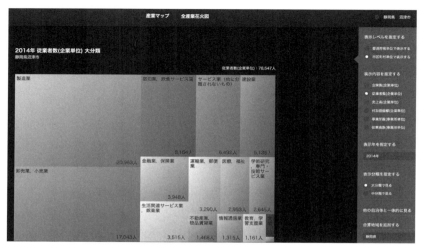

資金ニーズと融資判断の可否

　新規取引先企業の工作や車両設備投資また運転手採用・ガソリン代の動向などが一般的な資金ニーズですが、経営者の経営方針を踏まえて、今後の資金ニーズを固めておく必要があります。車両整備や交通事故対策などのリスク管理やIT化・IoT化などのシステム投資に伴う資金ニーズも考えられます。従来は、車両基地などの土地を担保にした融資判断が一般的でしたが、これからは、運送代金の回収に関するキャッシュフローや車両の減価償却、システム運用面を重視した融資判断が大切になります。

コメント

　当社の経営者は、経費節減を念頭において、種々の経営戦略を立て、経営者の資質は高いものと思われます。当社の税理士のコンサルティング業務もかなり高い水準のようです。トラック運送業者は、現在、IT化が進み、生産性の向上が進んでいる業界ですが、当社のこの方面に対する問題意識もかなり高いものがありました。この沼津市の場合は、運輸業等に3,290人が従事し、事業所も市内各所にあります。このマーケットの販売開拓の余地はかなりあるものと思われます。当社販売力の向上に確信が持てるようならば、IT化・IoT化などへの資金ニーズはかなり旺盛ですから、当行の融資拡大の機会も大きいものと思われます。

事例 13

▼ 概況

　債務者は、当金庫メイン先（シェア98％、与信額：平成15年3月決算期230百万円）。市内に1店舗を有する飲食店（仕出弁当を含む）である。

▼ 業況

　店舗が旧国道に面していることに加え、駐車場が手狭なこともあり、近年売上が減少し連続して赤字を計上し、債務超過状況に陥っている状況にある。

当金庫は、改装資金等に応需しているが、前々期に、業績の悪化から約定返済が困難となったとして、債務者から貸出金について返済条件の緩和（３年間の元本返済猶予）の申し出を受けた。これに対し、当金庫は今後の収支計画の策定及び提出を求め、代表者は不採算部門である飲食業からの撤退と仕出弁当への特化による黒字化を折り込んだ収支計画を策定、提出した。

　しかしながら、前々期は、売上は当初計画の１／２、また、利益についても黒字化することができず、少額の赤字の状況にあった。

　前期には、金融機関と債務者が売上の未達成原因を分析し、営業力の不足によるものであるとの判断により、懸命なＰＲ活動と営業に力を入れた結果、売上・利益ともに、計画比で７割程度の達成状況となっている。

　債務者は、今期に入っても積極的な営業展開を進めており、売上・利益ともに増加が見込めるとし、来年度からは、更なる返済期間の延長が必要なものの、約定返済も再開したいとしている。

▼ **自己査定**

　当金庫は、前々期に作成した収支計画は前期まで達成できておらず、更なる返済期限の延長が必要なものの、前期から経営改善が進んでおり、今後の経営改善も見込まれ、約定返済も再開することから、要注意先（その他要注意先）としている。

検証ポイント

　経営改善計画を下回っているものの十分なキャッシュフローが確保されている場合、または、その見込みが確実な場合等について

解　説

１．例えば、売上減少などにより大幅な債務超過が継続している債務者が、経営改善計画等を作成していても、その後の経営改善計画の進捗状況が計画どおり進んでいない場合には、経営破綻に陥る可能性が高いとして、破綻懸念先に相当する場合が多いと考えられる。

　　しかしながら、経営改善計画等の進捗状況の検証を実施するに当たっては、計画の達成率のみをもって判断するのではなく、計画を下回った要因について分析するとともに、今後の経営改善の見通し等を検討する必要がある。

２．本事例の場合、金融機関が当該条件緩和を実施する際に、債務者の今後の収支見込み等を基に返済能力を検討した事業計画等に沿った形で業況が推移し

ていない。しかしながら、前期より売上低迷原因の分析を実施し、即時に改善のための対応を行い、大幅な赤字体質からの脱却が図られている状況にある。今後も仕出弁当部門については、現状程度で推移すると見込まれ、十分なキャッシュフローが確保され借入金の約定返済に向けた動きが見込まれると判断できるのであれば、当初の事業計画等の達成が困難であったとしても直ちに破綻懸念先には該当せず、要注意先（その他要注意先）に相当する可能性が高いと考えられる。

（注）経営改善計画等の進捗状況や今後の見通しを検討する際に、キャッシュフローの見通しをより重視することにより、要注意先（経営改善計画は合理的かつ実現可能性が高い）と判断できる場合には、貸出条件緩和債権には該当しない。

3．なお、中小・零細企業等の事業計画は、企業の規模・人員等を勘案すると、大企業の場合と同様な精緻な経営改善計画等を策定できない場合がある。債務者区分の判断に当たっては、今後の業況見通しや借入金の返済能力の判断について、事業計画の達成状況のみではなく、例えば、本事例のように、事業計画どおり進んでいない原因を分析し、今後の債務者の収支見込等が現実的なものかを判断する必要がある。

経営者への着目

経営者は、前期より売上低迷原因の分析を実施し、即時に改善のための対応を行い、大幅な赤字体質からの脱却が図られている状況にあります。経営方針も、「選択と集中」を行い、今後は「仕出弁当部門」に注力することになっており、十分なキャッシュフローが確保され借入金の約定返済に向けた動きが見込まれることから、実行力もあってリスク認識も高いことから経営者の資質は高いものと思われます。

なお、当金庫の場合は、取引先企業の成長や地域経済の活性化に貢献するような「金融仲介機能ベンチマーク」において、以下の5点のサービス提供をします。①メインバンクとして経営改善指導を行っていること、②経営改善計画策定支援を実施していること、③地域企業として支援していること、④転廃業支援をしたこと、⑤外部専門家の活用アドバイスをすること、などの貢献を目指します。

外部連携

　当行の取引シェアは98％で、ほぼ一行取引先です。経営改善計画等の進捗状況や今後の見通しを検討するに当たり、保守的な見方による経営改善計画を策定し、その利益予想から生じるキャッシュフローにて、今後の返済金額を決めなければなりません。この返済金額の決定においては、強者の金融機関と弱者の企業においては、強者の金融機関の客観的な判断ということで決定されてしまうということが不安材料になりますので、独立性のある顧問税理士などの専門家に中立的な見方で返済金額の決定を委ねることが望ましいと思われます。経営者・金融機関・外部専門家の三者の対話が欠かせないと思われます。

事業の内容と成長可能性

　当社の借入れは、飲食部門の改装資金等の借入れであると思われますが、その借入れを残したまま、当社は飲食部門から撤退し、仕出弁当部門に特化することになりました。このことは、この地域では飲食部門よりも仕出弁当部門の方が、競争力があり、収益力も見込めるという判断を経営者は当金庫とともに行い、その収益力は、改装資金借入れ返済を上回るものという判断であったと思います。そのためにも、仕出弁当部門の当地区におけるマーケット調査や、競合企業の情報は必須であり、当金庫も転業をした当社に対して、情報面ばかりではなく、営業面、労務管理面などのアドバイスの支援を行うべきです。

　仮に当社が沼津市にある場合は、RESASや経済センサスによって以下のような情報を採るべきです。

　RESASにおける、産業マップ・全産業花火図の静岡県沼津市のケースです。ここに示された業種の事業所従業者への仕出弁当宅配等のセールスが大きなセールスポイントになると思われます。

　これらの調査結果についての詳細は、総務省『経済センサス－基礎調査』をご参照ください。

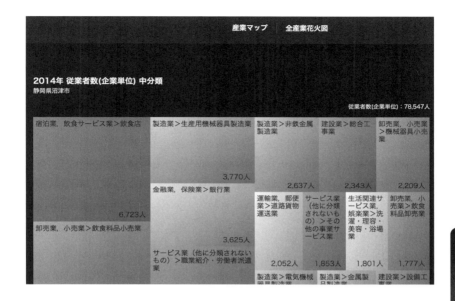

資金ニーズと融資判断の可否

　当社の仕出弁当部門の資金ニーズは、すでに業務を停止している飲食部門の返済資金ニーズと分けて管理する必要があります。借入れを両部門の合算で管理した場合は、仕出弁当部門の資金ニーズが曖昧になり、その強みが浮き彫りにされません。

　災害復興時の二重ローンは、災害でダメージを受けた工場や建物に関する既存の借入れが残り、災害後の新規事業のための前向きな借入れが新たに生じた場合、その2つの借入れが存在していることになります。このようなケースにおいては、2つの借入れの返済財源を別々に考えることが大切です。

　当社の場合も同様であり、金融機関としては、仕出弁当部門と従来の飲食部門の借入れは、個々に返済財源を見るべきです。仕出弁当部門によるキャッシュフローからの返済は、できれば短期資金融資で対応して、一方、飲食部門借入れについては、収益範囲内の利息支払いのみで当面の業績の様子を見ながら、当社の自主再生をフォローして元本の分割返済を決めていくことがポイントになると思います。

> 📝 **コメント**

　当社の経営者は、種々の検討の後に仕出弁当部門に転業を決定しました。その後、経営改善計画は下回っているものの、改善傾向にあります。収支は確保され、転業の成果は出てきています。この転業の経営改善計画において、当金庫も、飲食業の撤退と仕出弁当部門の黒字化について了解していますので、販路の紹介や経営改善について積極的にアドバイスなどで協力するべきであると思います。当地が、静岡県沼津市であると仮定したならば、産業マップ・全産業花火図の情報により、金融機関としては、従業員の多い業種の事業所に関する仕出弁当宅配などの販路の紹介を行うことも大切であると思われます。

② 金融機関の支援取り付けへの経営者の資質を評価……事例16、17

事例 16

▼ 概況
　債務者は、当信組メイン先（シェア100%、与信額：平成13年3月決算期150百万円）。地場の小規模土木建設業者である。

▼ 業況
　主に官公庁発注の下水道工事や盛土工事の下請工事を代表者とその家族等3名で営んでいる。売上高は毎期ほぼ一定額を維持（120百万円程度）しているが、前期は受注が平均化せず、閑散期の固定費と外注費の負担から経常損失を計上（5百万円程度）した。貸出金は全て手貸（運転資金名目）で、全て期日において書き替えを繰り返している。手貸のうち半分は、5年前、本社屋の建設に当たり応需したものであるが、その後の業況悪化から約定返済に切り替えられず、書き換えを余儀なくされているものである。

　なお、財務内容はわずかな資産超過となっている。

▼ 自己査定

当信組は、延滞とはなっていないことや今期は年間受注高が回復し例年並みの黒字（1百万円程度）が確保できることから、正常先としている。

検証ポイント

貸出条件及びその履行状況について

解　説

1. 中小・零細企業等の債務者区分の判断に当たっては、貸出条件の履行状況も大きな判断要素のひとつであり、本事例の場合のように、金利のみの支払で元本の期日延長を繰り返している場合には、当該貸出金の資金使途や期日延長を繰り返している要因について十分検討する必要がある。
2. 本事例の場合、前期は受注の落ち込みなどから赤字となったものの、今期は業況の回復から黒字転換が見込まれ、延滞もないことから、こうした点だけを捉えれば、正常先に相当する可能性が高いと考えられる。

    しかしながら、債務者の経営実態は、固定資産の調達を短期資金で賄っている状況で、当該短期資金が長期にわたって期日延長を繰り返しているような状況、すなわち、設備資金として本来約定返済されるべきものが、返済能力の低下から約定返済ができず、期日延長を余儀なくされている状況である。

    例えば、短期資金が、材料仕入れや外注費支払等の運転資金として融資され、工事代金の入金により回収されているならば、原則として問題はないと考えられるが、本事例のように、設備資金として実質延滞状態にあり、企業・個人一体としての返済能力も不足しているようならば、通常は貸出条件及びその履行状況に問題があると考えられ、要注意先以下に相当するかを検討する必要がある。
3. したがって、債務者区分の判断に当たっては、赤字か否かや表面的な財務状況だけでなく、貸出金の真の資金使途、固定資産の内容、取得時期等についても確認する必要がある。

経営者への着目

経営者とその家族等3名で、主に官公庁発注の下水道工事や盛土工事の下請工事を長年営んでおり、売上高は毎期ほぼ一定額を維持（120百万円程度）し、借入れは延滞もありません。その借入れのうち、半分は5

年前、本社屋の建設に当たり借入れしたものですが、その後の業況悪化から約定返済に切り替えられず、現在では、経営者と当信組の間で手形の書き換えを続けています。現在は、利息の支払いは行うものの、経営者と当信組の間で合意の下、約定返済は行われていません。当社の経営者は、利息の支払いは行うものの、約定返済は行っていないことは、当信組との間で円満な関係を維持しているからです。この金融機関は、経営者が常日頃長期的な視野の下、実行力があってリスク認識も持っていることから、経営者の資質は高いものと見ております。

外部連携

経営者と金融機関の間では阿吽の合意の下、約定返済を回避していますが、本来は、半分の借入れは本社屋の建設資金ですから、減価償却にこだわらずとも、長期のキャッシュフローによって返済をするべきものです。当社の税理士などの専門家と連携して、客観的保守的な観点にて、経営改善計画を策定、無理のないキャッシュフローにて返済をスタートするべきです。

一方、借入れの半分は運転資金で、短期のつなぎ資金借入れ（工事代金入金までの立替え資金）ですから、当信組に対しては、借入れ入金・返済を繰り返すものであり、税理士などの専門家による業務報告策定支援を受け、金融機関に随時提出することが重要になります。

事業の内容と成長可能性

主に官公庁発注の下水道工事や盛土工事の下請工事では、単年で見ない限りは、安定需要がありますが、利ザヤはそれほど期待できません。5年前の本社建設資金の借入れの返済はかなり長期間を要すると思います。官公庁発注業務では、収益面では一般的にはあまり楽になりませんので、民間工事なども手掛けることの検討を行うべきです。

資金ニーズと融資判断の可否

官公庁発注の下水道工事や盛土工事の下請工事は、期初の予算入金までの間、一般的に立替え資金ニーズが発生します。地域金融機関としては、地方公共団体からの情報収集により、その間の融資支援の態勢を整えておき、円滑な融資ができるように準備することも大切です。

なお、当社の金融機関の与信状況を判断するにあたり、上記の解説では次のように述べています。「貸出条件の履行状況も大きな判断要素のひとつであり、本事例の場合のように、金利のみの支払で元本の期日延長を繰り返している場合には、当該貸出金の資金使途や期日延長を繰り返している要因について十分検討する必要がある。」とか、「債務者区分の判断に当たっては、赤字か否かや表面的な財務状況だけでなく、貸出金の真の資金使途、固定資産の内容、取得時期等についても確認する必要がある。」となっているものの、金融機関に対しては、ある程度、柔軟に考えてもらうことも一策と思われます。

　現在の中小企業は、返済猶予先がかなり多くなっていますので、この実態に沿って、金融機関と対話を行うことも大切です。見方を変えれば、返済猶予中の企業の情報開示が徹底されることにより、多くの企業が、返済猶予債権の一部を資本的劣後ローンとみなすこともできるかもしれません。いずれにしても、中小企業の情報開示は必須です。

コメント

　当社は規模的に中小零細企業ですが、返済猶予先に対する金融庁の見解が出ている点で、すべての中小企業に参考になるものです。また、金融仲介機能ベンチマークにおける「選択ベンチマーク」の「運転資金に占める短期融資の割合」についての考え方も、この事例で理解できるものと思われます。特に、上記の（解説）における2と3、また、「例えば、短期資金が、材料仕入れや外注費支払等の運転資金として融資され、工事代金の入金により回収されているならば、原則として問題はないと考えられるが、本事例のように、設備資金として実質延滞状態にあり、企業・個人一体としての返済能力も不足しているようならば、通常は貸出条件及びその履行状況に問題があると考えられ、……」については、金融機関として重視しなければなりません。そのためにも、債務者企業の情報開示が必須ということになります。

事例 17

▼ 概況
債務者は、当行準メイン先（シェア26％、与信額：平成13年12月決算期126百万円、総借入額485百万円）。賃貸ビル（築16年前後）2棟を所有している個人事業者である（年齢50歳）。

▼ 業況
当行は16年前、当該ビル1棟の建設資金に応需して取引を開始（当初借入200百万円）している。

当該ビルは、立地条件の悪さからテナントの入居率が不安定で、賃料入金の遅れが度々発生している。加えて昨今の景気低迷により、テナント料の引き下げを余儀なくされ、債務者の賃料収入は年々減少傾向にある。このため、直近2年間は当初の元本の約定返済額を大幅に減額（約70％減）し、かつ最終期日に元本しわ寄せ（当初借入額の約50％相当）とする条件変更を実施している。

▼ 自己査定
当行は、現在元本・利息共に延滞なく返済されていること、決算書上も赤字が発生していないことから、正常先としている。

検証ポイント
貸出条件の変更に至った要因の検討について

解 説
1. 中小・零細企業等の債務者区分の判断に当たっては、貸出条件の履行状況も大きな判断要素のひとつである。したがって、本事例の場合のように、元本の約定返済額を減額しているなど貸出条件の変更を実施している債務者については、当該変更に至った要因を十分検討する必要がある。
2. 本事例の場合、収益物件の立地条件の悪さ、築年数の経過や景気低迷によるテナント料の引き下げ等の理由から収益力が低下しており、当初約定返済額に比べて返済原資が不足していることから、債務者が支払える程度まで約定返済額を減額したものと考えられ、いわば債務者の返済能力に問題が生じたことに伴う条件変更であると考えられ、要注意先以下に相当する可能性が高いと考えられる。

3．なお、例えば、当初からの融資契約等により、賃貸ビル建設等のつなぎ資金をビル完成後に短期の期日一括返済から通常の借入期間にわたる分割返済に貸出条件を変更する場合など、上記事例とは異なり債務者の返済能力等に問題が生じたことにより実施される条件変更ではない場合や、返済能力に対応し、通常の借入期間の範囲内で返済条件、返済期間を変更している場合には、原則として貸出条件及び履行状況に問題はないと考えられる。

経営者への着目

経営者は、総借入額485百万円のうち、シェア26％・与信額126百万円の準メインの当行に対して、直近2年間は当初の元本の約定返済額を大幅に減額（約70％減）し、かつ最終期日に元本しわ寄せ（当初借入額の約50％相当）とする条件変更を実施しています。この借入条件緩和の交渉に当たっては、当然メインバンクにも了解を得て、メイン・サブメインバンクとも良好な関係を維持しているものと推察されます。この金融機関との取引関係の維持とその返済の履行状況は、経営者自身の両行からの信頼と交渉力、また決断力に裏打ちされており、経営者の資質に負うものと思われます。

外部連携

当社は、複数の金融機関から資金調達をしていますので、その金融機関の一つでも支援方針が維持できない場合は、すべての金融機関の支援体制が崩れる可能性があります。そのために、各金融機関に信頼のある税理士などの専門家との連携を密に保って、それぞれの金融機関が納得するような経営改善計画、キャッシュフロー計画、各行の返済金額の調整を行う必要があります。

事業の内容と成長可能性

当該ビルは、立地条件が悪く、テナントの入居率が不安定で、賃料入金の遅れがたびたび発生しています。また、景気低迷により、テナント料の引下げを余儀なくされ、債務者の賃料収入は年々減少傾向にあります。

仮に、静岡県沼津市について、金融機関としては、RESASなどを活用

して、人口の動態を把握しこの動きに沿って地域情報を、賃貸ビル経営者にアドバイスを行うべきであると思われます。当賃貸ビルは企業を対象とするものの沼津市の人口自然増減と社会増減を対比するに、その影響度ではともに「3」に当たり、企業増加が見込みにくい状況にあります。賃貸対象としては、企業ばかりではなく、個人の借り手も視野に入れるべきであり、金融機関からの借り手紹介や事業転換などのアドバイスを期待するべきであると思います。

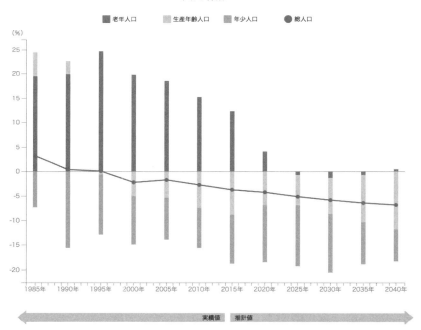

自然増減と社会増減の影響度(将来)

		自然増減の影響度(2040年)					
		1	2	3	4	5	総計
社会増減の影響度(2040年)	1	吉田町、長泉町、袋井市、御殿場市					4 (11.4%)
	2		裾野市、菊川市、磐田市、御前崎市、河津町、南伊豆町、掛川市	湖西市、伊豆の国市、松崎町、函南町、清水町、静岡市、森町、浜松市、三島市、富士宮市、伊東市、島田市、富士市、焼津市、藤枝市	熱海市		23 (65.7%)
	3		小山町	川根本町、伊豆市、沼津市、東伊豆町、牧之原市、下田市			7 (20%)
	4			西伊豆町			1 (2.9%)
	5						
	総計		12 (34.3%)	22 (62.9%)	1 (2.9%)		35 (100%)

【出典】
国立社会保障・人口問題研究所「日本の地域別将来推計人口」に基づきまち・ひと・しごと創生本部作成

【注記】
自然増減の影響度:シミュレーション1の総人口/パターン1の総人口の数値に応じて、以下の5段階に整理。「1」=100%未満、「2」=100～105%、「3」=105～110%、「4」=110～115%、115%以上
社会増減の影響度:シミュレーション2の総人口/シミュレーション1の総人口の数値に応じて、以下の5段階に整理。「1」=100%未満、「2」=100～110%、「3」=110～120%、「4」=120～130%、130%以上。

【その他の留意点】+

資金ニーズと融資判断の可否

　築16年前後の賃貸ビル2棟を所有している個人事業者としては、今後、リニューアル・リフォーム資金ニーズやテナント入居率の安定対策から生じる資金ニーズからの資金需要が発生するはずです。ただし、複数行すべてに借入条件の緩和を依頼している現状からは、相互責任回避として既存取引金融機関から新規の融資をなかなか受けにくい状況にあると思います。すべての金融機関の足並みを揃え、相互に金融支援を維持してもらうためには、税理士などの専門家に情報開示資料作成支援やモニタリング支援を依頼し、定期的に各金融機関に報告することが大切です。

　この状況をメインバンクが、ネガティヴ（支援に消極的）に考える可能性がある場合は、サブメインバンクとしては、十分にメインバンクの動きを把握しなければなりません。同時に、当社の経営者や税理士などの専門家も、両金融機関の動きを十分に捉え、相互に支援方針を続けるように動く必要があります。

> **コメント**

　この事例では、築16年前後の賃貸ビル2棟を所有している個人事業者であり、地域金融機関においては、かなり突っ込んだ経営アドバイスを行う必要があります。たとえば、上記の静岡県沼津市について、金融機関としては、RESASなどを活用して、人口の動態を把握したり、人口の自然増減や社会増減の影響度も調査する必要があります。このような地域情報によって、地域金融機関としては、今後の賃貸ビルのニーズまたは個人賃貸ニーズを含めて捉え、賃貸ビル経営者に入居者やリニューアル・リフォームに関するアドバイスを行うことも大切です。同時に、これから生じるはずの資金ニーズに対する準備も必要であり、行政機関とともに企業誘致などの施策検討を行うことも一策です。

③　後継者への支援と評価……事例9、24

事例9

▼ **概況**
　債務者は、当信組メイン先（シェア100％、与信額：平成13年12月決算期8百万円）。県内を事業区域とする家族経営のトラック運送業者。代表者（55歳）とその妻（55歳）、及び長男（30歳）が従事している。

▼ **業況**
　地場企業の製品配送が売上の殆どを占める。丁寧な仕事ぶりが買われ、一定の売上、利益を確保してきた。しかしながら、昨年より代表者の健康状態が思わしくなく、業務に携わることができる時間が限られたため、ピーク時の業況に比べ大幅な減収・減益となった。
　当信組は、平成10年、事務所・車庫兼自宅の増改築資金に応需しているが、業績悪化に伴って、返済は半年前より1～2カ月分滞りがちとなっている。事務所・車庫兼自宅（担保差入物件）の他に見るべき個人資産はない。
　しかしながら、代表者の業務復帰にかける意欲は強く、ここに来て健康

状態も回復に向っている。

代表者は日頃から、当組合には決して迷惑はかけないとしており、また、長男も代表者の後押しを受けて後継者として事業に励み、業況改善に努めたいとしている。

▼ 自己査定

当信組は、債務者の業況は未だ不安定で、返済にも遅延が生じているものの、①代表者に業務復帰への強い意欲があり、また、当該企業の下請け業者会の幹事を長年勤めるなど信頼のおける人物であること、②長男も当該事業に5年間従事、取引先の評判も良く、後継の意思もあること、③返済は遅れながらも続いていることを勘案し、要注意先としている。

検証ポイント
代表者等個人の信用力や経営資質について

解 説
1. 中小・零細企業等の債務者区分の判断に当たっては、当該企業の財務状況のみならず、例えば代表者等個人の信用力や後継者の存在及び経営資質などを踏まえ、今後の業況回復や返済の正常化の実現可能性について総合的に勘案して、その上で債務者区分を検討する必要がある。
2. 本事例の場合、債務者は、代表者の健康上の理由により大幅な減収、減益となり、返済に遅延が生じ、元本・利息の履行状況について問題が生じていることから、今後業況の回復が見込めないのであれば、破綻懸念先に相当する可能性が高いと考えられる。しかしながら、代表者の信用力、経営資質や長男の仕事振りなどを背景として、代表者の業務復帰に伴う受注増加から、今後、財務内容の改善や収益性の向上が具体的な経営改善計画やそれに代わる資料で見込まれる場合には、要注意先に相当する可能性は高いと考えられる。
3. なお、代表者本人の信用力等の検討に当たっては、代表者との面談、地元の評判等が記録された担当者の業務日誌等あらゆる与信管理情報に基づいて債務者の実態を把握し判断する必要がある。

経営者への着目
現在の経営者は健康を害しましたが、業務復帰への強い意欲があり、下請業者会の幹事も長年務めるなど信頼のおける人物です。また、経営

方針や実践力、リスク認識も強く、経営者としての資質も十分あると思われます。後継者の長男もこの事業を5年間も行い、取引先の評判も良く、後継の意思もあり、当社の経営者については、問題が少ないと思われます。企業自体は小体ですが、この地域全体の経済・産業の育成の観点から、後継者の長男の経営者の資質は重視する必要があります。

外部連携

　一般的には、事業承継については、現在の経営者およびその相続人の相続税・贈与税の節税に目が奪われがちですが、この事業承継の真の目的は、現在の企業・事業活動の円滑な引継ぎと成長を目指すことです。現在の高齢経営者は、トラック運送業については知識・スキル・人脈も厚く、翻って、後継者は金融機関取引を始め、すべてが若葉マークの経営者です。この事業承継は、時間がかかりますので、転勤が伴いすべての情報を引き継ぎにくい金融機関の担当者よりは、地域密着型の税理士など専門家の支援が必須です。そこで、影響力のある金融機関と経営者、そして外部連携する税理士などの専門家の対話が重要になります。

　なお、最近では、高年齢経営者からの事業承継支援依頼が増加している一方、70歳以上の社長の「休廃業・解散」も増えています。

　「中小・地域金融機関向けの総合的な監督指針」では、事業承継支援について、地域金融機関に対して、自らのコンサルティングに加え、専門家との連携を以下のように求めています。

最適なソリューションの提案

　顧客企業の経営目標の実現や経営課題の解決に向けて、顧客企業のライフステージ等を適切かつ慎重に見極めた上で、当該ライフステージ等に応じて適時に最適なソリューションを提案する。その際、必要に応じ、顧客企業の立場に立って、他の金融機関、外部専門家、外部機関等と連携するとともに、国や地方公共団体の中小企業支援施策を活用する。

　特に、顧客企業が事業再生、業種転換、事業承継、廃業等の支援を必要とする状況にある場合や、支援にあたり債権者間の調整を必要と

する場合には、当該支援の実効性を高める観点から、外部専門家・外部機関等の第三者的な視点や専門的な知見・機能を積極的に活用する。

事業の内容と成長可能性

　地場企業の製品配送が売上のほとんどを占める家族経営のトラック運送業者であるため、その顧客は県内に集中しており、業績は地域企業の成長や発展に負うところが多いものです。しかし、企業規模も小さいことから、当社は地域企業との人間関係やフットワークの良さが売上向上のポイントになります。運送業界の動きや地域産業の活性化について、地域金融機関としてはRESASなどの情報や総務省統計局の経済センサスなどによって、きめ細かいアドバイスを行う必要があります。

資金ニーズと融資判断の可否

　当社は、信用組合の一行取引先であり、その借入れも、平成10年、事務所・車庫兼自宅の増改築資金として実行したもので、その後の資金ニーズはありません。病気でフル稼働できなかった現在の経営者は、業務復帰に意欲的になっているものの、金融機関としては、後継者の長男が事業承継をすることを想定して、将来を見据えて、支援態勢を組むことも考えています。最近、仕事振りが認められている長男が、事業承継で後継者になれば、積極経営で、新規にトラック購入需要などが生じる可能性もあります。

　事業承継は、債務者の入替えであり、創業支援、第2創業でもあることから、「金融仲介機能ベンチマーク」の多くの項目のランクアップになりますので、金融機関としても、本腰を入れる必要があります。

　以下は、中小企業庁の「大切な会社の将来のために ～円滑な事業の承継に向けて～」で整理された、事業承継の概要です。

▶ 事業承継フローチャート

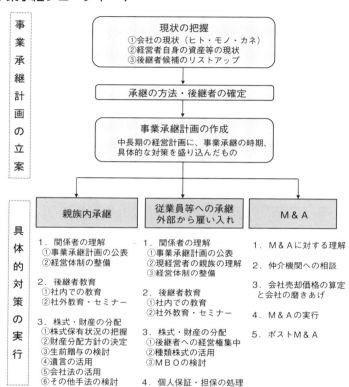

▶ 現状の認識（会社を取り巻く環境）

（1）会社の状況
①会社の資産・負債の状況
②損益、キャッシュフロー等の現状と将来見込
③会社の競争力の現状と将来見込
④従業員の数、年齢等の現状　　等

（2）経営者の状況
①保有自社株式の現状
②経営者名義の土地・建物の現状
③経営者の負債・個人保証の現状
　　　　　　　　　　　　　等

（3）後継者候補の状況
①親族内に後継者候補がいるか
②社内や取引先に後継者候補がいるか
③後継者候補の能力・適性はどうか
④後継者候補の年齢・経歴・
　会社経営に対する意欲はどうか
　　　　　　　　　　　　　等

（4）相続時に予想される状況
①法定相続人及び相互の人間関係・株式保有状況の確認
②相続財産の特定・相続税額の試算・納税方法の検討
③従業員、取引先等の反応　　等

コメント

　事業承継は、経営者個人や企業自身の節税問題よりも、企業自身の経営承継とこれからの発展また地域貢献の基盤づくりです。地域金融機関としても、また顧問税理士としても、雇用の維持拡大や地域活性化として、事業承継は極めて重要であることを認識するべきです。上記の『「大切な会社の将来のために」～円滑な事業の承継に向けて～』はその概要を俯瞰するためにも精読をお勧めしたいと思います。また、金融機関の多くは、法人部門と個人部門が分かれており、この事業承継を個人部門に丸投げする傾向がありますが、これからは、金融機関として法人部門がリードしながら個人部門や外部の専門家と密な連携を組むことが大切だと思います。

　なお、この事例では、業務復帰への意欲が強く、下請業者会の幹事も長年務める経営者が健康を害したことになっていますが、中堅企業の場合は、経営陣の内紛や従業員（労働組合など）とのトラブルなどが、事

業承継のきっかけにもなりますので、注意が必要です。

事例 24

▼ **概況**

債務者は、当金庫メイン先（シェア98％、与信額：平成15年3月決算期230百万円）で、地元に本社を置く老舗の靴小売店である。

▼ **業況**

債務者は、景気の低迷から徐々に売上が減少するとともに、量販店の進出の影響もあって、大幅な経常赤字状況を余儀なくされていた。また、3年前には、後継者である長男が長年の不良在庫を一掃し、海外の人気ブランドを中心とする売り場を中心とした営業への切り替えのため、当時の返済金額を軽減し最終返済期限を当初約定より7年程度延長する条件変更を金庫に要請してきた。

当金庫では、債務者とのこれまでの取引関係や今後の営業についても、後継者である長男が中心となっている点などを勘案し、これに応じたところである。

当年度の債務者の状況は、当地では手に入りにくい海外人気ブランドの好調やリストラ等により、赤字体質からの脱却できる状況となったところである。しかしながら、債務超過の解消には、今後10年程度を有する状況にある。

なお、担保により債務の半分程度は、保全されている状況にある。

▼ **自己査定**

当金庫では、赤字体質は脱却したものの、現時点では条件変更前の状況に回復していないこと、大幅な債務超過の解消には長期間有することから、債務者区分は要注意先とした。

しかしながら、当金庫では信用格付けに基づくリスク管理体制を整備し、債務者の状況は3年前の格付けから上位に遷移しており（要注意先の中で）、担保保全状況等を加味した実質的な利回りが上位遷移後の債務者に対する基準金利に比して高位にあることから、本年度からは貸出条件緩和債権には該当しないと判断している。

▎**検証ポイント**

債務者の状況が好転し信用リスクが軽減した場合の貸出条件緩和債権の取扱いについて（いわゆる卒業基準）

▎**解　説**

1. 貸出条件緩和債権については、銀行法施行規則第19条の2第1項第5号ロ（4）において規定され、その具体的な事例は、中小・地域金融機関向けの総合的な監督指針において規定されている。

　　中小・地域金融機関向けの総合的な監督指針では、元本返済猶予債権（元本の支払を猶予した貸出金）のうち、貸出条件緩和債権に該当するものとして「当該債務者に関する他の貸出金利息、手数料、配当等の収益、担保・保証等による信用リスク等の増減、競争上の観点等の当該債務者に対する取引の総合的な採算を勘案して、当該貸出金に対して、基準金利（当該債務者と同等な信用リスクを有している債務者に対して通常適用される新規貸出実行金利をいう。）が適用される場合と実質的に同等の利回りが確保されていない債権」が考えられるとしている。

　　これは、返済期限の延長が行われた場合であっても、条件緩和後の債務者に対する基準金利が適用される場合と実質的に同等の利回りが確保されているならば貸出条件緩和債権（元本返済猶予債権）に該当しないというものである。

2. 貸出条件緩和債権からの上位遷移については、貸出条件を緩和した後に債務者の状況が好転し信用リスクが軽減すれば、その時点における基準金利が適用される場合と実質的に同等の利回りが確保されているかにより貸出条件緩和債権に該当しないか否かを判断することが必要である。

　　したがって、本事例のように債務者の状況が好転し、キャッシュフローが回復している場合には、好転した債務者の状況に応じた基準金利が適用される場合と実質的に同等の利回りが確保されているのであれば、原則として、貸出条件緩和債権には該当しない。

3. 基準金利が適用される場合と実質的に同等の利回りが確保されているかの検証に当たっては、信用保証協会の保証に代表される保証状況や担保の状況、代表者の資産提供意思などを総合的に勘案し判断することが必要である。

　　本事例においては、担保保全状況が総借入の半分程度であることから、総合的な利回りについては、信用リスクが半減されていることを踏まえて算出している。

4. なお、本事例のように赤字体質を脱却し、10年程度で債務超過の解消が見込まれている場合には、好転した債務者の状況に応じた基準金利が適用される場

合と実質的に同等の利回りが確保されていない場合であっても、合理的かつ実現可能性の高い経営改善計画が策定されていると考えられることから、貸出条件緩和債権には該当しないものと判断して差し支えないと考えられる。

> 以上の解説は、基準金利など適用金利と債務者区分に関して述べられているものの、ここでは、後継者問題と販売力について焦点を絞って述べていくことにします。

経営者への着目

後継者である長男が長年の不良在庫を一掃し、海外の人気ブランドを中心とする売り場をメインとした営業への切替えのため、当時の返済金額を軽減し最終返済期限を当初約定より7年程度延長する条件変更を金庫に要請してきました。また、合理的かつ実現可能性の高い経営改善計画が策定されていると考えられます。

当金庫では、債務者との従来の取引関係や今後の営業についても、後継者である長男の経営者としての資質を評価して、上記の要請に応じました。

外部連携

当社には、当時の返済金額を軽減し最終返済期限を当初約定より7年程度延長する条件変更を当金庫に要請するにあたり、合理的かつ実現可能性の高い経営改善計画が策定されていると考えられます。今後についても、同様な経営改善計画の策定や部門ごとのセグメント計画の策定、またそのモニタリングを実施しなければならず、当社の内容を理解し、客観的な立場を保てる税理士など専門家との連携が必要であると思われます。

事業の内容と成長可能性

後継者である長男が長年の不良在庫を一掃し、海外の人気ブランドを中心とする売り場をメインとした営業への切替えを思い切って行い、その成果を出しています。特に、当地では手に入りにくい海外人気ブランドの好調やリストラ等により、赤字体質から脱却できる状況となったこ

とは評価していますが、当金庫では、後継者である長男が中心となって行った、これらの業態変更について、地域の同業者との業績比較やその評価も再度行うものと思います。「業界の事業構造分析」としては、「ファイブフォース分析」がよく使われ、「供給業者」「顧客」「代替品・サービス」「新規参入」そして「業界内競争における敵対関係の強さ」の5つの観点から見直すことも大切です（詳しくは中村 中著『事業性評価融資』p.78～82参照）。同時に、靴小売店として以下の「サービス評価診断システム（SES）について」で検討することは、当社の今後の躍進に役立つものと思います。

SESの業種別の設問をプリセット（主なサービス業をカバー）

SPRING
サービス産業生産性協議会
Japan Productivity Center - Service Productivity & Innovation for Growth

区分	設問内容
属性設問（7問）	性別／年代／職業／世帯人数／お住まいの郵便番号／利用日時／利用頻度
利用時点評価設問（10問）※7段階評価	・【情報提供・提案力】セールやイベント、キャンペーンなどが魅力的だった。 ・【アクセス性】利用しやすい時間帯に営業していた。 ・【施設：機能性】店内は、商品を見つけやすいレイアウトだった。 ・【施設：イメージ・印象】店内は清掃が行き届き、清潔感があった。 ・【サービス・商品ラインナップ】魅力的な商品が豊富に揃っていた。 ・【品質・技術】他社にはない特徴ある優れた商品があった。 ・【サービス・商品プロモーション】商品の価格表示や説明はわかりやすかった。 ・【接客態度】店員はわからないことも困ったときに適切に対応してくれた。 ・【知識・能力】会計をスムーズに済ますことができた。 ・【安心度】購入後のアフターケアの体制は信頼できる。
カスタマイズ設問（3問）	・今回、当店で購入・利用した商品・サービス名を全てお選びください。（複数回答） ・今までに、利用したことのあるお店を教えて下さい。（複数回答） ・今回、前の設問でお答えになったお店ではなく、当店を選んだ理由について、ご自由にお書き下さい。（自由回答） ※3問とも回答形式、設問、選択肢を自由に設定可能
常態的評価設問（8問）※7段階評価 顧客満足のみ10段階評価	・【事前期待】サービスを利用する前に、どの程度期待していましたか。 ・【知覚品質】購入・利用してみて、「サービスの質」はいかがでしたか。 ・【知覚価値】では、支払った金額に対して、「サービスの質」はどうでしたか。 ・【顧客満足】当店のサービスに、どの程度満足していますか。 ・【顧客満足】当店のサービスを利用したことは、あなたにとって良い選択でしたか。 ・【顧客満足】当店のサービスの利用は、あなたの生活を豊かにすることに役立ちましたか。 ・【クチコミ】当店のサービスを、友人や知人、家族に話す際、良い話題としますか、悪い話題としますか。 ・【ロイヤリティ】今後も当店を利用し続けたいと思いますか。
自由回答（2問）	・当店のサービスをさらに良くするためには、何が必要だと思いますか。ご自由にお答え下さい。 ・今回、当店のサービスを利用して、気付いたことをご自由にお答え下さい。

yright 2015 日本生産性本部 サービス産業生産性協議会

資金ニーズと融資判断の可否

当地では手に入りにくい海外人気ブランドの好調やリストラ等により、赤字体質からの脱却ができているものの、過去の原因による債務超過の解消には10年程度が見込まれています。しかし、担保により債務の半分程度は保全されており、すでに、返済金額を軽減し最終返済期限を当初

約定より7年程度延長する条件変更を当金庫に要請してきましたので、それに応じました。期間損益の黒字化を達成した、当社の後継者の経営手腕や事業性評価を認めて、当金庫も圧倒メイン先として、支援方針で臨んでいくものと思われます。

> **コメント**

　当社の経営者の長男は、当地では手に入りにくい海外人気ブランドを取り入れ、リストラ等を行い、赤字体質から脱却できる状況にしました。当金庫としては、今後の売上などについて、「サービス評価診断システム（SES）について」で検討し、好調を維持してもらう方針です。事業承継については、外部の顧問税理士など専門家と連携しながら、後継者である長男が中心となって、円滑に進めてもらう方針です。

　なお、この事例の（解説）では、貸出条件緩和債権には該当しないケースとして、①債務者に対する取引の総合的な採算、②債務者の状況の好転やキャッシュフロー回復の場合、③信用保証協会の保証に代表される保証状況や担保保全状況と総借入との関係、④代表者の資産提供意思の総合的判断、⑤合理的かつ実現可能性の高い経営改善計画の策定状況、などの検討が大切であることを述べ、これらは債務者区分のランクアップに役立ちます。

2　事業への着目

① 営業力・販売力……事例7、8

事例 7

▼ 概況
　債務者は、当金庫メイン先（シェア90％、与信額：平成14年2月決算期260百万円）。地元有名デパートから小売店に至るまで主にタオル製品の製造・卸をしている業歴15年の業者である。

▼ 業況
　海外からの安価な製品の流入等による取引先からの納入単価の切下げ要請等に耐えきれず、このため、売上高は大幅に減少し、3期連続赤字（前期20百万円）を計上、前々期より債務超過（前期末40百万円）に転落し、資金繰りも悪化しているが、条件変更による返済条件の緩和から延滞は発生していない。

　債務者は、在庫管理の徹底や人員削減等によるコストダウンに努め始めているものの、主力商品の売上げ減少の影響が大きく、その成果はなかなか現れていない。しかし前期末に開発した贈答品用の試作商品が関係者間で好評であったことから、従来の販売ルートに向けて拡販を図るべく準備をしているところである。

▼ 自己査定
　当金庫は、厳しい業況ながら新商品による今後の収益改善を期待して、要注意先（その他要注意先）としている。

検証ポイント
販売力について

解　説
1．長年の信用力の積み重ねにより、強固な販売基盤を有している企業の場合、新商品の販売動向が急速な業績改善につながることは十分考えられることであり、それらを債務者区分の判断に当たっての要素として勘案することは有用

である。
2．本事例の場合、売上高が大幅に減少し、コストダウンの効果も現れず、財務内容や返済条件も悪化の一途であり、このため今後の業況回復の可能性が低いと認められるのであれば、破綻懸念先に相当する可能性が高いと考えられる。

　しかし、一方で、今まで培ってきた販売ルートの強みを活かした新製品の拡販で今後の収益改善の効果が見込める場合には、こうした販売力も総合的に勘案して判断する必要がある。
3．販売力の検討に当たっては、今後の売上増加が期待できるといった説明だけではなく、具体的にどのように売上の増加や収益の改善が見込めるかについて、例えば、新商品の評判、問い合わせや引き合い等が今後の収益改善にどのように寄与するのかなど、今後の需給見込み等を踏まえた収益改善計画等により検討する必要がある。こうした検討の結果、その実現可能性が高いと認められるのであれば、要注意先（その他要注意先）に相当する可能性が高いと考えられる。

　なお、その実現可能性が低いと認められ、企業の資金繰りの状況や代表者等の個人資産の余力等を勘案したとしても、今後延滞の発生が見込まれるなど、事業の継続性に懸念があるならば、破綻懸念先に相当するかを検討する必要がある。

事業への着目

　当社は、当金庫メイン先（シェア90％、与信額：平成14年2月決算期260百万円）であり、地元有名デパートから小売店に至るまで主にタオル製品の製造・卸をしており、業歴も15年となっています。

　長年の信用力の積み重ねにより、強固な販売基盤を有しており、新商品の販売時には、その販売チャネルが確立していますので、売上増加に結び付く強みを持っています。今回も、新商品の拡販で、急速な業績改善につながることが見込まれます。

外部連携

　当社は、海外からの安価な製品の流入等による取引先からの納入単価の切下げ要請等に耐えきれず、このため、売上高は大幅に減少し、3期連続赤字（前期20百万円）を計上、前々期より債務超過（前期末40百万円）に転落し、資金繰りも悪化しています。そこで、条件変更による返

済条件の緩和を当金庫に依頼して、延滞発生は免れています。

　当社としては対策として、販路の拡大や商品開発を行い、売上の増加を行うと同時に、経費などのコスト削減で、黒字化を狙っています。具体的には、前期末に開発した贈答品用の試作商品が関係者間で好評であったことから、従来の販売ルートに向けて拡販を図るべく準備をしています。この企画ばかりではなく、現状の商品に対しても、拡販を目指しています。

　このように、商品別・販路別にモニタリング管理を徹底することになりましたから、財務データの整備も必要となり税理士などの専門家との外部連携で効果を高めることになりました。

事業の内容と成長可能性

　販売力の検討にあたっては、今後の売上増加が期待できるといった説明だけではなく、地域動向や業界動向を踏まえて、どのように売上の増加や収益の改善が見込めるかについて、細かく分析する必要があります。とは言っても、今までは地域動向の数値データはなかなか入手できませんでしたが、これからはパソコンで誰でもRESASによって把握しやすくなっています。たとえば、当社が日本一のタオルの生産地である今治市にあると仮定すれば、RESASや経済センサスによって、以下のようなデータが入手できます。

　タオル製造業は、以下の全産業花火図では「繊維工業」であり、事業所のシェアは大きいものの、産業マップ・製造業花火図によれば、「繊維工業」は、右下がりとなっています。

宿泊業，飲食サービス業＞飲食店 809社	卸売業，小売業＞飲食料品小売業 393社	製造業＞繊維工業 353社
	医療，福祉＞医療業 232社	建設業＞設備工事業 187社
生活関連サービス業，娯楽業＞洗濯・理容・美容・浴場業 534社	運輸業，郵便業＞水運業 207社	製造業＞輸送用機械器具製造業 185社
卸売業，小売業＞その他の小売業	卸売業，小売業＞機械器具小売業	不動産業，物品賃貸業

産業マップ ｜ 製造業花火図

事業所数(実数)の推移

愛媛県
製造業＞すべての中分類

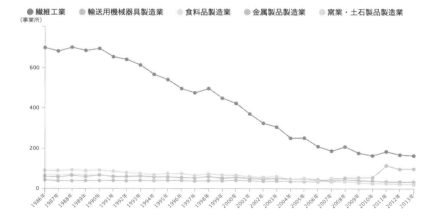

● 繊維工業　● 輸送用機械器具製造業　● 食料品製造業　● 金属製品製造業　● 窯業・土石製品製造業

ということで、タオル製造業の当社に対しては、同業他社とは違った動きをしない限り、生き残れないはずです。金融機関としても、歴史のある産業という理由だけでは、支援を続けることは難しいと思われます。当社の強みは、前期末に開発した贈答品用の試作商品が関係者間で好評であったことから、従来の販売ルートに向けて拡販を図ることができるか否かが今後のポイントになります。
　そのためには、以下に示す日本最大級の顧客満足度調査のJCSIを活用して、自社製品をチェックすることも重要であると思います。

▶ サービス産業生産性協議会によるJCSI（日本版顧客満足度指数）
業種横断的な比較や顧客満足度の「結果」だけはなく「原因」の分析が可能

JCSI (Japanese Customer Satisfaction Index) とは

JCSIは、サービス産業の競争力強化を目的とした国家的プロジェクトの中で、生産性をはかる一指標として、経済産業省、学識研究者、各企業の協力支援のもと、2007年から3年間の開発期間をかけて開発された顧客満足度調査です。

【生産性の概念図式】

$$生産性 = \frac{output}{input}$$

Outputを増やす
付加価値の向上（サービス品質の向上、顧客満足の向上、等）
新規ビジネスの創出（新市場の創出、国際展開の推進、等）

inputを減らす
効率性の向上（製造業の管理ノウハウを活用した業務の効率化、業務プロセスの標準化、等）

JCSIは分子の拡大に向けた取組の一環

○ 2014年度は32業種408事業・企業を調査（参考調査企業を含む）
　・今後も順次、調査対象企業・業種を拡大

○ ベンチマーキングの事例として、上位企業の結果を一部公開
　・各業種の高評価企業：上位2分の1まで発表
　・全正規調査対象の顧客満足度上位50位までを公開（各年度末）

他の消費者調査、ブランド調査と異なるJCSIの主な特長（次ページ以降参照）
①業種横断の統一的な設問により、業種を超えた顧客満足度指標となっている
②顧客満足を中心とした「6指標」により、他社との比較が多面的にできる
③業種・企業を中長期レンジで評価しており、「経営目標」として利用できる

JCSIで指数化する6つの指標

顧客期待	サービスを利用する際に、利用者が事前に持っている企業・ブランドの印象や期待・予感を示します。
知覚品質	実際にサービスを利用した際に感じる、品質への評価を示します。
知覚価値	受けたサービスの品質と価格とを対比して、利用者が感じる納得感、コストパフォーマンスを示します。
顧客満足	利用して感じた満足の度合いを示します。
推奨意向	利用したサービス内容について、肯定的に人に伝えるかどうかを示します。
ロイヤルティ	今後もそのサービスを使い続けたいか、もっと頻繁に使いたいかなどの再利用意向を示します。

特徴　顧客満足の「原因」と「結果」

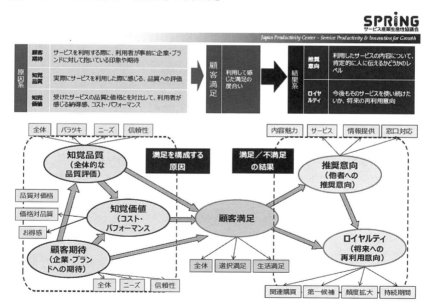

この６つの指標とその因果関係を俯瞰することで、代表者や管理者は自社製品やその営業に関する気付きを習得することができると思われます。

資金ニーズと融資判断の可否

　当社は、海外からの安価な製品の流入等による取引先からの納入単価の切下げ要請等に耐えきれず、このため、売上高は大幅に減少し、３期連続赤字（前期20百万円）を計上、前々期より債務超過（前期末40百万円）に転落し、資金繰りも悪化していますが、条件変更による返済条件の緩和から延滞は発生していません。その条件緩和の期間中に、何とか自主努力によって、業績や資金繰りを改善しなければなりませんし、金融機関としても、経営助言や指導またビジネスマッチングによる支援を行うべきです。

　業歴15年の当社にとっては、前期末に開発した贈答品用の試作商品が関係者間で好評であったことが、再生への明るい兆しと見ていますので、商品の強みを強調しながらの従来の販路の活性化が、今後のポイントになると思われます。とは言うものの、このタオル製造においては新商品を開発してもすぐにマネされ、優位性や競争力がなくなる傾向がありますので、早い対応が必要です。今まで培ってきた販売ルートの強みを活かした新試作製品の早期の拡販が求められます。金融機関としては、業績が上向く可能性を注視しながら、増加運転資金ニーズが生じたならば、素早く応じる準備も必要であると思います。

コメント

　この事例の企業は必ずしも今治のタオル製造卸売業者であるとは限りませんが、ここでは当社を地域の地場産業の一業者と想定して、RESASの図表やグラフ、また、顧客満足度調査のJCSIを使って、検討してみました。

　今治市の産業マップ・全産業花火図で、当社は「繊維工業」として今治市の地場産業であることがわかります。しかも、産業マップ・製造業花火図によれば、「繊維工業」は、右下がりとなっていますので、地場産

業と深いかかわりのある当金庫は、この地場企業群を一つの大きな機関と想定して、企業群全体を俯瞰した種々の分析を行い、有効な提案をすることが必要であると思います。そこで、顧客満足度調査のJCSIを活用してタオルに関する製造業・卸売業・小売業などについて詳しく調査を行い、その果実を各企業に情報提供し、業界団体とは異なるアドバイスを行う必要があります。

　そのうえで、当社自身の売上高が大幅に減少し、3期連続赤字（前期20百万円）を計上したこと、また資金繰りが悪化したことについて、その原因を詳細に分析して、販路の拡大や商品開発などによって、今後の売上増加の企画や経費削減などの手法を検討するべきです。そして、前期末に開発し関係者間で好評であった贈答品用の試作商品に関して、早急に販売手法を固めると同時に、新しい手法も早期に検討する必要があります。

事例 8

▼ 概況

　債務者は、当金庫メイン先（シェア100％、与信額：平成15年3月決算期250百万円）。地元では有名な漬物店を営む業歴100年を超える先である。

▼ 業況

　地域では有名な老舗の漬物店であり、長年培った信用力と商品の評判が良いことから、10年前に駅前の百貨店への出店、また、自宅兼店舗の改築（70百万円）を行うなど、事業の拡大を図った。しかしながら、3年前に保証した同業者の倒産により当金庫に対する保証債務の履行のために100百万円の借入を行ったことから、大幅な債務超過に陥った。また、好調であった百貨店販売についても、百貨店倒産により閉鎖を余儀なくされ、売上も減少し3期連続の赤字となっている。

　当金庫では、週に一度の企業訪問を通じて、債務者の販売する商品が贈答として好評で、百貨店での販売実績も高く、また全国各地からの問い

合わせも多いことを把握していたことから、債務者の事業再生は可能であると判断し、支援を実施していく方針を固めた。このような中で、金庫の債務者に対する経営相談・経営指導等において今後の販売経路について検討し、百貨店での販売による知名度を活かし、インターネットを使った通信販売を開始したところ、徐々にではあるが売上も増加してきており、今期には黒字の計上も見込まれる状況となっている。

▼ 自己査定

当金庫は、現状、大幅な債務超過で赤字となっているものの、技術力には定評があり、通信販売を利用した低コストでの拡販により業況改善が見込まれること、今後も引き続き支援方針であることから、要注意先としている。

検証ポイント
商品実績や新規販売経路の開拓について

解　説
1. 中小・零細企業等の債務者区分の判断に当たっては、企業の技術等が十分な潜在能力・競争力を有し、今後の事業の継続性及び収益性の向上に大きく貢献する可能性が高いのであれば、それらを債務者区分の判断に当たっての要素として勘案することは有用である。
2. 本事例の場合、債務者は3期連続で赤字、大幅な債務超過に陥っている状況にあることから、今後、返済能力の改善が見込めないならば、破綻懸念先に相当する可能性が高いと考えられる。

事業への着目

当社は、当金庫メイン先（シェア100％、与信額：平成15年3月決算期250百万円）で、地元では有名な漬物店を営む業歴100年を超える先です。地域では有名な老舗の漬物店であり、長年培った信用力と商品の評判が良いことから、10年前に駅前の百貨店への出店、また、自宅兼店舗の改築（70百万円）を行うなど、事業の拡大を図っていました。その後は、取引先などの倒産にあい業績が落ち込みましたが、当社の商品は贈答品として好評になり、百貨店での販売実績も高くなって、業績は上向き始めました。さらに、百貨店での販売による知名度を活かし、インタ

ーネットを使った通信販売を開始したところ、徐々に売上も増加してきており、漬物販売の本業としては、順調に推移しています。

外部連携

　当社は、有名な漬物店として十分な潜在能力・競争力を有し、今後の事業の継続性および収益性の向上に大きく貢献する可能性が高いとみられていますが、3年前に保証した同業の倒産により当金庫に対する保証債務の履行のために100百万円の借入れを行ったことから、大幅な債務超過に陥りました。また、好調であった百貨店販売についても、百貨店倒産により閉鎖を余儀なくされ、売上も減少し3期連続の赤字となっています。

　このような倒産によるマイナスが重なった場合は、自社としては一時的な赤字と思っていたとしても、社外の第三者による事情説明が説得力を持つことになります。

　当金庫については、週に一度の企業訪問をしていますが、「当社の販売する商品が贈答品として好評で、百貨店での販売実績も高く、また全国各地から注文の問合せも多いこと」など、業績好転内容について数値データによって、社外の第三者による説明が必要になります。そのためにも、税理士などの専門家との連携を密にして、金融機関との対話にも協力してもらうことが有効と思います。

事業の内容と成長可能性

　当社は、地元では有名な漬物店を営む業歴100年を超える先であり、その漬物は、皆から高い評価を得ています。最近では、週に一度の企業訪問を通じて、債務者の販売する商品が贈答品として好評で、百貨店での販売実績も高く、また全国各地からの問合せも多くなっています。また、百貨店での販売による知名度を活かし、インターネットを使った通信販売を開始したところ、徐々にではありますが売上も増加してきています。

　たとえば、静岡県沼津市では漬物店の販売額の統計はありませんが、以下に示すとおり、贈答品のネットショッピングは6～7月、11～12月において明らかに増加しています。一方、飲食料品小売業は横ばいの売上であり、小売業は卸売業ほどの落ち込みはないものの、大きな伸びは

見込めないことがわかります。従来の百貨店販売チャネルにしがみ付くよりも、かつての信用・ブランド力を生かしたインターネット通信販売の方の見通しが明るいことを読み取ることができます。

▶ 主な項目のネットショッピングを利用した月別支出金額（二人以上の世帯）

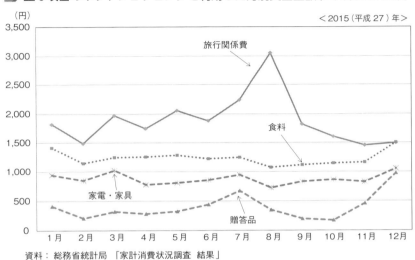

資料：総務省統計局「家計消費状況調査 結果」

総務省平成28年3月3日の統計トピックス NO.92
急増するネットショッピングの実態を探る
－「家計消費状況調査」、「平成26年全国消費実態調査」の結果から－

年間商品販売額(実数)の推移

静岡県
産業：すべての大分類＞すべての中分類

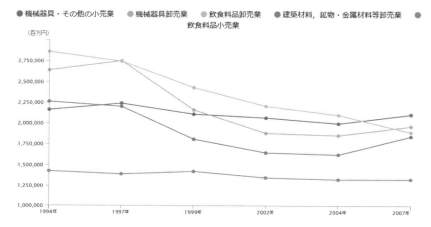

年間商品販売額の変化

静岡県沼津市
産業：すべての大分類＞すべての中分類

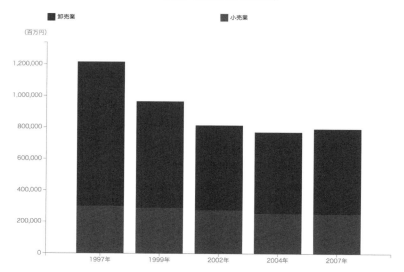

資金ニーズと融資判断の可否

　当金庫は、現状、大幅な債務超過で赤字となっているものの、販売力としては定評があり、通信販売を利用した低コストでの拡販により、業況改善が見込まれています。週に一度の企業訪問を通じて、当社の販売する商品が贈答品として好評で、百貨店での販売実績も高く、全国各地からの問合せも多く、業績好転となっています。また、百貨店での販売による知名度を活かし、インターネットを使った通信販売を開始したところ、徐々にではありますが売上も増加してきて、増加運転資金の資金ニーズも生じてきています。

　しかし、当社は3期連続で赤字、大幅な債務超過に陥っている状況にあることから、今後、従来のように取引先の大きな倒産にあった場合は、破綻懸念先に相当するとみなされ、追加融資は受けられない可能性があります。

コメント

　静岡県沼津市では、駅前の百貨店が3店舗閉店し、贈答品もインターネット販売が増加しています。贈答品は、郊外のショッピングセンターの片隅で主に販売されていますが、一般商店の販売も盛り上がらず、やはり地方都市においても、インターネット販売が増加しています。最近はスーパーマーケットなどでも、食品や日用品を中心にインターネットによる販売に力を入れ始め、今後は、重量のある商品を持ち帰ったりするのが難しい「乳幼児のいる世帯」や「高齢層の世帯」などでもネットショッピングが増えていくものと考えられます。金融機関としては、地域の小売店対策を行政機関などと検討し、インターネットショッピングの実態なども、小売業者にアドバイスすることも大切です。

② 技術力……事例5、6

事例 5

▼ 概況
債務者は、当行メイン先（シェア100％、与信額：平成13年3月決算期100百万円）。代表者以下5名で家電メーカー向けのプラスチック用金型を受注生産する業歴20年を超える金型製造業者である。

▼ 業況
景気低迷による金型需要の低下や家電メーカーの生産拠点の海外シフト等から受注量が激減、売上の減少傾向に歯止めがかからず、毎期赤字が続き債務超過（前期末75百万円）に陥っている。当行は、工作機械購入資金や材料仕入資金等に応需しているが、このうち、工作機械購入資金については、条件変更による元本返済猶予が実施されている。

▼ 自己査定
当行は、延滞もしていないほか、代表者及び従業員のうち2名は、この業界でも評判の腕前を持つ金型職人であり、今まで代表者が取得した特許権及び実用新案権が5件、従業員が出願中の特許権が2件あることなどから、今後も家電メーカーからの受注がある程度確実に見込まれると判断し、要注意先としている。

検証ポイント
技術力について

解 説
1．中小・零細企業等の債務者区分の判断に当たっては、企業の技術力等が十分な潜在能力、競争力を有し、今後の事業の継続性及び収益性の向上に大きく貢献する可能性が高いのであれば、それらを債務者区分の判断に当たっての要素として勘案することは有用である。
2．本事例のように、業況不振により連続して赤字を計上し、債務超過に陥っている債務者については、今後、業況回復の可能性が低いと認められるのであれば、経営破綻に陥る可能性が高い状態にあると考えられ、破綻懸念先に相当する可能性が高いと考えられる。

しかしながら、債務者の持つ高い技術力によって今後もメーカー等からの受注が確実に見込まれており、今後の業績の改善が具体的に予想でき、さらに、他の種々の要素を勘案し、今後の事業の継続性や収益性の向上に懸念がないと考えられるのであれば、要注意先に相当する可能性が高いと考えられる。

一方、今後の業況の改善が見込めず、企業の資金繰りの状況や代表者等の個人資産の余力等を勘案したとしても、例えば、今後延滞の発生が見込まれるなど、事業の継続性に懸念があるならば、破綻懸念先に相当するかを検討する必要がある。

3. なお、技術力の検討に当たっては、債務者が既に取得している、若しくは現在出願中の特許権、実用新案権の存在が特許証明書等で確認できるのであれば、債務者の技術力の高さを表す事例の一つと考えることができ、将来の業績に対するプラス材料の一つとなり得ると考えられる。

しかしながら、今後の事業の継続性及び収益性の見通しを検討するに当たっては、こうした特許権等の存在のみにとどまらず、例えば、当該特許権等により、どの程度の新規受注が見込まれるのか、また、それが今後の収益改善にどのように寄与するかなどといった点を具体的に検討することが必要である。

事業への着目

当社は、当行メイン先（シェア100％、与信額：平成13年3月決算期100百万円）で、代表者以下5名で家電メーカー向けのプラスチック用金型を受注生産しています。業歴は、20年を超える金型製造業者で、代表者および従業員のうち2名は、この業界でも評判の腕前を持つ金型職人であり、いままで代表者が取得した特許権および実用新案権が5件、従業員が出願中の特許権が2件あります。今後もこの技術力によって、家電メーカーからの受注がある程度確実に見込まれると思われます。当社は正に技術力に着目する企業です。

外部連携

当社は、代表者以下5名で家電メーカー向けのプラスチック用金型を受注生産し、業歴のある金型製造業者です。代表者および従業員は、この業界でも評判の腕前を持つ金型職人です。

しかし、景気低迷による金型需要の低下や家電メーカーの生産拠点の

海外シフト等から受注量が激減、売上の減少傾向に歯止めがかからず、毎期赤字が続き債務超過（前期末75百万円）に陥っています。当行は、工作機械購入資金や材料仕入資金等に応需していますが、このうち、工作機械購入資金については、条件変更による元本返済猶予が実施されていますが、延滞はしていません。

当社の技術水準は高く、代表者および従業員は特許権および実用新案権などを保有しています。

このように、当社は、知的財産権を多く保有し、従業員の引抜きや賃金水準への不満が生じやすいことから、労務管理への配慮も必要です。中小企業といえども、代表者には特許権および実用新案権を管理し、従業員をフル稼働させる高いガバナンスが必要です。また、知的財産権を理解し管理できる弁理士やその分野に強い税理士などの専門家との外部連携が必要です。このような技術力の高い企業ほど情報開示を励行し、透明性のある経営が求められます。

事業の内容と成長可能性

当社は、業歴20年を超える金型製造業者で、代表者および従業員は、この業界でも評判の腕前を持つ金型職人です。代表者は特許権および実用新案権を5件、従業員は出願中特許権を2件持っていますが、当行としても、この技術力を客観的に評価するために、以下の「ひょうご中小企業技術・経営力評価制度の評価書」によって、当社を再検討することにしています。この検討によって、事業の内容と成長可能性を客観的に見ることができるようになりました。また、特許権および実用新案権については、RESASの産業マップ・特許分布図から出力される一覧表でどの企業がどのような特許などを保有しているかを金融機関は知ることができ、地域企業の技術力を客観的にチェックすることができます。地域の複数の企業に対して、金融機関担当者がこのような評価書でチェックをすることで、技術力の評価や企業全体の影響力を把握でき、目線の向上につながります。ここでは、仮に、静岡県沼津市のケースを以下に引用してみました。

▶ひょうご中小企業技術・経営力評価制度の評価書の内容

評価分野・項目		評価の視点例		
1 製品・サービス	①新規性・独創性	従来品との差別化の程度、代替品に対する競争力など事業性の観点から評価	技術評価	全体評価
	②優位性とその維持継続	競合品に対する優位性、認知度、特許権、技術の継承		
2 市場性・将来性	①市場規模・成長性	各種調査による市場動向、法規制の動向、代替品の出現		
	②競合関係	競合企業の状況、市場シェア、品質・納期・差別化戦略、競争優位性		
3 実現性・収益性	①販売方法・販売価格	マーケティング計画の内容、販売チャネル、販売方法・販売価格		
	②生産・サービス体制	運営管理体制、原価管理、生産・サービス計画、5Sの実施、生産管理		
	③売上高・利益計画	売上高・利益計画の妥当性、売上原価・販売費・一般管理費の妥当性		
	④資金計画・資金調達力	資金計画の有無、事業計画との整合性、採算性、自己資金		
4 経営力	①事業遂行能力	経営理念、先見性、知識、経験、スキル、リーダーシップ、社外ネットワーク		
	②人材・組織体制	後継者等の人材、人材教育、技術・ノウハウ継承の仕組み		

中小企業の技術や成長性を評価する上記の10項目について、評価コメントと評価点（1～5）を評価書に記載

		産業マップ	特許分布図		静岡県 沼津市
✕			静岡県沼津市に所在する特許一覧		並び順
					出願年月日
出願番号	セクション	主題事項	FIクラス	特許技術テーマ	降順
2013169916	固定構造物	建造物	建築物	耐力壁、カーテンウオール	
2013552767	固定構造物	建造物	水工；基礎；土砂の移送	杭・地中アンカ	絞り込み条件 指定地域：静岡県沼津市 表示年：2014

資金ニーズと融資判断の可否

　当社は、代表者以下5名で家電メーカー向けのプラスチック用金型を受注生産しています。しかし、景気低迷による金型需要の低下や家電メーカーの生産拠点の海外シフト等から、売上の減少傾向に歯止めがかか

らず、毎期赤字が続き債務超過（前期末75百万円）に陥っています。当行は、工作機械購入資金や材料仕入資金等に応需していますが、このうち、工作機械購入資金については、条件変更による元本返済猶予が実施されています。

　とはいうものの、今後とも当社は高い技術力で家電メーカーからの受注がある程度確実に見込まれ、また、代表者が取得した特許権および実用新案権が５件、従業員が出願中の特許権が２件あります。これらの知的財産権によって、新規受注が確実に見込まれています。実際に、当行が継続的に企業訪問や経営相談を行っており、その面談において、密度の高いコミュニケーションをとっていますので、この受注見込みは信頼できます。また、当行では地域において多くの企業と取引をしていますから、金型の注文先企業からも、当社を含め複数の金型製造企業に関する情報を得ており、その中には当社の情報もあります。

コメント

　特許権については、RESASの産業マップの特許分布図で、その一覧を容易に見ることができるようになっています。ドラマ「半沢直樹」において、マキノ精機の社長に、半沢直樹が特許について注意点を述べ、共感と感動を与えていましたが、この特許一覧を活用すれば、金融機関担当者や専門家も関与企業の技術力に対して、客観的に評価ができ、その対話を通して共感をともにすることができると思います。多くの中小企業にとって、技術力を高めることは大きな励みにもなるものです。

　一方、いくら技術力があっても、企業収益に貢献できなければ役に立ちませんし、その技術力のある役職員が退職してしまうようでは、企業としての強みは半減してしまいます。技術力を企業や地域に貢献させるためには、「ひょうご中小企業技術・経営力評価制度」が良きチェックリストになりますので、ご活用をお勧めします。

事例6

▼ 概況
債務者は、当金庫メイン先（シェア100%、与信額：平成15年3月期決算期250百万円）。債務者は、地元に本社を置く繊維会社である。

▼ 業況
債務者は、従前より繊維（織物）会社として、地元では特殊な編物技術を有する中堅会社であるが、中国からの安価な繊維商品の大量輸入により、価格競争の激化から商品単価の引き下げを余儀なくされ、近年、経常赤字の状況が続き、債務超過状況となっている。

しかしながら、その技術力は繊維だけに留まらず、繊維以外の商品への応用についても、地元の大手製紙会社との間で、共同で研究開発を行うなど、技術力は高く評価されているところであり、順調に推移すれば2年後に製品の製造も可能と業界誌にも紹介されているところである。

当金庫では、継続的な企業訪問や経営相談を通じて、頻繁に債務者と接触しており、当該債務者の技術力についての評価・分析に自信を持っている。また、日々の渉外活動等の充実により、地元の繊維業界及び製紙業界について、十分な情報・分析能力を有しており、当該マーケティング調査能力を発揮し、本件については、商品化が見込まれるとの判断のもと、継続的に債務者を支援する方針である。

▼ 自己査定
債務者の技術力について十分把握しており、商品化後には収益改善も十分見込まれるとして、要注意先としている。

検証ポイント
技術力に関する大手企業との取引状況や金融機関の評価態勢について

解説
1．中小・零細企業等の債務者区分の判断に当たっては、企業の技術等が十分な潜在能力・競争力を有し、今後の事業の継続性及び収益性の向上に大きく貢献する可能性が高いのであれば、それらを債務者区分の判断に当たっての要素として勘案することは有用である。
2．本事例のように、業況不振により連続して赤字を計上し、債務超過に陥って

いる債務者については、今後、業況回復の可能性が低いと認められるのであれば、経営破綻に陥る可能性が高い状態にあると考えられ、破綻懸念先に相当する可能性が高いと考えられる。

しかしながら、本事例のように金融機関が企業訪問や経営相談を通じた債務者との間の密度の高いコミュニケーションによって、当該債務者の技術力を適切に評価・分析していることが業務日誌等から検証され、かつ、その高い技術力によって、今後の業績の改善が具体的に予想でき、さらに、他の種々の要素を勘案し、今後の事業の継続性や収益性の向上に懸念がないと考えられるのであれば、要注意先に相当する可能性が高いと考えられる。

3．なお、技術力の検討に当たっては、特許権や実用新案権の存在がなくとも、具体的な製品化や大手企業との技術協力等の実態を確認できるのであれば、債務者の技術力の高さを表す事例の一つと考えることができ、将来の業績に対するプラス材料の一つとなり得ると考えられる。従って、こうした技術力については、単に技術力の評価に留まらず、例えば、どの程度の新規受注が見込まれるのか、また、それが今後の収益改善にどのように寄与するかなどといった点を具体的に検討することが必要である。

事業への着目

当社は、当金庫メイン先（シェア100％、与信額：平成15年3月期決算期250百万円）であり、地元に本社を置く繊維会社です。しかし、その技術力は繊維だけに留まらず、繊維以外の商品への応用についても、地元の大手製紙会社との間で、共同で研究開発を行うなど、技術力は高く評価されており、順調に推移すれば2年後に製品の製造も可能と業界誌にも紹介されているところです。まさに、当社の事業の強みは技術力といえます。

外部連携

当社は、地元に本社を置く繊維会社で、その技術力は繊維だけにとどまらず、繊維以外の商品への応用についても、地元の大手製紙会社との間で、共同で研究開発を行うなど、技術力は高く評価されています。

本事例のように、金融機関が企業訪問や経営相談を通じた債務者との間の密度の高いコミュニケーションによって、当該債務者の技術力を適切に評価・分析していることが、金融機関担当者の行動記録である業務

日誌等から検証されることがあります。かつ、その高い技術力によって、今後の業績の改善が具体的に予想でき、さらに、他の種々の要素を勘案し、今後の事業の継続性や収益性の向上に懸念がないと考えられることもあります。また、当社が共同開発をしている大手製紙会社は知的財産権の管理もしっかりしていることから、当社の技術管理も製造会社の様式に沿ってさらに高まるものと思います。この両者の技術連携が地域の発展に貢献できればよいと、当金庫も見ており、担当者には、特に、これらの技術について深く学ぶように指示をしています。

しかし、このような専門外の金融機関職員のコメントよりは、やはり、外部の専門家の評価があることが望ましいと思われます。

たとえば、この事例とは異なりますが、以下に示すような「ひょうご産業活性化センターによる技術・経営力評価」などの分析があることにより、金融機関と中小企業のニーズがともに満たされることになると思われます。外部のコンサルティングや税理士などの専門家と連携を組んで、その専門家が、このような分析と書類作成を担ってくれることにより、ローカルベンチマークなどの対話が一層活発にできることになれば、両者のニーズが満たされることになります。

▶ ひょうご産業活性化センターによる技術・経営力評価

金融機関の、技術力や成長性を含めた事業実態を把握し、融資に結び付けたいというニーズと企業側の保有する技術力等をアピールし、販売促進や企業価値の向上につなげたいというニーズに対応

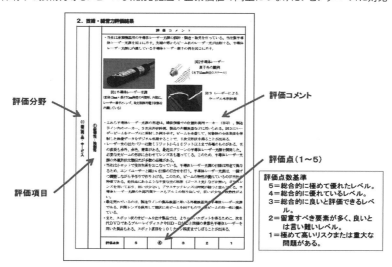

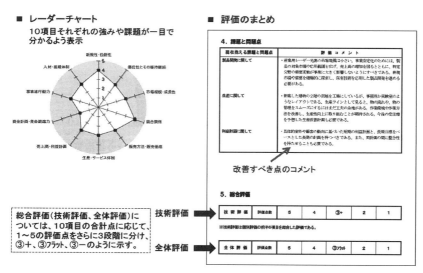

事業の内容と成長可能性

　当社は、地元に本社を置く繊維会社で、その技術力は繊維だけに留まらず、繊維以外の商品への応用についても、評価を得ています。地元の大手製紙会社との間で、共同で研究開発を行うなど、その技術力は地域では皆が認めています。

　当金庫でも、継続的な企業訪問や経営相談を通じて、頻繁に当社と接触しており、当社の技術力の評価・分析に、地元の金融機関として自信を持っています。支店の貸出担当者も、その技術の概要について習得することに努めています。この点は、地元の大手製紙会社と取引のある当金庫としては、ヒアリングにて確認を取っています。また、当金庫として、本部審査部においても、地元の繊維業界および製紙業界について情報収集・分析を行っています。

　そして、RESASにおける「産業マップ・特許分布図」における「地域ごとの分布をみる」の項目のなかで、「データをダウンロード」をクリックすることで、個別の企業と特許の明細を把握することができます。本件のような場合は、このデータを精査することによって、地元の繊維会社と大手製紙会社の技術面の関係も掌握することができるものです。サンプルとして、実際に公表されている沼津市の特許明細を以下に示します。（一部抽出）

16554	赤武エンジニアリング株式会社	静岡	22203	沼津	飲料を作る装	A	生活必	A4	個人用品また	A47	家具；家庭用品または家
16555	株式会社スグロ鉄工	静岡	22203	沼津	チル鋳造・ダイ	B	処理操	B2	成形	B29	プラスチックの加工；可塑
16556	国産電機株式会社	静岡	22203	沼津	車両の乗手	B	処理操	B6	運輸	B62	鉄道以外の路面車両
16557	国産電機株式会社	静岡	22203	沼津	同期機の永	H	電気	H0	電気	H02	電力の発電,変換配電
16558	スーパーメディカルジャパン株	静岡	22203	沼津	医薬品製剤	A	生活必	A6	健康；人命救	A61	医学または獣医学；衛生
16559	有限会社勝又製作所	静岡	22203	沼津	板・棒・管等	B	処理操	B2	成形	B21	本質的には材料の除去
16560	国産電機株式会社	静岡	22203	沼津	プリント配線間	H	電気	H0	電気	H05	他に分類されない電気
16561	新静電子制御株式会社	静岡	22203	沼津	体外人工臓	A	生活必	A6	健康；人命救	A61	医学または獣医学；衛生
16562	有限会社山本紙工	静岡	22203	沼津	積層体(2)	B	処理操	B2	成形	B32	積層体
16563	株式会社燃焼合成	静岡	22203	沼津	硫黄,窒素等	C	化学；冶	C0	化学	C01	無機化学
16564	株式会社トーヨーアサノ	静岡	22203	沼津	トンネルの覆	E	固定ект	E2	地中もしくは岩	E21	地中もしくは岩石の削り；
16565	株式会社ビデオ・テック	静岡	22203	沼津	スタジオ回線	H	電気	H0	電気	H04	電気通信技術
16566	東海ガス圧接株式会社	静岡	22203	沼津	圧接,拡散接	F	機械工	F2	照明；加熱	F23	燃焼装置；燃焼方法

当金庫のマーケティング調査能力を発揮し、商品化にまで踏み込んで、継続的に当社を支援する方針も固めることができます。

資金ニーズと融資判断の可否

当社は、業歴の古い繊維（織物）会社であり、地元では特殊な編物技術を有する中堅会社と見られていますが、中国からの安価な繊維商品の大量輸入により、価格競争の激化から商品単価の引下げを余儀なくされ、近年、経常赤字の状況が続き、債務超過状況となっています。

当金庫では、継続的な企業訪問や経営相談を通じて、頻繁に債務者と接触しており、当社の技術力についての評価・分析に自信を持っています。また、日々の渉外活動等の充実により、地元の繊維業界および製紙業界について、十分な情報・分析能力を有しており、当該マーケティング調査能力を発揮し、本件については、商品化が見込まれるとの判断のもと、継続的に債務者を支援する方針です。

技術力に関する情報の検討にあたっては、RESASによって多くの情報が取れますし、国や地方自治体などの地域情報でも、かなりの企業の技術開発情報が公開されています。また、取引先に関する具体的な特許権や実用新案権がなくとも、製品化や大手企業との技術協力等の実態を確認することもできます。この確認事項を、将来の業績に対するプラス材料の一つと判断することもできます。

一方、金融機関としては、こうした技術力について、技術力の評価に留まらず、たとえば、どの程度の新規受注が見込まれるのか、また、それが今後の収益改善にどのように寄与するかなどといった点を、具体的に検討し把握しておくことが重要です。当社の技術開発に関する設備投資や在庫投資などの資金ニーズの判断や融資判断の可否も、これらの確認事項に沿って実施することがポイントになります。

コメント

当社が共同開発をしている大手製紙会社は、当然ながら、知的財産権の管理もしっかり行っており、当社の技術管理にも良い刺激となっています。また、この両者の技術連携が、地域の発展に貢献するものと、当

金庫も見ており、支店や本部の当社担当者には、これらの技術について深く学ぶように指示をしています。両者の連携が将来の地場産業になることも期待しているからです。

　同時に、当社には外部の専門家の評価も必要であると思い、その点のアドバイスも行っています。当社の技術力の市場性・将来性、実現性・収益性、そして経営との絡みも考慮して、「ひょうご中小企業技術・経営力評価制度の評価書」のチェックリスト（事例5参照）を活用しています。さらに、ここでは、「ひょうご産業活性化センターによる技術・経営力評価」の評価コメントやレーダーチャート、また評価のまとめも参考にしています。

　当金庫では、外部のコンサルティングや税理士などの専門家と連携を組んで、その専門家が、このような分析と書類作成支援を担ってくれることを期待しています。今後は、当社や専門家も含め、ローカルベンチマークの対話ができることを勧奨することになっています。

③　業種……事例10、28

事例 10

▼ **概況**
　債務者は、地元温泉地の中規模旅館で当行メイン先（シェア80％、与信額：平成13年9月決算期400百万円）である。

▼ **業況**
　5年前に宿泊客の落ち込みへの挽回策として、別館をリニューアルしたものの、売上は当初計画比80％程度に止まり、伸び悩んでいる。期間損益は多額な減価償却負担や金利負担から赤字を続け、債務超過に陥っている。
　当行は、運転資金のほか、当該別館改築資金（250百万円、20年返済）に応需している。なお、当該改築資金については、現状正常に返済が行われている。
　代表者は、今後は新たな旅行代理店の開発及びタイアップにより、宿泊客数の増加を図るとともに、人件費等の経費削減にも取組み収益の改善に努めたいとしている。

▼ **自己査定**
　当行は、財務内容や収益力は芳しくないものの、現行、正常に返済していることや代表者の経営改善に向けた意欲を評価して正常先としている。

検証ポイント
業種の特性について

解　説
1．中小・零細企業等の債務者区分の判断に当たっては、その財務状況のみならず、代表者等の収入状況や資産内容等を総合的に勘案し、当該企業の経営実態を踏まえて判断するものとされているが、その際、業種の特性を踏まえた検討も合わせて行う必要がある。
　一般的に、旅館業については、多額の設備資金を必要とし、これら投資資金の回収に長期間を要するという特性を有している。また、多様化する顧客ニーズへの対応のため、比較的短期間の内に設備更新のための再投資(修繕費用等)

も必要とされる。旅館業の債務者区分の判断に当たっては、こうした業種の特性による設備投資に伴う減価償却負担や金利負担の状況及び投資計画を踏まえた収益性等について検討をする必要がある。
2．本事例の場合、返済は正常に行われているが、売上低迷、毎期赤字、債務超過という面のみを捉えれば、要注意先以下に相当する可能性が高いと考えられる。

　一方、通常、減価償却費が定率法で算定される場合、投資後初期の段階では減価償却費負担が大きくなることから、自己資本額が小さい債務者の場合、赤字、債務超過に陥りやすくなるが、仮に、減価償却前利益が今後一定の水準で推移するとした場合、時間の経過とともに、減価償却費の減少から、減価償却後利益は黒字へと好転し、債務超過額も徐々に解消していくこととなる。また、借入金の返済が進めば、通常、金利負担も減少していくことが考えられる。

　したがって、旅館業のように新規設備投資や改築費用が多い業種については、現時点での表面的な収支、財務状況のみならず、赤字の要因、新規投資計画に沿った収益・返済原資が確保されているのか否か、今後の売上の改善見込みなどを検討する必要がある。
3．本事例の場合においては、こうした検討を踏まえ、債務者自身で返済原資が確保されているのか否か（代表者等の支援があるのか否か）、当初計画比80％程度の売上や減価償却費、金利負担の減少等をベースにした収益水準で今後の返済が可能か否か、あるいは、今後の収益増強策でどの程度返済原資の積み上げが図れるのかなどについて検討し、今後も当初約定通りの返済が可能であるならば正常先に相当する可能性が高いと考えられる。

事業への着目

　当社は、地元温泉地の中規模旅館で、当行のメイン先（シェア80％、与信額：平成13年9月決算期400百万円）です。当旅館の代表者は、宿泊者ニーズを重視して、比較的短期間のうちに設備更新のための再投資（修繕費用等）を行い、多様化するニーズに応えています。また、今後は新たな旅行代理店の開発およびタイアップをし、意欲的な経営姿勢を続けています。とはいうものの、旅館業のように新規設備投資や改築費用が多い業種については、現時点で、表面的な損益や財務状況が悪化することがあり、赤字となったり債務超過に陥ることもあります。そのため

には、支援機関である金融機関に対しては、今後の売上の改善見込みやコスト軽減化などを記した経営改善計画などの情報開示資料の提出をしっかり行い、実情を理解してもらっておくことが大切です。

また、地元温泉地の旅館は、周辺地域の経済活動を支えており、地域住民にとって欠かせない存在になっていることが多々あります。RESASの全産業花火図によれば、大都市を持たない県や地域については、宿泊業・飲食サービス業が業種の上位になっています。

外部連携

一般的に、旅館業については、多額の設備資金を必要とし、これら投資資金の回収に長期間を要するという特性を有しています。また、多様化する顧客ニーズに応えるためには、比較的短期間のうちに設備更新のための再投資（修繕費用等）も必要とされます。そのうえ、旅館の業種特性としては、設備投資に伴う減価償却負担や金利負担の状況によって、黒字化が難しくなることです。宿泊客や宴会が落ち込んだ場合は、投資計画に沿った収益性に現実が追いつかず、キャッシュフローで苦労することもあります。

このような時には、かなり大きい旅館であっても、代表者等の収入状況や資産内容等を総合的に勘案し、その企業の信用力を見ることが多々あります。したがって、旅館業については、本業の財務内容、損益面、収支面を把握し、また経営者の収支・資産も総合的に判断しなければなりませんので、外部の税理士などの専門家と連携を組んで、情報開示をしっかり行う必要があります。

事業の内容と成長可能性

旅館業は、一般的には宿泊客の多寡によって、業績が決まります。この宿泊客の見込みやサービスの質などについては、たとえば、静岡県の伊東市をRESASで見ていくことにします。現状の把握では、「全産業花火図」により、旅館業は伊東市の主要産業であることが確認され、「観光マップ」では、「From-to分析」から、平日・休日の滞在人口を明らかにすることができます。また、「滞在人口率」から、滞在人口月別推移や滞在人口時間別推移がグラフ化されていますので、種々の対策も立てやす

くなっています。さらに、以下に示す「指定地域の目的地一覧」や「県外からの滞在人数」によって、宿泊者へのサービスやセールスも高めることができます。

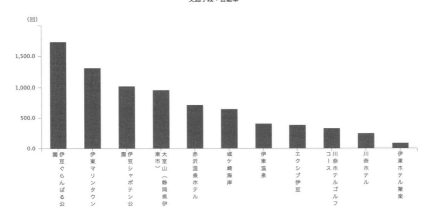

指定地域の目的地一覧

表示年月：2015年すべての期間（休日）
指定地域：静岡県伊東市
交通手段：自動車

静岡県伊東市の平日は、滞在人口合計は、106,700人であり、国勢調査人数71,437人の1.49倍です。都道府県外の滞在人口は、8,900人（地域外割合8.3％）です。都道府県外ランキングは以下のとおりです。

滞在人口／都道府県外ランキング　上位10件

- ●1位　神奈川県　4,800人(53.9％)
- ●2位　東京都　3,600人(40.4％)
- ●3位　千葉県　300人(3.3％)
- ●4位　兵庫県　100人(1.1％)
- ●5位　山梨県　100人(1.1％)

一方、将来の観光客・宿泊客誘致では、今までの旅行代理店企画によるパッケージツアーなどの「発地型観光」も集客の効果はありますが、最近では、観光地自らが情報発信し観光客を呼び込む「着地型観光」が注目されています。すなわち、「着地型観光」は「まちおこし」にも通じる

ものであり、「川下り」や「農業体験」、「ウオーキング」、「伝統芸能体験といった体験型・交流型プログラム」などが代表例です。特に、これらのプログラムは、そのまちが持つ歴史や文化、施設、イベントなどを絡めながら、いかにして、まちを訪れる人を増やしていくかが求められています。

今後の旅館業の事業内容や成長可能性は、地域の行政や商工会議所・商工会などと、また、観光資源を創出し継続的にリピーター客を呼び込むような地域の中核人材などと連携を組みながら推進していくことが多くなると思います。

資金ニーズと融資判断の可否

当旅館は5年前に宿泊客の落ち込みへの挽回策として、別館をリニューアルしたものの、売上は当初計画比80％程度に止まり、伸び悩んでいます。期間損益は、多額な減価償却負担や金利負担から赤字を続け、債務超過に陥っていますが、業種柄、キャッシュ面では多少はゆとりがあるかもしれません。当行の運転資金貸出のほか、別館改築資金貸出（当初金額250百万円、20年返済）については、現状正常に返済が行われています。

とは言うものの、売上の毎年の低下の原因には、サービス品質の低下も考えられ、水面下で顧客離れが進んでいるケースもありますので、客数・客単価・部屋ごとの回転率などの推移や今後の見通しのチェックも必要です。

一方、当旅館の代表者は、今後は新たな旅行代理店の開発およびタイアップにより、宿泊客数の増加を図るとともに、人件費等の経費削減にも取り組み、収益の改善に努めたいと、意欲的な経営姿勢を続けています。

当行としては、当旅館は現在の財務内容や損益面で問題があろうとも、収支面ではまだまだ多少のゆとりがありますので、将来の見通しでは改善が見込まれることから、新規の資金ニーズには応えていくつもりでいます。

> **コメント**

　当行としては、当社ばかりではなく、地域の旅館業の発展を目指し、この業界の多くの情報や経営スキルを集めています。RESASによる現状の把握で、たとえば、伊東市はこの旅館業が主要産業であることが確認でき、「観光マップ」の「From－to分析」から、平日・休日の滞在人口を明らかにすることができます。また「滞在人口率」から、月別推移や時間別推移がグラフ化され、「指定地域の目的地一覧」や「県外からの滞在人数」によって、宿泊者へのサービスやセールスの方針も立てることができます。

　将来の観光客・宿泊客誘致では、「発地型観光」の集客効果に加え、「着地型観光」の効果も検討しています。この地域が持つ歴史や文化、施設、イベントなどを絡めながら、いかにして、まちを訪れる人を増やしていくかを金融機関も行政などと連携し助言ができるように検討するべきです。今後の、旅館業の事業内容や成長可能性は、地域の各機関と組むことのほかに、リピーター客を呼び込む努力を行っているような地域の中核人材などと連携を組み支援することも一策です。

事例 28

▼ 概況

　債務者は、当金庫メイン先（シェア90％、与信額：平成15年3月決算期100百万円）。漁業・水産加工業が盛んな地域において、水産加工品を製造する水産加工業者である。

▼ 業況

　水産加工業者の業況は、製品の良さ（原材料の良さ）もあって、近年の景気低迷の影響もさほど受けず、順調である。平成12年に、地域の村おこしの一環として、地域の漁業者、水産業者が共同出資で、「浜辺の市」という地域の水産品を販売する施設を建設することとなった。

　債務者は、地域での世話役という立場もあり、当金庫からの借入金20百万円と自己資金10百万円を原資に、最大出資者として30百万円を出資

している。

　しかしながら、平成14年9月に台風が上陸し、出資した「浜辺の市」が壊滅的な打撃を受け、損害保険等の不備もあり、その再建を断念せざる得ない状況となった。その結果、債務者は当該出資について、減損処理し、当年度の決算状況は、赤字計上（24百万円）を余儀なくされ、債務超過（20百万円）の状況となった。債務者自身は台風による影響もほとんど受けておらず、又、債務者の売上に占める「浜辺の市」への割合は数％に過ぎず、本業は順調に推移している状況にある。

　当金庫では、水産加工施設の設備資金（80百万円、20年返済）及び「浜辺の市」への出資金（20百万円、10年返済）について応需している。なお、これらの借入金については、現状正常に返済が行われている。

　代表者は、当年度の赤字計上は一時的かつ外部的な要因によって、発生したものであるが、本業は順調であり、今後も現状の返済を行っていきたいとしている。

▼ **自己査定**

　当金庫は、債務者は赤字、債務超過の状況であるものの、その原因は一時的かつ外部的な出資金の減損処理によるものであり、現在の債務者の業況は、変わりなく順調であることから、その回復は十分見込めるとしており、債務者区分については、正常先としている。

検証ポイント

一時的かつ外部的な影響により赤字や債務超過となった企業の判断

解　説

1. 中小・零細企業等の債務者区分の判断に当たっては、当該企業の財務状況のみを機械的・画一的に判断するのではなく、キャッシュフローの状況を重要視するとともに、財務状況についても、債務超過原因や赤字原因などを総合的に勘案して、その上で債務者区分を検討する必要がある。
2. 本事例の場合、債務者は、本業は順調であるものの出資金の減損という一時的かつ外部的な理由により、大幅な赤字、債務超過状況に陥っているものの、本業である水産加工業は順調であり、また、キャッシュフローの状況も悪化しておらず、今後も当初約定通りの返済が可能であるならば正常先に相当する可能性が高いと考えられる。
3. なお、中小・零細企業については、大企業に比して自己資本が脆弱であるこ

とや一時的な収益悪化により赤字に陥りやすいことを勘案すれば、一時的な要因（株式売却損、遊休不動産売却損等）で財務状況が悪化した場合においても、本業の業況やそのキャッシュフローなどをきめ細かく検証する必要があると考えられる。

また、財務状況の悪化要因が一時的なものであっても、その結果として、本業の業況に直接悪影響が発生したり、キャッシュフローに大幅な悪影響が発生すると見込まれる場合も考えられることから、債務者の状況についてきめ細かく検証する必要があると考えられる。

事業への着目

当社は、当金庫メイン先（シェア90％、与信額：平成15年3月決算期100百万円）で、漁業・水産加工業を営んでいます。当地域の水産加工品製造業は地元の中心業種です。この水産加工業者の業況は、製品の良さ（原材料の良さ）もあって、近年の景気低迷の影響もさほど受けず、順調でした。そこで、平成12年に、地域の村おこしの一環として、地域の漁業者、水産業者が共同出資で、「浜辺の市」という地域の水産品を販売する施設を建設することとなりました。当社の経営者は、地域での世話役という立場もあり、当金庫からの借入金20百万円と自己資金10百万円を原資に、最大出資者として30百万円を出資して、「浜辺の市」を運営することになりました。

ところが、平成14年9月に台風が上陸し、この「浜辺の市」は甚大な被害を受け、当社は当該出資について減損処理し、当年度の決算状況は、赤字計上（24百万円）を余儀なくされ、債務超過（20百万円）の状況まで落ち込みました。しかし、このことは当社にとって、一時的かつ外部的な影響で、この赤字や債務超過は当社の将来の存続には、それほどの影響はないと判断しました。

外部連携

当社のような地域産業の中心的な役割を担う水産加工品製造の企業については、財務状況のみを機械的・画一的に判断するのではなく、キャッシュフローの状況を重要視するとともに、財務状況についても、債務超過原因や赤字原因などを総合的に勘案して、金融機関や地域の専門家

は支援をする必要があります。

　本事例の場合、当社は、本業は順調であるものの出資金の減損という一時的かつ外部的な理由により、大幅な赤字、債務超過状況に陥っています。本業である水産加工業は順調であり、また、キャッシュフローの状況も悪化しておらず、今後も正常な経営が続けられることは引き続き変わりません。

　そこで、地域の実情を把握し客観的な見方ができる税理士などの専門家によって、当社の実態を金融機関に情報開示して、支援の継続を促す必要があると思います。

事業の内容と成長可能性

　当社の業況は、製品の良さ（原材料の良さ）もあって、近年の景気低迷の影響もさほど受けず、順調です。平成12年に、地域の村おこしの一環として、地域の漁業者、水産業者が共同出資で、「浜辺の市」という地域の水産品を販売する施設を建設しましたが、平成14年9月に台風で、この「浜辺の市」が壊滅的な打撃を受け、損害保険等の不備もあり、その再建を断念せざる得ない状況となりました。当社自身は台風による影響もほとんど受けておらず、また、当社の売上に占める「浜辺の市」への割合は数％に過ぎず、本業は順調に推移していますので、この影響による赤字や債務超過は、一時的かつ外部的な影響と思います。当社としては、従来どおりの経営を続けるつもりです。

　また、当社は当金庫や専門家と連携して、「浜辺の市」と同様な地域貢献を行っていきたいと思っています。一方、当金庫としても、当社への支援は続けていくものと思われます。

　仮に、当社が千葉県の銚子市にあったならば、以下の産業マップの全産業花火図からわかるように、「漁業」の付加価値は、711百万円で大きなウェイトを占めています。また、銚子市の海面漁獲物等販売金額（総額）や海面漁獲物等販売金額（経営体あたり）はともに、千葉県の他市よりもダントツの量になっています。当社は、水産加工業を本業としており、「浜辺の市」という地域水産品販売施設への投資は、地域貢献として意義を持っているものと思われます。銚子市の地域金融機関としては、

当社を重視せざるを得ないと思います。

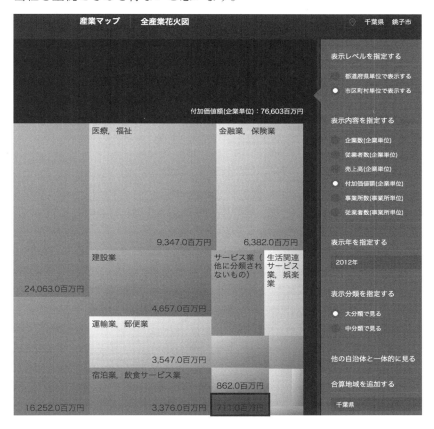

都道府県名	市区町村コード	市区町村名	海面漁獲物等販売金額_総経営体数	海面漁獲物等販売金額_販売がある経営体数	海面養殖販売金額_総経営体数	海面養殖販売金額_販売がある経営体数	海面漁獲物等販売金額（総額）	海面漁獲物等販売金額（経営体あたり）	海面養殖販売金額（総額）	海面養殖販売金額（経営体あたり）	漁獲物等出荷先別販売金額
千葉県	12202	銚子市	140	140	140	0	770750	5505.3571	0	-	770750
千葉県	12203	市川市	80	79	80	21	32000	405.0633	9750	464.2857	32000
千葉県	12204	船橋市	81	81	81	9	124950	1542.5926	16050	1783.3333	124950
千葉県	12205	館山市	118	104	118	1	106850	1027.4038	650	650	106850
千葉県	12206	木更津市	574	571	574	143	195950	343.1699	110800	774.8252	195950
千葉県	12215	旭市	34	34	34	0	183950	5410.2941	0	-	183950
千葉県	12216	習志野市	18	18	18	0	6950	386.1111	0	-	6950
千葉県	12218	勝浦市	407	407	407	0	223050	548.0344	0	-	223050

海面漁獲物等販売金額（総額）
海面漁獲物等販売金額（経営体あたり）

資金ニーズと融資判断の可否

　当金庫では、当社に対して、水産加工施設の設備資金（80百万円、20年返済）および「浜辺の市」への出資金（20百万円、10年返済）について応需し、資金支援をしています。そして、これらの借入金については、現状正常に返済が行われています。ただし、今年度は、一時的かつ外部的な要因によって、当社は赤字を計上しましたが、本業は順調であり、今後も従来どおりの経営を続け、現状の返済を行っていきたいとしています。

　具体的には、「浜辺の市」への出資金の減損と、これに伴う大幅な赤字で、当社は債務超過状況に陥りましたが、本業である水産加工業は順調であり、また、キャッシュフローの状況も悪化していません。今後の返済も、当初約定どおりの返済が可能ですので、当金庫は「正常先」の債務者区分の扱いにて、支援をしていく方針になっています。

　当社は、当地域の基幹産業である水産加工品製造業の中心的な企業であり、経営者も地元の世話役的存在ですので、当金庫としても、当地域の活性化には欠かせない企業とみなしています。

　しかし、当社のような中小企業は、大企業に比して自己資本が脆弱であることや一時的な収益悪化により赤字に陥りやすいものですので、一時的な要因（株式売却損、遊休不動産売却損等）で財務状況が悪化する場合もあります。地域金融機関としては、本業の業況やそのキャッシュフローなどはきめ細かく検証するものの、当社の地域における存在意義や雇用吸収力、関連企業への影響などから、支援方針で臨むことになると考えられます。

コメント

　当社が投資した「浜辺の市」は地域水産品の販売施設ですので、RESASの農林水産業マップから、地域情報を含め種々の情報を取ることが大切です。このマップは、農業マップ・林業マップ・水産業マップと細分化され、有効な統計情報が図表やグラフで見やすくなっています。

　仮に、当社が千葉県の銚子市にあったならば、RESASの産業マップ・

全産業花火図で漁業が銚子市で大きなウェイトを占めています。当然ながら、千葉県以外の漁業の統計も容易に見ることができますから、銚子市の漁業の重要度は理解できます。このような調査から、銚子市の地域金融機関としては、当社の投資を評価し、結果として失敗したとしても、支援を続け、ともに発展に努めなければならないと思います。

第2章 事業性評価融資事例集

3 関係者への着目

① 実質同一体……事例1、2、3

事例 1

▼ 概況
債務者は、当金庫メイン先（シェア100％、与信額：平成13年3月決算期30百万円）。店周先の商店街で家電販売業を営む取引歴15年の先である。

▼ 業況
5年前近隣地区に大型量販店が進出した影響を受け、売上は徐々に減少し前期では50百万円とピーク時の2/3の水準になっている。そのため、2期連続の赤字（前期1百万円）を計上し前期に債務超過（前期末1百万円）に陥っている。従業員は現在夫婦2人のみである。

代表者は、商店街の会長を長く務めた人物で人望もあり、事業継続の意欲は強い。

しかし、連続赤字で債務超過にあることから返済財源は捻出できず、このため、代表者が定期的に債務者に貸し付ける（前期末残高20百万円）ことにより返済している。なお、貸出金は自宅兼店舗取得資金等であるが、条件変更は行っておらず、延滞も発生していない。

また、代表者は、個人として賃貸物件等の資産を多額に保有し、当該賃貸物件からの現金収入も多額にある。

最近、同業他社との連携やアフターサービスの充実に力を入れており、その効果から赤字は解消傾向にある。

▼ 自己査定
当金庫は、代表者からの借入金を債務者の自己資本相当額とみなすと資産超過であり、延滞の発生もないことから、正常先であるとしている。

> **検証ポイント**

企業の実態的な財務内容について

> **解　説**

1. 売上の減少により連続赤字を計上し、債務超過に陥っている債務者については、一般的には、当該債務者の財務内容からは返済財源が認められず、要注意先以下の債務者区分に相当する場合が多いと考えられる。

   しかしながら、中小・零細企業等の債務者区分の判断に当たっては、代表者からの借入金により資金調達が行われ、それを原資に金融機関へ返済が行われている場合があり、このような場合、債務者の実態的な財務内容及び返済財源を確認する必要がある。

2. 本事例の場合、債務者の経営実態を踏まえれば返済能力は認められないが、債務者区分の判断に当たり、当該代表者からの借入金については、これを自己資本相当と考えることは可能である。その場合、債務者の財務内容は実質的に大幅な資産超過となる。一方、債務者区分の判断に当たっては、こうした債務者の実態的な財務内容のほか、貸出条件やその履行状況、債務者の今後の業績改善の見込や、今後の代表者個人の返済余力等を総合的に勘案し判断することが必要である。こうした検討の結果、最近の業況や今後の収益性を踏まえた今後の赤字見込額に比し実質的な資産超過額が十分にあり、かつ、代表者に今後の正常返済を履行するための十分な返済余力、資産余力があるならば、正常先に相当する可能性が高いと考えられる。

3. なお、代表者が返済を要求することが明らかとなっている場合（決算書等における代表者からの借入金の推移により確認等）には、これを自己資本相当額とみなすことには問題があると考えられる。

企業を取り巻く環境・関係者（金融機関）への着目

　当社経営者の企業に対する姿勢によって、企業と経営者を連結して評価できるか否かが明らかになります。当社の場合は、経営者からの借入金により資金調達が行われ、それを原資に金融機関へ返済が行われており、このような場合、この経営者は当社と実質同一体とみなすことができます。当社と経営者はともに、実態的な財務内容および返済財源を金融機関としては、確認する必要があります。また、この経営者は、店周の商店街で家電販売業を15年営み、商店街の会長を長く務めた人物で人

望もあり、事業継続の意欲も強く、実行力、リスク対応力もあり、将来の展望についてはやや不明の点もありますが、おおむね、経営者の資質は高いものと思われます。

実質同一体であることが、金融機関に認められることになれば、この両者の合算効果や相乗効果を把握することが大切です。

外部連携

債務者の経営実態を踏まえれば返済能力は認められないが、債務者の代表者は経営者としての資質は高く、両者を同一体とみなせば、与信面の不安は少ないことになります。また、当社の代表者からの借入金は自己資本相当とみなすこともできます。金融機関としては、当社と経営者の双方の支援者になる税理士などの専門家と連携を組むことにより、金融機関ではどうしても把握しづらい代表者の情報開示も得られる可能性が高まります。今後の債務者に対するさらなる与信提供や支援も容易になります。

事業の内容と成長可能性

当社は商店街で、長い間家電販売業を営んでおり、経営者は、商店街の会長も長く務め、個人資産もかなり保有する人物で、人望もあって事業継続の意欲も強く持っています。RESASにて、当地区の家電販売や賃貸業の競争環境や人口動向を把握することにより、当社および代表者の今後の経営方針について、金融機関や専門家との効果的な対話も可能になります。

ここでも、静岡県沼津市のデータで、この家電販売業と賃貸業の今後を、ある程度占うことができます。人口等が右下がりであろうと、金融機関や税理士等の専門家などとの連携を密にしながら、転廃業を行う同業者の販売先や賃借人の導入を図ることはできます。また、家電販売業や賃貸業の事業継続あるいは業種転換があれば、当社の成長を見込むこともできるとも思われます。

▶将来の人口推計見通し

該当年	都道府県コード	都道府県名	市区町村コード	市区町村名	総人口	年少人口	生産年齢人口	老年人口
2010	22	静岡県	22203	沼津市	100	100	100	100
2015	22	静岡県	22203	沼津市	96.22	90.03	91.16	112.32
2020	22	静岡県	22203	沼津市	92.14	79.49	84.96	116.92
2025	22	静岡県	22203	沼津市	87.41	69.68	79.78	116.02
2030	22	静岡県	22203	沼津市	82.3	61.35	73.9	114.52
2035	22	静岡県	22203	沼津市	77.01	56.09	66.87	113.66
2040	22	静岡県	22203	沼津市	71.74	52.45	58.98	114.16
2045	22	静岡県	22203	沼津市	66.5	48.59	53.25	109.47
2050	22	静岡県	22203	沼津市	61.33	44.03	48.83	102.08
2055	22	静岡県	22203	沼津市	56.19	39.18	45.23	92.85
2060	22	静岡県	22203	沼津市	51.15	34.8	41.55	84.04

資金ニーズと融資判断の可否

　当社の借入金は、自宅兼店舗取得資金等ですが、条件変更・返済猶予は行っておらず、延滞も発生していません。代表者は、個人として賃貸物件等の資産を多額に保有し、当該賃貸物件からの現金収入もかなりあります。

　今後は、家電販売業と賃貸業をどのように展開していくか、その方針を代表者に決めてもらいます。当社と経営者の財産を合算した実態的な財務内容のほか、資金調達の方向性を固めてもらい、今後の貸出条件やその融資支援の対話ができれば、当社の成長に貢献します。

コメント

　当社の経営者は、当社と自分自身の賃貸業を実質同一体と考えており、当社への貸付金を会社だけで返済させる意向はありません。金融機関としても、当社の家電販売業と賃貸業を実質同一体と見ており、この2つの業種の将来性について、金融機関は経営アドバイスを行うべきです。そのためにも、RESASにおける地域情報は重要です。仮に想定した静岡県沼津市のデータの場合は、将来人口の減少が見込まれていますが、この家電販売業と賃貸業の事業者についても、企業（事業体）自身が減少していくものと思われ、両業種とも転廃業や事業承継が増加すると思われます。当社は事業を存続するならば、金融機関と情報共有をすることにより、健全に生き残る手段が見つけ出せると思います。また、転廃業を行うならば、ソフトランディングの道があると思われます。

事例 2

▼ 概況
債務者は、当信金メイン先（シェア55％、与信額：平成13年3月決算期100百万円）。地元スーパー等を主な顧客とした広告代理業を営む業歴10年超の会社であり、当信金とは創業当時から取引がある。

▼ 業況
最近の景気低迷等の影響から売上は横ばいとなっており、2期連続して赤字を計上し、繰越欠損金（30百万円）を抱えている。当金庫は、経常運転資金に加え、5年前に事務所改装資金に応需している。債務者の赤字は、売上が低迷している中においても、相変わらず多額の代表者報酬や支払家賃を計上していることが主な要因である。当金庫は、今期、代表者報酬の削減について強く指導していく方針を持っている。なお、現在まで延滞や条件変更の発生はない。

▼ 自己査定
当金庫は、現状、多額の代表者報酬が赤字の原因であり、返済は正常に行なわれていることから、正常先としている。

検証ポイント
多額の代表者報酬により赤字となっていることについて

解 説
1．中小・零細企業等の債務者区分の判断に当たっては、その業種にもよるが、販売コストの大部分を代表者等に対する報酬や家賃の支払いが占める場合があり、こうした場合、代表者等に対する報酬の多寡が売上の増減と相俟って、債務者の決算に大きな影響を及ぼすことになる。

　したがって、中小・零細企業等の場合、赤字・債務超過が直ちに、要注意先以下の債務者区分であるとすることなく、赤字の発生原因や金融機関への返済状況、返済財源について確認する必要がある。

2．本事例の場合、赤字の要因が多額の代表者報酬等にあるとされているが、このことが財務諸表等により確認ができ、かつ、当信金への返済が代表者個人の資産から賄われており、今後とも返済が正常に行なわれていく可能性が高いならば、正常先に相当する可能性が高いと考えられる。

3．なお、その際には、代表者個人の収支状況、借入金、第三者への保証債務の有無等について確認する必要がある。

　仮に、代表者個人の収支や借入金等の状況から、今後の約定返済に支障をきたすと認められる場合には、要注意先以下に相当するかを検討する必要がある。また、その確認に当たっては、代表者の確定申告書、他金融機関、ローン会社等の抵当権の設定状況等に基づき行うことが考えられる。

企業を取り巻く環境・関係者（金融機関）への着目

　地元スーパー等を主な顧客とした広告代理業を営む業歴10年超の会社であり、当信金とは創業当時から取引があります。当社の赤字は、売上が低迷しているなかにおいて、相変わらず多額の代表者報酬や支払家賃を計上していることが主な要因です。当社の売上は、ほぼ固まっているので、実際の広告代理店業務は、経営者やその家族等の日々の営業活動や作業に負っています。すなわち、経営者の資質や通常の広告代理店受託業務者のスキルによるところが大きいということです。

　また、この広告代理店業務は、地元のスーパーへの営業活動で成り立ちます。ここでは、一例として、RESASにおいて、静岡県沼津市およびその周辺の市町村を加えて、全産業花火図にて、周辺スーパーの実情を把握しました。当社の営業活動はこのスーパーの地道な工作が一策かと思います。金融機関と専門家と経営者の対話で、今後の経営方針が固まると思います。

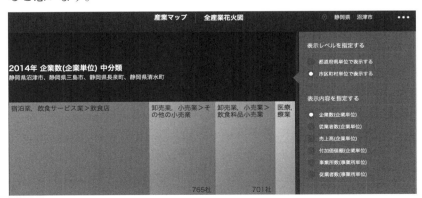

外部連携

　10年間、地元スーパー等を対象に広告代理業を営んでいるものの、営業活動はほとんど代表者に任せきりであり、新規参入のスーパーや大手小売店への工作はあまり行われていない様子でした。これも、代表者の経営者としての実力を皆が過大評価する反動であり、当金庫としては、代表者自身も地域の変化にあまりついていけないと、心配しています。また、当社の赤字は、売上が低迷しているなかにおいて、相変わらず多額の代表者報酬や家賃が支払われていることが主な要因であるとみています。

　とはいうものの、代表者は、金融機関や社内のメンバーのいうことはあまり聞くタイプではないため、数値でもってアドバイスを行うことができる税理士などの専門家が、当社の代表者や家族に助言を行うことが必要であると思います。そこで、専門家との外部連携を作ってもらうように、当信金の支店長から代表者に申し入れることになりました。

事業の内容と成長可能性

　当社は、地元スーパー等を主な顧客とした広告代理業を営んで、すでに10年超となっています。販売先は、地元スーパー等でほぼ固まっていますが、小売業の統廃合が進んでいるうえに、競争相手も増えてきており、売上は下がり、利幅も縮小してきています。一方、広告代理業は、顧客企業のマーケティングの一環としての広告計画、マーケティング・リサーチ、商品開発などを手掛け、販売促進、商業印刷、プレミアム景品類の制作なども行うようになっています。さらに、大手の代理店は、イベントのプロデュースや博覧会の企画・設計なども行うようになっています。当社は、安定した顧客を保有していますので、このような新規業務を積極的に実施することで、成長を見込むことができるはずです。

　費用の大半は、経営者報酬と外注先支払ですので、この費用を新規広告代理店業務に振り向けることができれば、業況は改善すると、当金庫は見ています。

資金ニーズと融資判断の可否

　当社は、地元スーパー等を安定的な顧客として、広告代理業を営む業

歴10年超の会社であり、当信金とは創業当時から取引があることから、代表者とは従来から人間関係第一の取引関係が続いています。ただし、当金庫のコンサルティング業務は十分とは言えず、やや手薄になっています。最近の広告代理店業務は、IT化やIoT化などの技術革新が進み、競合企業の提案も活発化しています。当金庫は、経常運転資金に加え、5年前に事務所改装資金に応需し、新規の技術革新投資や人材投資の支援を行っていません。債務者の赤字は、売上の低迷によりますが、その原因については突っ込んだ分析もあまりしていません。また、代表者等も、相変わらず多額の代表者報酬や支払家賃を受け取っており、前向きの投資は手薄になっているようです。当金庫は、今期、代表者報酬の削減について強く指導していく方針を持っていますが、さらに、キャッシュフロー分析を行いながら、新規の設備投資や人材投資のそれぞれの資金支援も検討するつもりです。

コメント

当社の赤字は、売上が低迷しているにもかかわらず代表者報酬や家賃が多額に支払われていることによりますが、本業の広告代理業は、最近変化している業務内容に当社がついていっていないことが原因のようです。マーケティング・リサーチ、商品開発、販売促進、商業印刷、プレミアム景品類の制作なども行っておらず、当然ながら、大手の代理店のように、イベントのプロデュースや博覧会の企画・設計なども行っていません。当社は、業務内容の高度化を図れば、安定した顧客を保有していますので、成長を見込むことができるかもしれません。経営者への報酬を、新しい広告代理店業務に振り向けることができれば、業況は改善するはずですが、この代表者は社内のメンバーの言うことをあまり聞かないようです。当金庫としては、代表者報酬の削減について強く指導していくつもりですが、同時に、代表者の経営方針にも触れながら、経営方針の見直しを促し、業務の高度化を図る場合は新規の設備投資・人材投資の資金支援も検討するつもりです。

事例 3

▼ 概況
債務者は、当金庫メイン先（シェア80％、与信額：平成13年12月決算期180百万円）。不動産仲介、賃貸及び戸建分譲の3分野を手掛けている昭和62年に取引を開始した不動産業者である。

▼ 業況
最近の景気低迷による仲介物件や戸建分譲の減少から、売上は下落傾向にある（前期146百万円）ため、毎期赤字を計上している。また、バブル期の分譲プロジェクト計画が頓挫して塩漬けになっている土地が多額の含み損を抱えていることから前期100百万円の実質債務超過となっている。

当金庫の融資額は上記プロジェクト資金で、これまで元本の期日延長を繰り返していたが、ここにきてようやく期日一括返済から長期間にわたる約定返済に切り替え、代表者が個人預金から返済を行っている。

代表者は、土地等の不動産（処分可能見込額ベース）及び家族預金等を前期末で合計120百万円程度有している。

▼ 自己査定
当金庫は、代表者は会社が有事の際には私財を提供する覚悟があることが確認できていることから、法人・個人一体として考えると債務超過の状態にはなく、加えて現に、代表者が返済していることを踏まえ、要注意先としている。

検証ポイント
代表者の資力を法人・個人一体とみることについて

解 説
1. 一般的に、バブル期に取得した土地の地価の下落により債務超過に陥り、また、当該土地を売却できないために貸出金の期日延長を繰り返している場合には、債務者の財務内容、貸出条件及びその履行状況に問題があることから、要注意先以下の債務者区分に相当する場合が多いと考えられる。

しかしながら、中小・零細企業の債務者区分の判断に当たっては、当該企業の財務状況のみならず、例えば、代表者の個人資産等も勘案して、その上で債

務者区分を検討する必要がある。
2．本事例の場合、貸出金は長期にわたって実質延滞状態にあるほか、多額な塩漬け物件の含み損等から実質大幅な債務超過状態にあり、貸出金の回収に重大な懸念があるとも考えられ、破綻懸念先に相当する可能性が高いと考えられる。
3．しかしながら一方、代表者は、企業の実質債務超過相当額を上回る個人資産を有し、当該資産を債務者に提供する意思も確認されているほか、現に、個人資産から企業の借入金の返済も行っている状況にある。

　したがって、こうした代表者の資産内容を検証したところでの返済能力や返済の意思が十分確認できるのであれば、要注意先に相当する可能性が高いと考えられる。
4．なお、代表者等の資産について検討するに当たり、その資産の有無のみならず負債や代表者等個人の収支状況等についても確認する必要がある。（具体的には確定申告書、今後提供しようとする資産の登記簿謄本や、他金融機関、ローン会社等の抵当権の設定の事実等）。

　また、例えば、代表者が当該企業と別に企業を営んでいる場合、当該別企業の業況が芳しくなく、当該別企業に対して今後もかなりの資産提供が予想される場合や個人で多額の借入金を有する場合などについては、その程度に応じて、要注意先以下に相当するかを検討する必要がある。

企業を取り巻く環境・関係者（金融機関）への着目

　本件のような、不動産仲介、賃貸および戸建分譲の3分野を手掛け、昭和62年以来取引を続けているような不動産業者の場合は、当該企業の財務状況のみならず、たとえば、代表者の個人資産等も勘案して、そのうえで債務者区分を検討する必要があります。代表者は、企業の実質債務超過相当額を上回る個人資産を有している場合、当該資産を債務者に提供する意思も確認されているほか、現に、個人資産から企業の借入金の返済も行っている時、また、こうした代表者の資産内容を検証したところでの返済能力や返済の意思が十分確認できるのであれば、この融資は返済可能な融資とみなすことができます。ということで、この代表者に対しては、将来の展望・実行力やリスク認識度などから経営者としての資質を見定める必要があります。

外部連携

　企業ばかりではなく、代表者等の資産について検討するにあたり、その資産の有無のみならず負債や代表者等個人の収支状況等についても確認するためには、企業やその代表者の顧問税理士などとの連携が必要になります（具体的には確定申告書、今後提供しようとする資産の登記事項証明書や、他金融機関、ローン会社等の抵当権の設定の事実等）。

　また、たとえば、代表者が当該企業と別に企業を営んでいる場合、当該別企業の業況が芳しくなく、当該別企業に対して今後もかなりの資産提供が予想される場合、また個人で多額の借入金を有する場合など、実際にはかなり散見されます。このような実態については、企業やその代表者そして顧問税理士などの専門家と連携を組んで、じっくり対話をすることが重要です。

　不動産関連の融資は金額が大きくなりますし、購入物件が値下がりをしていれば、その企業の債務者区分（格付け）は大幅に低下します。代表者等の資産を含めて、金融機関と効果的な資産売却対策も講じなければならないこともあります。また、それらの資産売却を行っても借入れが残ってしまい、金融機関としてDDSや債権放棄の手法で、再生支援を行うこともあります。できれば、資産税のスキルを持った税理士などの専門家との連携が必要と思われます。

事業の内容と成長可能性

　当社は、昭和62年以来、当金庫のメイン先として取引を続けていますので、地域には、かなりの購入先のネットワークを保有しているものと思われます。不動産仲介、賃貸および戸建分譲の3分野を手掛けていることは、種々の購入候補者の情報を持っているものと考えられます。また、この代表者は、経営者としての資質も高く、個人資産もかなりあるものと思われます。

　金融機関としては、代表者が当該企業と別に企業を営んでいる場合、当該別企業の業況が芳しくなく今後もかなりの資産提供が予想される場合、個人で多額の借入金を有する場合などについては、早急にその全貌を把握しなければなりません。関連する企業や代表者の不動産購入や借

入時などを時系列的に整理して、それぞれの企業や個人の資産や負債を一覧表にすることが求められます。

　この場合も、当社と代表者の合算資産・負債の把握や、合算損益、合算収支の動向を注視すると同時に、地域の不動産市況や今後の見通しもフォローしなければなりません。

　この不動産資産の価格を推察するためには、種々のデータがホームページから検索できますが、たとえば、「一般社団法人資産評価システム研究センター」から入手することも一策です。

　また、当社と代表者の合算業務については、以下の産業マップ・全産業花火図（ここでは、東京都立川市）のケースが参考になります。

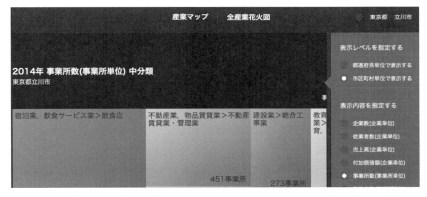

資金ニーズと融資判断の可否

　一般的に、バブル期に取得した土地の地価の下落により債務超過に陥り、また、当該土地を売却できないために貸出金の期日延長を繰り返している場合には、債務者の財務内容、貸出条件およびその履行状況に問題があることが予想されますので、十分に返済の可能性を吟味する必要があります。不動産業者の場合は、地元に購入先のネットワークを保有しており、新たに土地を仕入れて、売却によって収益を上げ、現状の損失を圧縮する傾向がある先もかなりあります。

　特に、バブル期に取得した土地で地価の下落が著しい場合は、金融機関としては、そのネットワークを使って、その土地の売却可能性、また、その土地の売却予想価格まで算出し、新規の土地の仕入れや売却の可能

性を見極め、債務超過金額等をどのくらいの期間で回復できるかの想定をする必要があります。

　たとえば、代表者等の資産について検討するにあたり、その資産の有無のみならず負債や代表者等個人の収支状況等についても確認する必要があり、本件の場合は、代表者は、土地等の不動産（処分可能見込額ベース）および家族預金等を前期末で、合計120百万円程度有しています。当金庫は、この代表者は会社が有事の際には私財を提供する覚悟があることが確認できていますので、法人・個人一体として考えると債務超過の状態にはなく、加えて、代表者は返済を滞らせることはないと、判断していました。

コメント

　当社の場合は、金融機関が代表者の資力を法人と合算し、法人・個人一体とみています。確かに、代表者の不動産資産や家族の預金など、かなりの金額にはなると思いますが、この実質同一体は、不動産業ということになります。ここでは、この実質同一体が、仮に東京都立川市と想定して、前ページの産業マップ・全産業花火図で、今後の見通しを立てています。同時に、地域の不動産市況を良くフォローしなければなりませんので、たとえば「一般財団法人資産評価システム研究センター」のホームページなどから情報を入手することも一策です。不動産資産の価格を推察しなければ、金融機関として今後の対応方針が立ちませんので、この作業は慎重に行う必要があります。また、不動産業界については、他の法人や経営者の個人資産を資金調達の手段に使用することがありますので、他の法人・代表者等の資産の有無のみならず、負債や収支状況等についても、十分確認しておく必要があります。

② 家族の支援……事例4

事例 4

▼ 概況

債務者は、当信組メイン先（シェア100％、与信額：平成13年12月決算期20百万円）。代表者夫婦（共に55歳）で経営するパン屋で、代表者が平成9年にそれまで勤めていた会社を辞め、退職金を基に自宅の一部を店舗に改造し、開業した。

▼ 業況

開業後約2年は黒字で推移したが、その後は急速に顧客が減り、現在はほとんど近所の固定客に限られ、大幅な赤字経営となっている。

代表者には自宅兼店舗以外には見るべき資産はないことから、当信組が応需した開業資金（元利20万円／月の返済）は、昨年初より返済が滞りがちになり、最近では3ヶ月遅れて入金されていた。

当信組は13年11月、代表者から返済条件緩和の申出を受けたが、その際、代表者の長男が現在の遅延金の一括支払を行い、さらにその後の返済や最終の回収に問題が発生した場合には、長男自身が支払う旨の申出を受けたことから、約定返済額の軽減（元利10万円／月、最終期日に残額一括返済）に応じている。当該長男は35歳で子供が1人おり、代表者夫婦と同一市内に住む会社員で、年収は9百万円程度と本人から聞いている（長男は債務者の保証人となっていない。）。

なお、代表者は事業継続に強い意欲を持っている。

▼ 自己査定

当信組は、債務者の返済能力に問題はあるものの、代表者の長男から支援意思の確認ができ、資力も問題ないと考えられることから、最終的な返済の懸念はないとして、要注意先としている。

検証ポイント

代表者の長男の支援について

解 説

1．中小・零細企業等の債務者区分の判断に当たっては、当該企業の財務状況の

みならず、例えば代表者と密接な関係にある者の支援の意思及び支援の能力を総合的に勘案して、その上で債務者区分を検討する必要がある。
2．本事例の場合、代表者は事業継続に強い意思をもっているものの、売上の減少が続き、業況は低調に推移し、返済遅延、条件変更に至っていること等を勘案すると、今後経営難に陥る可能性が高く、破綻懸念先に相当する可能性が高いと考えられる。しかしながら、遅延分については既に長男が支払解消しているほか、代表者の長男から、条件変更後の返済や最終の回収に問題が発生した場合は支援を行う旨の申出があり、かつ、当該長男の収入状況や家族状況等を踏まえ今後とも支援を行う資力があると認められるのであれば、要注意先に相当する可能性が高いと考えられる。
3．なお、本事例のように保証人でなく、また、経営に直接関連しない者の支援の検討に当たっては、当該支援者の支援の意思の確認はもちろんのこと、残債権の金額と支援者の資力、代表者と支援者との関係、親密度合等を確認する必要がある。

　なお、支援者の資力については、支援者自身の個人収支、借入金や第三者への保証債務の有無等を確認する必要がある。

　仮に、当該支援者に借入金等があり、代表者を支援する資力がないと認められる場合には、破綻懸念先に相当するかを検討する必要がある。

　また、その確認に当たっては、当該長男の支援意思や収入状況等が当該長男から提出された資料により確認できることが望ましいが、このような資料がない場合には、例えば、当該長男との交渉結果等が記載された担当者の業務日誌等に基づいて確認することも考えられる。

企業を取り巻く環境・関係者（金融機関）への着目

　当該企業への融資判断をする場合には、この企業の財務状況のみならず、たとえば、代表者と密接な関係にある者（長男）の支援の意思および支援の能力を総合的に勘案して、融資実行を決めるべきです。

　実は、中堅・中小企業と密接な関係にある大企業が、これら企業を支援するケースは多々あります。たとえば、ガソリンスタンドや自動車販売ディーラーなどの経営母体となっている中小企業がこのケースに該当します。この支援は、石油元売り企業や自動車販売の大企業にとっても必要なことです。また、大手卸売企業にとっても、傘下の販売店支援は

必須のことが多々あります。もしも、これらの企業を支援しない場合、競合する大企業の傘下に中小企業などが入ったとしたならば、地域の販売シェアが低下することになります。また、部品供給企業（下請企業など）への支援を行わない場合は、生産ラインの部品供給ラインが切れてしまうなど、サプライチェーンが崩れることもあります。

この事例4の場合は、大企業ではなく、代表者の長男による支援ですが、第三者による支援としては、同様なものともいえます。この代表者には自宅兼店舗以外には見るべき資産はないものの、代表者の長男が現在の遅延金の一括支払を行い、さらにその後の返済や最終の回収に問題が発生した場合には、長男自身が支払う旨の申出をしている点は、支援の信頼性はかなり高いものです。

外部連携

当信組は、平成13年11月、代表者から返済条件緩和の申出を受けましたが、その際、代表者の長男が現在の遅延金の一括支払を行い、さらにその後の返済や最終の回収に問題が発生した場合には、長男自身が支払う旨の約束をしました。長男は35歳で子供が1人おり、代表者夫婦と同一市内に住む会社員で、年収は9百万円程度ということです（長男は債務者の保証人となっていません）。

また、代表者は事業継続に強い意欲を持っていますので、当社に対する約定返済額の軽減（元利20万円／月を元利10万円／月に減額返済、最終期日に残額一括返済）に応じました。当社は小体であることから、費用のかかる税理士などの専門家と顧問契約を結ぶことはお勧めできませんが、この支援者が企業と密接な関係にある大企業の場合は、支援を受ける企業について、信頼できる客観的な情報提供が必要です。税理士などの外部の専門家の目で見た情報開示資料の提出は支援者にとって有難いことです。支援企業が、内部統制を重んじる大企業であるならば、このような客観的な第三者による情報開示は必須と言えます。実は、このケースにおいても、支援する長男としては、債務者と金融機関だけの情報よりも、外部の税理士などの専門家の情報があれば有難いと言えます。

事業の内容と成長可能性

　当社は、代表者夫婦が経営する企業であり、その企業の窮境に伴う返済に対して、同一市内に住む会社員の長男が支援するということです。長男は、その借入金返済の履行を約束しています。

　しかし、この企業と規模は異なりますが、販売先企業や仕入先企業が、自社の販売シェア・販売チェーンまたサプライチェーンの確保の観点から、窮境時の企業への支援を実施することは多々あります。時には、借入金の肩代わりや保証の差し入れ、Ｍ＆Ａまで実施することもあります。

　とにかく、金融機関としては、支援を受ける企業の「バリューチェーン分析」などを行い、支援する企業の立場でその事業の内容や成長可能性を考え、自分たち金融機関としても、どの程度まで資金支援ができるかも、想定しておくことは大切です。その際、支援企業がその支援を受ける企業の販売先ならば、販売単価の引上げ協力をお願いすることもあり、支援企業が被支援企業の仕入先ならば、納入単価の引下げ協力も依頼することができるかもしれません。これらの支援のメリットも勘案して、金融機関としては、自分たちの協力態勢を固める必要があります。

　このケースにおいても、長男が夫婦の経営するパン屋を共同経営するならば、将来の見通しも上向くことになり、金融機関の支援度も変わるかもしれません。

資金ニーズと融資判断の可否

　当社の代表者は、事業継続に強い意欲を持っているとしても、当信組が支援した開業資金（元利20万円／月の返済）は、昨年初より返済が滞りがちになり、最近では3ヵ月遅れて入金されていました。当信組は平成13年11月、代表者から返済条件緩和の申出を受け、約定返済額の軽減（元利10万円／月、最終期日に残額一括返済）に応じました。その際、代表者の長男が現在の遅延金の一括支払を行い、さらにその後の返済や最終の回収に問題が発生した場合には、長男自身が支払う旨の約束をしました。

　今後、当社は、業況回復に努力し、増加運転資金が必要になるかもしれません。または、赤字経営が続く場合は、事業を清算することも考え

られます。一方、会社員の長男が、事業承継を行う可能性もあります。当信組としては、あらゆる可能性を想定して、対応を準備しておく必要があります。同様に、自行庫の与信先に対して、大企業等が支援を行う場合においては、その大企業の販売シェア・販売チェーンまたサプライチェーンを十分検討して、その与信先が大企業などの支援を受けるべきか否かのアドバイスを行うべきです。もしも、その支援を受けるべきであるとの結論になったならば、金融機関としても、この支援が円滑に行えるように協力するべきです。

金融機関としては、RESASや経済センサスまた自行庫内部のデータなどによって、地域の種々のデータを集め、支援企業が円滑に債務者に支援できるように協力することも大切です。金融機関も長い取引先によって得た情報に、その企業の事業内容や成長可能性を吟味して得た事業性評価情報を加えて、債務者同意のうえに、情報提供することも重要です。

コメント

この事例は、経営者以外が企業に対し支援することですが、一般的にはこのケースは多々あります。上場会社においても、販売先企業に対して、自社の販売シェア・販売チェーンを守るために、経営支援などを行ったり、仕入先企業に対して、サプライチェーン確保のために人材投入などを実施することもあります。支援企業が被支援企業の販売先ならば、販売単価の引上げ協力をしたり、支援企業が被支援企業の仕入先ならば、納入単価の引下げ協力をすることもあります。これらは、正式な担保や保証にならないために、金融機関として軽視することもありますが、これらの支援は長期的に続き、その間に企業が自主再生することも多々あります。

もちろん、借入金の肩代わりや保証またM＆Aなど、金融機関として目に見える支援もありますが、取引先とのコミュニケーションを密にしながら、営業支援などの実態に対しても、企業評価をすることも大切です。金融機関としては、第三者の支援のメリットに対して、金融機関自身も取引先企業への支援態勢を固める必要もあります。

③ 短期継続融資（返済猶予）による金融機関の支援……事例18、19、20

関係者のなかには、取引金融機関も含まれますが、企業にとっては、金融機関が想定外の融資条件の緩和をしてくれるほど、有難いことはないようです。返済金額の減額や金利の引下げなどの条件緩和に比べ、返済猶予や返済期日延長で、全く返済をしないことになることほど、有難く思うことはないと言われています。

以下の事例18は対象在庫が売却できるまで返済を延ばすことであり、事例19は、購入不動産が売却できるまで返済を猶予することです。そして、事例20は、理論的には減額するべき融資金額を以前のまま同額継続することです。いずれのケースも、取引先からの要請を受けてその後に金融機関が応諾するということよりも、金融機関自身が取引先の事情やその在庫や不動産などの需要状況を考慮し、金融機関が取引先の支援者として、投資家のようなスタンスで、期日返済を繰り延べるということです。

事例 18

▼ **概況**

債務者は、当金庫メイン先（シェア78％、与信額448百万円）。大手住宅建設業者の下請工事を主に、個人一般木造住宅のほか、一般建設も手掛けている。

▼ **業況**

大手住宅建設業者からの受注工事が主なことから安定した受注量はあるものの、業界は全般的に不況であり、建設業者のコスト削減の影響を受け、3期前から赤字を計上している。

このような中で、新規の大口住宅の受注が減少したことから、5年前に新規の大規模住宅の受注を見込んだ在庫資金（銘木の資財仕入）名目の運転資金（手形貸付）については、現状、期日6カ月で書替えを繰り返しているところである。

なお、在庫の銘木について、仕入後5年を経過しているが、その価値が

毀損している事実はなく、債務者は資金繰りの問題もあり、同業者への在庫処分を実施することにより、返済に充てたいとしている。

▼ 自己査定

当金庫は、売上の減少に伴う返済能力の低下は明らかであり、今後、短期間での業況改善が見込めないことから要注意先としている。

なお、在庫資金（銘木の資財仕入）名目の運転資金については、当初約定から5年を経過しているが、在庫の処分により回収するもので、在庫処分による返済実績もあることから返済財源としては確実であり、貸出条件緩和債権には該当しないと判断している。

検証ポイント

書替え継続中の手形貸付に係る貸出条件緩和債権（元本返済猶予債権）の取扱いについて（1）

解　説

1. 貸出条件緩和債権については、銀行法施行規則第19条の2第1項第5号ロ（4）において規定されており、その具体的な事例は、中小・地域金融機関向けの総合的な監督指針（注1）において規定されている。

   中小・地域金融機関向けの総合的な監督指針では、元本返済猶予債権（元本の支払を猶予した貸出金）のうち、貸出条件緩和債権に該当するものとして「当該債務者に関する他の貸出金利息、手数料、配当等の収益、担保・保証等による信用リスク等の増減、競争上の観点等の当該債務者に対する取引の総合的な採算を勘案して、当該貸出金に対して、基準金利（当該債務者と同等な信用リスクを有している債務者に対して通常適用される新規貸出実行金利をいう。）が適用される場合と実質的に同等の利回りが確保されていない債権」が考えられるとしている。

   これは、返済期限の延長が行われた場合であっても、条件緩和後の債務者に対する基準金利が適用される場合と実質的に同等の利回りが確保されているならば、貸出条件緩和債権に該当しないというものである。

2. 書替えが継続している手形貸付については、債務者の返済能力の低下（信用リスクの増大）から期日返済が困難となり、実際は条件変更を繰り返している長期資金と同じ状況（いわゆる「コロガシ状態」）となっている場合があるため、その原因について十分に検討する必要がある。

   本事例の場合、在庫資金（銘木の資財仕入）について書替えが繰り返されて

いる背景を見ると、銘木を使用した新規の大規模住宅の受注の減少により、発生したものであり、債務者の支援を目的に、当初の返済予定を大幅に延長したものと認められること、また、債務者自体の信用リスクについても、建設単価引き下げによる業況不振から増大していることが伺われる。

3. しかしながら、基準金利が適用される場合と実質的に同等の利回りが確保されているかの検証に際しては、担保・保証等による信用リスクの減少等を含む総合的な採算を踏まえる必要がある。本事例の場合、在庫資金（銘木の資財仕入）名目の運転資金については、在庫の処分により全額回収するもので、在庫処分による返済実績を勘案すれば返済財源は確実（注2）と見込まれ、信用リスクは極めて低い水準にあるものと考えられる。

したがって、当該貸出については、信用リスクコストを加味する必要性が極めて低いため、条件変更時の貸出金の金利水準が金融機関の調達コスト（資金調達コスト＋経費コスト）を下回るような場合を除き、原則として、貸出条件緩和債権（元本返済猶予債権）に該当しないものと判断して差し支えないものと考えられる。

4. なお、書替えが継続している手形貸付であっても、いわゆる正常運転資金については、そもそも債務者の支援を目的とした期限の延長ではないことから、貸出条件緩和債権には該当しないものと考えられるが、貸出当初において正常運転資金であっても、例えば、在庫商品について価値の下落等が発生し、返済財源もない場合には手形書替え時をもって貸出条件緩和債権に該当することもあると考えられることから、その実態に応じた判断が必要であると考えられる。

（注1）貸出条件緩和債権については主要行等向けの総合的な監督指針（Ⅲ－3－2－4－3（2）、③）にも記載有り。保険会社の貸付条件緩和債権については保険会社向けの総合的な監督指針（Ⅲ－2－17－3（2）、③）に記載有り。

（注2）本事例では、在庫処分の実績を勘案し、返済財源は確実としているが、実際の自己査定検証においては、その確実性についても十分検証を行う必要がある。

企業を取り巻く環境・関係者（金融機関）への着目

当社の業界は全般的に不況であり、建設業者のコスト削減の影響を受け、3期前から赤字を計上しています。このようななかで、新規の大口住宅の受注が減少したことから、5年前に大規模住宅の受注を見込んだ

新しい在庫資金（銘木の資財仕入）の運転資金（手形貸付）については、現状、期日6ヵ月で書替えを繰り返しています。しかし、当社は、取引歴の長い圧倒メイン先であって、当金庫の支援方針は不変となっています。

　なお、在庫資金の運転資金貸出については、当初約定から5年を経過していますが、在庫処分による返済実績もあることから、在庫売却による回収も考えられ、返済財源としては確実であり、貸出条件緩和債権にもなりませんので、金融機関としても、支援を続けやすいと思われます。

　一方、当金庫においては、当社の業界や地域状況また当社の実績から、この在庫融資は当社への積極的な支援方針の一環であると位置づけているようです。仮に、当社が、千葉県柏市の場合は、下記のとおりであり、この在庫売却の可能性も高いと思われます。

　すなわち、柏市は人口が増加し、市内の全産業における建設業のシェアは高く、この在庫（銘木）も転売できる可能性が高いと、地域金融機関ならば考えると思います。

　転売代金で借入返済をしてもらえれば、不良債権にはなりませんから。

▶ **千葉県柏市総人口推計**

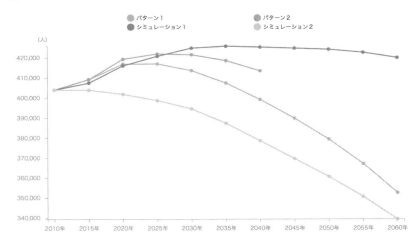

▶産業マップ・全産業花火図(千葉県柏市)

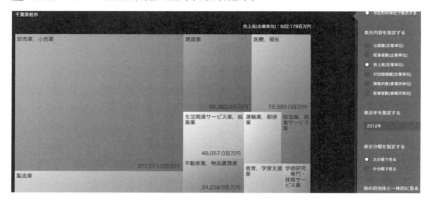

外部連携

　当者は大手住宅建設業者からの受注工事が主な業務であることから安定した受注量はあるものの、業界は全般的に不況であり、建設業者のコスト削減の影響を受け、3期前から赤字を計上しています。貸出金は、主に在庫投資になっており、金融機関としてはしっかりした在庫管理の情報開示資料の提出を求めます。また、受注工事や仕掛工事の明細や代金回収の詳細も必要であり、客観的な立場である税理士などの専門家による情報開示資料策定支援が必要になると思います。

事業の内容と成長可能性

　建設資材などの銘木は、値動きが大きいために、仕入時期によって収益が大きく左右されます。また、同業者への転売もでき、在庫処分による現金化も可能であり、担保差入れも考えられます。このような流動資産の担保化はABL手法が一般的であるものの、未だに、どこの金融機関でもできるものではありません。

　この銘木は仕入後5年を経過しても資金化が可能のようですが、資材すべてが資金化できるものではありません。資材は値動きも大きいもので、継続的な状況把握が大切です。

　建設業界は景気や地域性で売上や収益が大きく左右されることから、短期間に業績が大きく振れますので、金融機関としては同業者などから

種々の情報を採って常に適時適格な支援態勢が必要です。

> 資金ニーズと融資判断の可否

　本事例の在庫資金（銘木の資財仕入）貸出については、在庫処分による返済実績を勘案すれば、債務者の姿勢が正しい限り、返済財源は確実と見込まれ信用リスクは極めて低い水準にあるものと考えられます。債務者との継続的な情報交換が必要になります。

　一方、貸出当初において正常運転資金であっても、たとえば、在庫商品について価値の下落等が発生してしまい、返済財源が当面見込めないこともあります。しかし、地域金融機関としては支援を続ける方向で検討することが原則ですから、まずは、利息のみを取って手形書替えで対応することが一般的です。ただし、価値の下落が極めて大きい場合は、その価格の低下部分は一括返済してもらうか、それが叶わない時は将来のキャッシュフローによって長期分割返済に切り替えざるを得ないことがあります。

　在庫資金貸出については、正式な担保として差し入れることが少ないことから、時には、その在庫売却代金が他行の借入れの返済に回されてしまうこともありますので、債務者との信頼関係は特に重要です。

> コメント

　当金庫においては、この在庫融資は当社への積極的な支援方針の一環であると位置づけていますが、一方では与信管理の観点から、その在庫の資金化金額を想定することも大切です。仮に、当社が、千葉県柏市の場合は、この在庫売却の可能性も高いことがわかります。すなわち、柏市は人口が増加し、市内の全産業における建設業のシェアも高く、この在庫（銘木）も転売できる可能性が高いと地域金融機関ならば、考えることができるからです。転売代金で借入れ返済が行われれば、不良債権にはならないからです。

　一方、在庫を正式な担保にしたものが、ABL（アセット・ベースト・レンディング）貸出です。（中村 中著『事業性評価融資』 p.128参照）

事例19

▼ 概況
債務者は、当行準メイン先（シェア30％、与信額：平成13年3月決算期200百万円）。地場大手の衣料品製造卸売業者である。

▼ 業況
大手商社を主な取引先としているが、アジア諸国からの輸入衣料品の増大や受注競争の激化などから、売上の伸び悩みや利幅が縮小し3期連続赤字を計上、さらに、前期は大口取引先の倒産などもあって赤字が増加し、債務超過に陥っている。

当行は、5年前債務者に地元食品スーパーとの共同事業によるショッピングセンター建設計画が持ち上ったことから、取引深耕に努め、建設予定地の取得資金200百万円（手貸）を融資した（当該土地を担保徴求）。

しかしながら、その後、当該建設計画は諸般の事情から頓挫し、建設予定地は現状更地のままとなっている。また、当該土地の処分可能見込額は80百万円まで下落している。

当該資金については、本来であれば3年前から事業化の進展により約定弁済が行われる予定であったが、建設計画の頓挫や本業の不振によるキャッシュフロー不足、さらには、当該土地の大幅な値下がりによる処分遅延から現状は短期運転資金として期日6か月で書替えを繰り返している（金利は据え置きで短期プライムレート＋0.1％）。

なお、債務者は今後、当該土地を外注先への賃貸や売却などにより何らかの活用を図りたいとしているが、具体的な事業計画は何ら策定されていない。

▼ 自己査定
当行としては、前期に債務超過に陥ったことや、先行きの業況回復も当面見込めない経営環境にあることから要注意先とした。

貸出条件緩和債権（元本返済猶予債権）に該当するか否かについては、基準金利（同等な信用リスクを有している債務者に対して通常適用される新規貸出実行金利。以下、「基準金利」という。）を基準として判断すべきであるが、当行は、行内格付や貸出期間等の如何にかかわらず、一律に短期プライムレートを基準金利としており、本件土地取得資金については、条件変更時の金利が当該基準金利を上回っていることから、元本返済猶予

債権には該当しないとしている。

検証ポイント

書替え継続中の手形貸付に係る貸出条件緩和債権（元本返済猶予債権）の取扱いについて（2）

解説

1. 貸出条件緩和債権については、銀行法施行規則第19条の2第1項第5号ロ（4）において「債務者の経営再建又は支援を図ることを目的として、金利の減免、利息の支払猶予、元本の返済猶予、債権放棄その他の債務者に有利となる取決めを行った貸出金」と規定されている。また、中小・地域金融機関向けの総合的な監督指針は、元本返済猶予債権（元本の支払を猶予した貸出金）のうち、貸出条件緩和債権に該当するものとして「当該債務者に関する他の貸出金利息、手数料、配当等の収益、担保・保証等による信用リスク等の増減、競争上の観点等の当該債務者に対する取引の総合的な採算を勘案して、当該貸出金に対して、基準金利（当該債務者と同等な信用リスクを有している債務者に対して通常適用される新規貸出実行金利をいう。）が適用される場合と実質的に同等の利回りが確保されていない債権」が考えられるとしている。

 この中小・地域金融機関向けの総合的な監督指針の規定の趣旨は、当該債務者と同等な信用リスクを有している債務者に対して通常適用される新規貸出実行金利を下回る金利で元本返済の猶予が行われる場合には、債務者に有利となる取決めに該当し、貸出条件緩和債権となるというものである。

2. 書替えが継続している手形貸付については、債務者の返済能力の低下（信用リスクの増大）から期日返済が困難となり、実際上は条件変更を繰り返している長期資金と同じ状況（いわゆる「コロガシ状態」）となっている場合があるため、債務者の信用リスクについて十分に検討する必要がある。

 本事例の土地取得資金について書替えが繰り返されている背景を見ると、事業計画の頓挫や本業の返済能力の低下から当該土地取得資金の分割返済が叶わず、加えて、当該物件の大幅な値下がりから売却処分ができず、実質長期資金化している状況があり、信用リスクが増大していることが伺える。このような信用リスクの状況を踏まえ、当行における信用格付、及び貸出金の保全状況や貸出期間等を勘案した金利水準の状況等を参照しつつ、当該手形貸付書替時の金利が、現状、当該債務者と同等な信用リスクを有する債務者に対して通常適用されている新規貸出実行金利よりも低い水準となっていれば、原則とし

て、貸出条件緩和債権（元本返済猶予債権）に該当するものと判断される。
3．なお、当行のように、格付区分や貸出期間の長短等に関わらず同一の基準金利に基づき開示の要否を判断している場合は、原則として、基準金利の設定が粗く開示債権の把握に問題があると考えられるため、この点についての是正が必要である。

企業を取り巻く環境・関係者（金融機関）への着目

当行は、5年前債務者に地元食品スーパーとの共同事業によるショッピングセンター建設計画が持ち上がったことから、取引深耕に努め、建設予定地の取得資金200百万円（手貸）を融資しました（当該土地を担保徴求）。

しかしながら、その後、当該建設計画は諸般の事情から頓挫し、建設予定地は現状更地のままとなっています。また、当該土地の処分可能見込額は80百万円まで下落しています。

当行としても、取引深耕によって融資を行った以上、貸出金の回収を強く迫りにくい状況にあります。

一方、今後は、建設用地の地価が下がり続けるのか、建設計画が復活するのか、また、当社の一過性の窮境が回復するのかということを、見極めることができないまま、手形の書換えをしているようです。

外部連携

債務者は、地場大手の衣料品製造卸売業者で、当行準メイン先（シェア30％、与信額：平成13年3月決算期200百万円）です。大手商社を主な取引先としていますが、アジア諸国からの輸入衣料品の増大や受注競争の激化などから、売上の伸び悩みや利幅が縮小し3期連続赤字を計上、さらに、前期は大口取引先の倒産などもあって赤字が増加し、債務超過に陥っています。ショッピングセンター建設計画に関して、建設予定地の取得資金200百万円（手貸）の融資を受けていますが、その後、計画変更で当該土地の処分可能見込額は80百万円まで下落しています。

当社は、業績が振るわないうえに、土地購入借入の返済が進まないことから、取引金融機関の対応によっては、存続の危機ともいえます。こ

のような時こそ、すべての金融機関に支援態勢維持に向けて情報開示が必須になります。客観的な立場にある税理士などの専門家の支援による情報開示資料を、各金融機関に同時に提出することがポイントになります。

事業の内容と成長可能性

当社は、大手商社を主な取引先とする地場大手の衣料品製造卸売業者です。衣料品ごと、また地域ごとの販売状況・競争状況を把握する必要があります。統計値などによっては、注文の復元が可能なこともあります。同時に、当社としても、業界としてのアジア諸国からの輸入衣料品の増大や受注競争の激化などを把握することも大切です。その情報のもとに、売上の伸び悩みや利幅の縮小、また3期連続赤字の原因を明らかにする必要があります。さらに、前期の大口取引先の倒産なども一過性のことであり、その回復対策もすでに講じていることを説明することも欠かせません。

ショッピングセンター建設予定地の取得資金借入の返済については、当行すなわち準メイン行と情報交換を密に行い、売却や活用の相談を継続的に行うことがポイントになります。建設用地の地価については、地価の時系列調査と人口の増減・企業参入動向を判断し、建設計画が復活するか否かについても、行政や地域企業の動きを見ながら予測をする必要があります。たとえば、地価の下落により当該土地の処分可能見込額は、80百万円まで低下したと言われても、経営者としては、たとえば「一般社団法人資産評価システム研究センター」などの全国地価マップで確認をとって、客観的なデータで再確認をすることも大切です。

さらにRESASにおける「紡織用繊維及びその製品の税関別輸入金額、数量の割合と推移」の数値データなどにより、大手商社と再交渉することも一策です。交渉相手が大手商社・大口取引先であろうとも、注文減少の原因分析は自社でも行う必要があります。真にアジア諸国からの輸入衣料品の増大が注文減少の原因であるか再チェックすることが大切です。別の原因が見つかり、注文復元となることも多々あるものです。

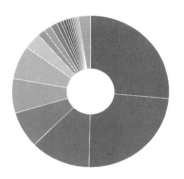

税関別輸入額
2013年

- 1位 大阪港　1,050,780,065千円 (26.48%)
- 2位 東京港　945,914,606千円 (23.84%)
- 3位 名古屋港　487,875,800千円 (12.29%)
- 4位 成田国際空港　307,174,806千円 (7.74%)
- 5位 神戸港　293,644,661千円 (7.4%)

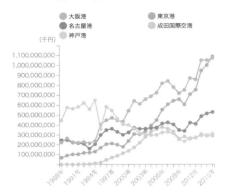

税関別輸入額の推移

資金ニーズと融資判断の可否

　この事例の土地取得資金について、書替えが繰り返されている背景を見ると、事業計画の頓挫や本業の返済能力の低下から、当該土地取得資金の分割返済が叶わず、また、当該物件の大幅な値下がりから売却処分がでないことが推察されます。実質長期資金化している状況があって、信用リスクが増大していることも伺われます。

　当行は、貸し手責任も多少あることから、当社との情報交換や連携を密にして、土地の売却や活用の相談に積極的に乗ることが大切です。当社としては、現状の窮境状況では、新規事業に関する新たな借入れは難しいと思いますので、本業の再生と同時に、土地の売却か活用に真剣に取り組む必要があると思います。また、与信管理面では、メインバンクはじめ他の金融機関の追加担保交渉や与信圧縮などの動きに十分注視しなければなりません。

コメント

　当社の取引先である大手商社は、アジア諸国からの輸入衣料品の増大

や受注競争の激化などの影響を受け、連れて、当社も売上の伸び悩みや利幅の縮小で、3期連続赤字を計上することになりました。当社からのこの説明に対して、金融機関はその実態を把握する必要があります。金融機関としてもRESASにおける「紡織用繊維及びその製品の税関別輸入金額、数量の割合と推移」で、当社のためにこれらの情報をさらに自行庫内部の情報も加味してレベルアップし、大手商社との再交渉を支援することも重要です。このような数値ベースの交渉で、売上を復活できることもあります。

また、ショッピングセンター建設計画に関して、当社は建設予定地の取得資金200百万円（手貸）の融資を受けており、その土地の価格が処分可能見込額で80百万円まで下落したということですが、これを企業は口頭説明で済ますことがよくあります。たとえば、「一般社団法人資産評価システム研究センター」の全国地価マップで地価を明確に説明することで、金融機関としても貸し手責任を実感しているはずであり、ショッピングセンター建設予定地の取得資金借入れの返済について、売却や活用の相談を本腰で行い、資金調達の相談にも本気で乗ってくれることもあります。一方、金融機関の担当者が、本部審査部などの幹部と交渉する時も、数値・統計値を使うことも同様です。

事例 20

▼ 概況

債務者は、当行メイン先（シェア100％、与信額：平成26年3月決算期900百万円）。5年前まで住宅建材の製造業者であったが売上不振により転業、現在は地元のホームセンターを中心に組立て式家具の製造・卸をしている業者である。

当行与信900百万円の内訳は、正常運転資金500百万円（「短期継続融資」・書替え継続中）と旧事業に係る残債務400百万円（長期融資・分割返済中）である。

▼ 業況

転業後、債務者の製品は安定的な人気を得て、業況も安定していた。旧事業に係る債務400百万円が残っているため、返済負担が重く債務超過に陥っているものの、期間損益は小幅ながら黒字を確保しており、当行では転業後、正常運転資金500百万円（手形貸付：期間1年）に応需し、期日に書替えを繰り返してきた。

　しかし昨年、アジア製の廉価品に押され、前期決算（平成26年3月決算期）では売上高が前々期比40％減程度まで落ち込み、決算書上の数値から機械的に算出される正常運転資金（売上債権＋棚卸資産－仕入債務）も300百万円に減少している。

　当行では、平成26年7月の正常運転資金の書替えに当たり、売上減少に伴う減額書替えを検討したものの、債務者によれば、廉価品に比べた債務者の製品の質の良さが見直され、売上は回復しており、今期は前々期並の売上を確保できる見通しであり、正常運転資金についても昨年と同額での書替えを希望している。

　当行は、債務者から提出を受けた直近の試算表や、今期の業績予想、資金繰り表、受注状況を示す注文書を確認・検証するとともに、債務者の製造現場や倉庫の状況を調査し、製造ラインや原材料・製品在庫の管理に問題がないこと及びホームセンターでの販売状況を調査し、債務者の製品に優位性が認められることを確認している。その結果、当行は、債務者の今期の売上回復については確度が高く、前々期と同程度の正常運転資金を必要としていると判断し、500百万円での書替えに応じることにした。

▼ 自己査定

　当行では、債務者は引続き債務超過の状態で、旧事業の残債の返済負担が重いものの、継続して黒字を維持していることから、債務者区分は引続き要注意先としている。

　正常運転資金500百万円については、前期決算書の数値から機械的に算出される正常運転資金額を大幅に上回る金額での書替えとなったものの、債務者の実態や足元のキャッシュフローの状況に鑑みて、正常運転資金の範囲内の書替えであり、貸出条件緩和債権には該当しないとしている。

検証ポイント

　正常運転資金を供給する場合の融資形態及び正常運転資金の範囲

解　説

1. 「短期継続融資」は金融機関の目利き力発揮の一手法となり得る

　金融機関にとっては、債務者の業況等を踏まえた融資が行えるよう目利き力を発揮することが重要である。その手法は様々であるが、例えば、正常運転資金について、債務者のニーズを踏まえた上で、無担保・無保証の短期融資（1年以内）で応需し、書替え時に債務者の業況や実態を適切に把握して、その継続の是非を判断することは、目利き力発揮の一手法となり得る。（注1）

　一般的に、債務者の製品の質が劣化し、競争力を失った結果、売上高が大幅に減少しているならば、今後の業況回復も危ぶまれると考えられる。

　しかしながら、本事例では、「短期継続融資」の書替えの可否を判断するに当たって、試算表、業績予想、資金繰り表の検証や注文書による受注状況の確認及び製造・販売の現場の実地調査等により、債務者の業況や実態（今後の事業の見通しを含む）をより詳細に把握することで、正常運転資金に対するよりきめ細かい融資対応が行われている（金融機関による目利き力の発揮）。（注2）

（注1）中小・零細企業の資金ニーズに適切に応えるための融資手法に関しては、各金融機関が創意工夫を発揮し、それぞれの経営判断で柔軟に対応すべきものであり、その判断が尊重されることは、言うまでもない。

（注2）債務者の業況や実態を把握するための資料徴求や実地調査については、本事例に記載した資料・調査等が一律に求められるものではなく、債務者の規模や与信額に応じた対応となる。例えば、債務者が小規模で詳細な資料がない場合等においては、必ずしも本事例で例示した資料全てについて、確認が必要なわけではない。

2. 正常運転資金の範囲は債務者の業況や実態に合わせて柔軟に検討する必要がある

　債務者が正常な営業を行っていく上で恒常的に必要と認められる運転資金（正常運転資金）に対して、「短期継続融資」で対応することは何ら問題なく、妥当な融資形態の一つであると認められる。

　正常運転資金は一般的に、卸・小売業、製造業の場合、「売上債権＋棚卸資産－仕入債務」であるとされている（金融検査マニュアル・自己査定別表1）。本事例の場合、平成26年3月決算期の数値に基づいて算出される正常運転資金の金額は、売上高が大幅に減少しているため、この算定式を機械的に適用すれば、大幅に減額することにもなり得る。

　しかしながら、平成26年3月決算期の数値は、過去の一時点の数値であり、

現時点の正常運転資金の算出については、債務者の業況や実態の的確な把握と、それに基づく今後の見通しや、足元の企業活動に伴うキャッシュフローの実態にも留意した検討が重要である。

3．本事例の結論

　本事例では、前期決算の数値に基づく正常運転資金の金額は大幅に減少することになるものの、「短期継続融資」の書替えの検討に当たり、前期決算以降の状況の変化を踏まえて、債務者の業況や実態を改めて確認した結果、売上高の回復が見込まれること、足元のキャッシュフローにおいて従来程度の金額の正常運転資金が必要と認められることから、500百万円で書替えを実行しても、正常運転資金の範囲内として貸出条件緩和債権には該当しないものと考えられる。

企業を取り巻く環境・関係者(金融機関)への着目

　債務者は、当行メイン先（シェア100％、与信額：平成26年3月決算期900百万円）。5年前まで住宅建材の製造業者であったが売上不振により転業、現在は地元のホームセンターを中心に組立て式家具の製造・卸をしている業者です。当行としては、メイン銀行として、その期間、転業支援を行ってきました

　当行与信900百万円の内訳は、正常運転資金500百万円（「短期継続融資」・書替え継続中）と旧事業に係る残債務400百万円（長期融資・分割返済中）です。しかし昨年、アジア製の廉価品に押され、前期決算（平成26年3月決算期）では売上高が前々期比40％減程度まで落ち込み、決算書上の数値から機械的に算出される正常運転資金（売上債権＋棚卸資産－仕入債務）も300百万円に減少しました。

　しかし、当行としては、平成26年7月の正常運転資金の書替えにあたり、債務者の「廉価品に比べた債務者の製品の質の良さが見直され、売上は回復しており、今期は前々期並の売上を確保できる見通しであり、正常運転資金についても昨年と同額での書替え希望」を尊重し、同額金額の書替えに応じました。すなわち、当社の正常運資金の融資金額は、理論的には減額するべきではないかと見られますが、今後の回復力を見通し、以前のままの融資金額で支援することになりました。この判断につ

いては、当社からの要請を受けて金融機関が応諾するということよりも、金融機関自身が取引先の事情や今後の在庫・販売状況を考慮し、取引先の支援者として、投資家のようなスタンスで、同額の継続を行ったものと思われます。

　または、地元のホームセンターの今後の地域貢献の見通しや、地域における雇用や取引業者の活性化などの観点からも、当行は総合的な判断をして、当社への支援を行ったのかもしれません。たとえば、RESASにて島根県益田市の「産業マップ・全産業花火図」の「横棒グラフで割合を見る」は以下のとおりです。

　その益田市には島根県における3つの上場企業の一つである㈱ジュンテンドーの本社があり、この㈱ジュンテンドーは住関連用品を中心に提供するホームセンターを主業務としています。当社の場合は、この㈱ジュンテンドーへの納入業者の位置づけとして考えるとわかりやすくなるものと思われます。

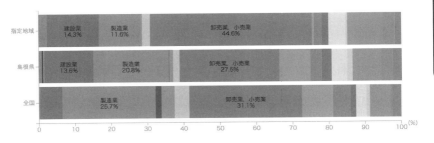

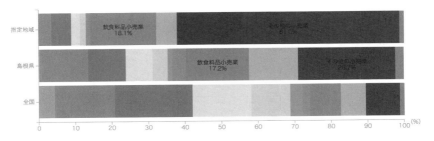

会社概要　CORPORATE PROFILE

- ◎社名　　　　株式会社ジュンテンドー
- ◎本社　　　　〒698-0002
  島根県益田市下本郷町206番地5
  電話：(0856) 24-2400 (代表)
  FAX：(0856) 24-2425
- ◎創業　　　　明治27年10月
- ◎設立　　　　昭和23年6月
- ◎資本金　　　42億2,425万円
- ◎従業員数　　645名(契約社員・パート社員・アルバイトは除く)
  平成28年2月末現在
- ◎事業内容　　住関連用品を中心に提供するホームセンターを主力に、カー用品専門店、ドラッグストア、ブックセンターをチェーン展開する小売業
- ◎営業収益　　439億434万円(平成28年2月期)
- ◎主取引銀行　株式会社山陰合同銀行
  株式会社山口銀行
  株式会社日本政策投資銀行
  株式会社商工組合中央金庫
  株式会社三井住友銀行
  株式会社みずほ銀行

外部連携

　金融機関としての支援手法はさまざまです。正常運転資金として、無担保・無保証の短期融資（1年以内）で応需し、書替え時に債務者の業況や実態を適切に把握して、その継続の是非を判断することは、金融機関担当者として目利き力発揮の一手法となり得ます。

　しかし、本事例では、「短期継続融資」の書替えの可否を判断するにあたって、試算表、業績予想、資金繰り表の検証や、注文書による受注状況の確認および製造・販売の現場の実地調査等により、債務者の業況や実態（今後の事業の見通しを含む）をより詳細に把握することで、正常運転資金に対するよりきめ細かい融資対応が行われています。このような丁寧な対応には、当社の顧問税理士などの専門家の外部支援があれば、より客観的で最新のデータを入手することができることから、金融機関として有難いものです。

事業の内容と成長可能性

　住宅建材の製造業者であった当社の売上不振対策として、当行はメイン行として、地元のホームセンターを中心とした組立て式家具の製造・卸への転業を支援しました。この組立て式家具の製造・卸の事業とその成長可能性は高いものと判断しています。上記の「企業を取り巻く環境・関係者（金融機関）への着目」で述べましたように、仮に、地元の㈱ジュンテンドーのようなホームセンターの販売力に頼った方が当社独自の販売力よりも堅実であると結論したものと思われます。

　しかし、平成26年3月決算期の数値に基づいて算出される正常運転資金の金額は、売上高が大幅に減少しました。正常運転資金は一般的に、卸・小売業、製造業の場合、「売上債権＋棚卸資産－仕入債務」ですから、この算定式を機械的に適用すれば、大幅に支援金額は減額することになってしまいます。しかしながら、この決算期の数値は、過去の一時点の数値であり、債務者の業況や実態の的確な把握と、それに基づく今後の見通しや、足元の企業活動に伴うキャッシュフローの実態を留意すれば、当行としては、従来通りの支援が妥当であると判断しています。

資金ニーズと融資判断の可否

　当行は、債務者から提出を受けた直近の試算表や、今期の業績予想、資金繰り表、受注状況を示す注文書を確認・検証しました。また、メイン行として、当社の事業内容の実態把握を行うために、製造現場や倉庫の状況を調査し、製造ラインや原材料・製品在庫の管理に問題がないことおよびホームセンターでの販売状況を調査し、当社の製品に優位性が認められることを確認しました。製造現場や倉庫の状況については、写真等をとって、現場を知らない本部審査部のメンバーにも、納得できる書類にしました。その結果、当社から提出された書類によって当行は、今期の売上回復については確度が高く、正常運転資金に対する資金ニーズは不変であると予想し、前々期と同程度の正常運転資金融資の支援は必要と判断して、500百万円での書替えに応じることにしました。

> **コメント**

　当社は、5年前まで住宅建材の製造業者でしたが、売上不振により転業、現在は地元のホームセンターを中心に組立て式家具の製造・卸をしています。まだまだ、このホームセンターに対しての発言力は大きくなく、安定した商品やサービスの供給を求められています。

　たとえば、RESASにて島根県益田市での場合を見ていきますと、「産業マップ・全産業花火図」の「横棒グラフで割合を見る」では、当地のホームセンターの力は大きいものと推察されます。確かに、その益田市には島根県における3つの上場企業の一つである㈱ジュンテンドーの本社があり、この㈱ジュンテンドーは住関連用品を中心に提供するホームセンターを主業務としています。当社の場合は、この㈱ジュンテンドーへの納入業者の位置づけと想定した場合、どうしても、㈱ジュンテンドーへの安定供給が第一であると思われます。すなわち、当社を新規の納入業者としたならば、ある一定量の在庫また人材の保有は必須であると思われます。金融機関としては、このような事情も理解して、資金支援を行うべきであると思われます。

4 内部管理体制への着目

① 内部管理体制の維持・充実……事例21（法定耐用年数）、27（資本的劣後ローン）

　法定耐用年数内に返済を完了することや資本的劣後ローンの債務者としての決めごと（一定の条件）を守るためには、内部管理体制の整備をしっかりしなければなりません。

事例 21

▼ 概況

　債務者は当行準メイン先（シェア40％、与信額：平成13年3月決算期166百万円）。地元建築業者を主な取引先としている建築用木材卸売業者。5年前に当金庫からの借入により賃貸アパートを3棟取得（法定耐用年数22年、取得額100百万円）し事業を拡大している。

　当行は、上記アパート資金（証貸期間15年、6.6百万円／年返済）のほか、運転資金（手貸100百万円、期日一括1年）に応需している。

▼ 業況

　大手住宅メーカーによる建売物件の増加の影響などから、売上が低迷しているほか、大口取引先の倒産による売掛金の焦げ付きなどから、前期赤字を計上している。

　財務状況は表面上わずかながら資産超過となっているが、小口取引先の売掛金の中には長期にわたって回収が図れていないものがかなり見られ、実質的には債務超過に陥っている。

　また、賃貸アパートは、取得当初は満室を維持していたが、駅から遠いことや、最近駅周辺に格安な賃貸料を提示するアパートが多数建設されたこともあって、ここにきて空室が出始め、債務者の資金繰りは悪化してきている。

　このため、債務者は当該アパート資金について返済額を大幅に軽減（4百万円／年）し、最終返済期限を7年延長する条件変更を当行に要請した。（金利は据え置き）

なお、手貸については、6か月毎に回収、新規実行を繰り返している。当行としては、現状の本業の業況や今後のアパートの入居見込では残り10年での完済は無理と考え、この条件変更に応ずることとした。

▼ 自己査定

　当行は、本業の木材卸の業況が低迷し、財務内容も実質債務超過になっていることや今後短期間での業況改善が見込めないことから要注意先としている。

　また、証貸については、条件変更を行っているものの、条件変更後の最終返済期限の延長が法定耐用年数内に収まっていることから、貸出条件緩和債権（元本返済猶予債権）には該当しないと判断している。

　なお、当行は、信用格付けに基づくリスク管理態勢が未整備のため、中小・地域金融機関向けの総合的な監督指針で示されている基準金利に基づく貸出条件緩和債権（元本返済猶予債権）の判定を行っていない。

検証ポイント

　法定耐用年数内での期限延長を行った場合の貸出条件緩和債権（元本返済猶予債権）の取扱いについて

解　説

1．貸出条件緩和債権については、銀行法施行規則第19条の2第1項第5号ロ(4)において「債務者の経営再建又は支援を図ることを目的として、金利の減免、利息の支払猶予、元本の返済猶予、債権放棄その他の債務者に有利となる取決めを行った貸出金」と規定されている。また、中小・地域金融機関向けの総合的な監督指針は、元本返済猶予債権（元本の支払を猶予した貸出金）のうち、貸出条件緩和債権に該当するものとして「当該債務者に関する他の貸出金利息、手数料、配当等の収益、担保・保証等による信用リスク等の増減、競争上の観点等の当該債務者に対する取引の総合的な採算を勘案して、当該貸出金に対して、基準金利（当該債務者と同等な信用リスクを有している債務者に対して通常適用される新規貸出実行金利をいう。）が適用される場合と実質的に同等の利回りが確保されていない債権」が考えられるとしている。

2．本事例のように、設備資金、特に、収益物件取得資金については、最終期限の延長を行ったとしても、法定耐用年数内であるならば、債務者に有利な一定の譲歩を与えているとは言えず、貸出条件緩和債権（元本返済猶予債権）には該当しないのではないかとの意見がある。しかしながら、中小・地域金融機関

向けの総合的な監督指針の規定の趣旨を踏まえれば、債務者に有利となる取決めに該当するか否かは、元本返済を猶予する期間の長さのみによって判断し得るものではなく、約定条件改定時の金利が、当該債務者と同等な信用リスクを有している債務者に対して通常適用される新規貸出実行金利以上の金利となっているか否かによって判断すべきである。

3．したがって、本事例のような場合においては、最終期限の延長が法定耐用年数以内に収っていることをもって貸出条件緩和債権（元本返済猶予債権）に該当しないということではなく、約定条件変更時の金利水準が、同等な信用リスクを有している債務者に通常適用されている新規貸出実行金利の水準、すなわち、当行における信用格付、及び貸出金の保全状況や貸出期間（17年程度）等を勘案した金利水準を下回っているならば、原則として、貸出条件緩和債権（元本返済猶予債権）と判断する必要がある。

内部管理体制への着目

当社は、地元建築業者を主な取引先としている建築用木材卸売業者で、当行の準メイン先です。借入れは、166百万円です。5年前に当金庫からの借入れにより賃貸アパートを3棟取得（法定耐用年数22年、取得額100百万円）して事業を拡大し、現在66百万円の残高があります。また、運転資金として手貸100百万円（期日一括1年）があります。

当社は、本業の建築用木材卸売業と賃貸アパート業務部門に分けて、内部管理体制を採っています。その賃貸アパート業務部門の業務の今後を見通すと、最終返済期限を7年延長しなければ、資金繰りが順調に回らないことが明らかになり、当行に要請がありました。当行としては、法定耐用年数内であることを理由に、その延長を認めました。同時に、手貸の運転資金について、6ヵ月ごとに回収、新規実行を繰り返しているので、この本業の建築用木材卸売業部門についても、詳しい業務報告を続けることをお願いしました。当社は、従来以上に、この2つの部門の内部管理体制は、しっかり行っていくことにしました。

外部連携

当社の内部管理体制は、建築用木材卸売業と賃貸アパート業務に各責任者を置いていますが、資金繰りについては、総務部の財務部門の担当

者が合算で見ています。今後については、両者の業務内容と資金繰りについて、詳細を金融機関に報告し、特に、賃貸アパート業務に関しては、今後予想される固定資産を修理する多額の費用について、「修繕費」と減価償却を認められる「資本的支出」の区分もしなければなりません。一般的には修繕といわれる固定資産の修理・改良等も、その内容によっては修繕費用の一部分はその固定資産の価値を高めたり、耐久性を増すことで使用可能期間を延長することになると認められる場合があるからです。このように価値の増加や耐用年数の延長に対応する部分の金額は、「資本的支出」とされて、本体の固定資産の取得価額に加算するか新たな固定資産を取得したものとして、減価償却を通じて費用化していくことになります。資本的支出は金額が多額になることも多く、一時の費用として損金経理できるか減価償却資産になるかで税額に及ぼす影響が大きくなるのです。これらの区分については、納税者と税務当局との見解が相違しやすく、修正申告の原因にもなりやすいので、どうしても、税理士などの専門家との連携が必要になるのです。また、本業の建築用木材卸売業の部門も、売上が低下するならば、その立替え資金借入れも減額される可能性が高まりますから、その業務内容の報告は詳しいものを金融機関から求められることも多くなります。この点からも、専門家との連携が重要になります。

事業の内容と成長可能性

　当社は、本業の建築用木材卸売業と賃貸アパート業務部門に分けて、内部管理体制を採っていますが、それぞれの部門の事業内容と成長可能性を明確にしなければなりません。

　建築用木材卸売業部門は、大手住宅メーカーによる建売物件の増加の影響などから、売上が低迷していますし、大口取引先の倒産による売掛金の焦げ付きも生じていますので、地域の業界分析やこの部門のキャッシュフロー分析も求められます。特に、小口取引先の売掛金のなかには長期にわたって回収が図れていないものがかなり見られ、この部分の説明も必要です。

　特に、卸売業においては、経済産業省においては「事業分野別指針の

概要について」にて、以下のビジネスモデルのチェックを勧奨していますので、内部管理体制構築することを望まれます。

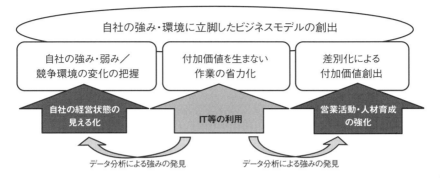

　また、賃貸アパートは、取得当初は満室を維持していましたが、駅から遠いことや、最近駅周辺に格安な賃貸料を提示するアパートが多数建設されたこともあって、ここにきて空室が出始め、債務者の資金繰りは悪化してきています。かなり大掛かりな修繕を行わなければならないかもしれません。この固定資産の修理・改良等について、修繕費用と資本的支出の明確な区分も求められます。

　内部管理体制の確立と同時に、税理士・中小企業診断士等のコンサルタントなどの専門家との外部連携も必要になるかもしれません。

　なお、仮に千葉県柏市の場合を見れば、以下のとおり、人口が上伸するような推移が見込まれていますので、固定資産の修理・改良等の効果を見込むことができます。

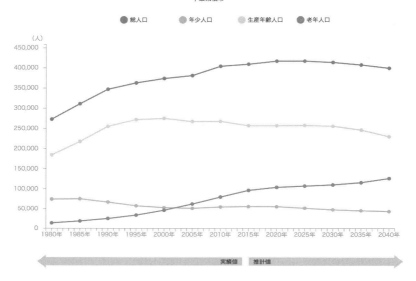

【出典】
総務省「国勢調査」、国立社会保障・人口問題研究所「日本の地域別将来推計人口」

【注記】
2010年までは「国勢調査」のデータに基づく実績値、2015年以降は「国立社会保障・人口問題研究所」のデータに基づく推計値。
総人口については、年齢不詳は除いている。

【その他の留意点】＋

資金ニーズと融資判断の可否

　建築用木材卸売業部門は、売上が低迷から、運転資金としての手貸100百万円（期日一括1年）の減額を金融機関から求められるかもしれません。仮に、当行は求めないとしても他行から減額請求があるかもしれません。まして、大口取引先の倒産による売掛金の焦げ付きも生じていますので、複数行取引をしている各金融機関は他行の支援撤退の動きに神経質になるものです。小口取引先の売掛金についても、詳細な回収計画を要求されることがあります。一方、新たな販売チャネル工作や業種転換の資金ニーズが必要かもしれません。

　また、賃貸アパートの空き室防止や駅周辺の格安な賃貸料の新築アパート対策については、満室化に向けての追加の設備投資や多額の修理改善が必要かもしれません。近々、これらの資金ニーズが生じ、融資判断

における資料作成を求められるかもしれませんので、前倒しの準備は必要であると思われます。

> **コメント**

当社は、建築用木材卸売業と賃貸アパート業務に各責任者を置いていますが、資金繰りについては、総務部の財務部門の担当者が合算で見ています。今後については、両者の業務内容と資金繰りについて、詳細を金融機関に報告しなければなりません。しかも、この報告は3〜6ヵ月に一度は定期的に金融機関に行わなければなりませんから、内部管理体制もより厳格に行う必要があります。

特に、賃貸アパート業務に関しては、取得当初は満室を維持していましたが、ここにきて空室が出始め、債務者の資金繰りは悪化してきています。かなり大掛かりな修繕・改良を行わなければならないかもしれません。この修理・改良等について、修繕費用と資本的支出の明確な区分も求められます。このような場合でも、当社の賃貸アパートが、仮に千葉県柏市にあり、その人口が上伸している資料が用意できるならば、金融機関への固定資産の修理・改良等の説得力は高まります。

事例 27

▼ 概況

債務者は、当金庫メイン先（シェア90％、与信額：平成15年3月決算期500百万円）主に食料品を扱うスーパーを現在4店舗を営んでいる。

▼ 業況

店舗別の業況をみると、2店舗については概ね黒字を達成しているものの、残りの2店舗については、近隣に大手小売店が新店舗を開店した影響を受けて売上が落ち込み、また、店舗取得時の借入負担が重いこともあって、前期末まで3期連続して大幅な赤字、小幅な資産超過の状況となっていた。

このような中で、当金庫は、債務者の経営支援を図る目的から、元本返

済猶予（300百万円）を行ってきており、当該債権については、貸出条件緩和債権としてきた。

　今般、当金庫は、同社の経営再建を図るため、同社と協力して、不採算店舗の閉鎖及び店舗建物の処分、全面的なコスト削減措置の実施、営業体制の抜本的な見直し、役員やその親族に対する報酬・給与の制限等を中心とした合理的かつ実現性の高い経営改善計画を策定した。また、この計画にあたっては、同社に対する債権の一部（不採算店舗の閉鎖による特別損失計上により今期末債務超過部分の75百万円）を一定の条件（（注）参照）を付した債権（以下「資本的劣後ローン（早期経営改善特例型）」という）に転換することを約した。

(注) 一定の条件について
① 資本的劣後ローン（早期経営改善特例型）についての契約が、金融機関と債務者との間で双方合意の上、締結されていること
② 資本的劣後ローン（早期経営改善特例型）の返済（デフォルトによらない）については、資本的劣後ローン（早期経営改善特例型）への転換時に存在する他の全ての債権及び計画中に新たに発生することが予定されている債権が完済された後に償還が開始すること
③ 債務者にデフォルトが生じた場合、金融機関の資本的劣後ローン（早期経営改善特例型）の請求権の効力は、他の全ての債権が弁済された後に生ずること
④ 債務者が金融機関に対して財務状況の開示を約していること及び、金融機関が債務者のキャッシュフローに対して一定の関与ができる権利を有していること
⑤ 資本的劣後ローン（早期経営改善特例型）が、④その他の約定違反により、期限の利益を喪失した場合には、債務者が当該金融機関に有する全ての債務について、期限の利益を喪失すること

▼ 自己査定

　当金庫は、債務者の信用リスクの分析にあたって、転換後の資本的劣後ローン（早期経営改善特例型）を資本とみなし、経営改善計画を勘案し、債務者区分については要注意先とした。また、合理的かつ実現可能性の高い経営改善計画が策定されていることから、資本的劣後ローン（早期経営改善特例型）及び残債について貸出条件緩和債権に該当しないものとした。

　なお、当金庫は資本的劣後ローン（早期経営改善特例型）の引当については、「資本的劣後ローン等に対する貸倒見積高の算定及び銀行等金融機関が保有する貸出債権を資本的劣後ローン等に転換した場合の会計処理に関する監査上の取扱い」（平成16年11月2日日本公認会計士協会）のうち、準株式法（時価を把握することが極めて困難と認められる株式又は種類株式の評価に準じて劣後性を有する適格貸出金の貸倒見積高を算定する方法）により、100％の引当を実施している。

検証ポイント

要注意（要管理）先債務者において、経営再建計画に沿って、既存の債務を資本的劣後ローン（早期経営改善特例型）に転換した場合の取扱い

解説

1. 本事例において、当該資本的劣後ローン（早期経営改善特例型）については、検証ポイント（7．資本的劣後ローンの取扱い）の要件を全て満たしているのであれば、債務者区分や貸出条件緩和債権の判断において、当該資本的劣後ローン（早期経営改善特例型）を当該債務者の資本としてみなすことができると考えられる。

   債務者区分については、その財務内容は、資本的劣後ローン（早期経営改善特例型）を資本としてみなせば、問題がある状況にはないものの、業況については、事業再生が緒についたばかりであり、良好とはいえないことから、要注意先に相当する可能性が高いと考えられる。

2. また、貸出条件緩和債権の判断に当たっては、資本的劣後ローン（早期経営改善特例型）を資本とみなすためには合理的かつ実現可能性の高い経営改善計画の策定が要件となっており、一方でこうした計画が策定されていれば、原則として貸出条件緩和債権の卒業基準を満たすことになることから、貸出条件緩和債権には該当しないものと考えられる。

   （参考：引当金、開示債権の状況）
   前期末引当金：75百万円（500百万円×15％）
   開示債権：リスク管理債権として、条件緩和を実施していた300百万円を開示。
   当期末引当金：88百万円
   （75百万円（劣後ローン）×100％）＋（425百万円（残債）×3％））
   開示債権：リスク管理債権に該当せず。

内部管理体制への着目

当金庫は、債務者の経営支援を図る目的から、元本返済猶予（300百万円）を行ってきており、当該債権については、貸出条件緩和債権としてきましたが、今般、当金庫は、同社の経営再建を図るため、同社と協力して、不採算店舗の閉鎖および店舗建物の処分、全面的なコスト削減措置の実施、営業体制の抜本的な見直し、役員やその親族に対する報酬・給与の制限等を中心とした「合理的かつ実現性の高い経営改善計画」を

策定しました。この精緻な経営改善計画が策定されていることから、転換後の資本的劣後ローン（早期経営改善特例型）を資本とみなし、債務者区分については要注意先としました。

このようなDDS手法を実行することは、当金庫としては、当社はすでに内部管理体制ができていることを確信しているからです。すなわち、上記の内容を遂行するための「合理的かつ実現性の高い経営改善計画」を策定しておりまた、債務者は、金融機関との間で、このDDSについての契約を締結しており、財務状況の開示を約していること、および、金融機関が債務者のキャッシュフローに対して一定の関与ができる権利を有していることなど、「上記（注）の一定条件について」を了解しているということです。

外部連携

当社は、今後、不採算店舗の閉鎖および店舗建物の処分、全面的なコスト削減措置の実施、営業体制の抜本的な見直し、役員やその親族に対する報酬・給与の制限等を必ず実行することになっていますが、このことを第三者の立場で見極めるためには、一般的には税理士などの専門家との連携が必要になります。同時に、「合理的かつ実現性の高い経営改善計画」を策定し、当金庫以外の金融機関からの了解を取り付けるためには、やはり、税理士などの専門家との連携が必要になります。

また、債務者が、金融機関に対して財務状況の開示を約したり、その後のモニタリングを励行する等でも、外部との連携は必須と言えます。

事業の内容と成長可能性

当社は、主に食料品を扱うスーパーを現在4店舗営んでいます。店舗別の業況をみると、2店舗についてはおおむね黒字を達成しているものの、残りの2店舗については、近隣に大手小売店が新店舗を開店した影響を受けて売上が落ち込み、また、店舗取得時の借入負担が重いこともあって、前期末まで3期連続して大幅な赤字、小幅な資産超過の状況となっていました。

当社に対する事業性評価は、「食料品を扱うスーパー」ということで、経済産業省においては「事業分野別指針の概要について」の「小売業の

実施事項例」にて、以下の「規模別の整理」が示され、チェックを勧奨しています。内部管理体制構築に役立てることを望まれます。

▶ 小売業の実施事項例（規模別の整理）

※中堅・中規模の実施事項は追加分のみ記載

分類	小規模 （売上高1億円未満）	中規模 （売上高1〜10億円）	中堅 （売上高10億円以上）
経営状態の把握	・店舗毎の損益管理 ・PDCAサイクルの徹底	・店舗毎の予算策定と予実管理	・店舗を支援する本部機能の強化
仕入活動及び経費管理に関するIT及び施設の利用	・事務作業のIT化 ・ボランタリーチェーン等のネットワークを活用したITの導入、情報収集、仕入交渉力の獲得	・IT又はロボットの活用による棚卸作業の効率化 ・業務の外注化 ・POSやFSP*等によるデータ分析 ・スマートホンアプリを用いた販促 ・製造業における知見の活用	・無人レジの導入 ・プロセスセンター、セントラルキッチン等の一括処理拠点の活用 ・自動発注の導入 ・規模を活かした仕入交渉（必要に応じてボランタリーチェーンを活用）
営業活動の強化	・接客から得られる顧客の需要に関する情報に応じた品揃え及びきめ細やかな接客	・出店・退店に関する戦略策定 ・商圏の顧客ニーズ、購買履歴を踏まえた品揃え、売価設定及び販売促進	
人材育成の強化	・地域の支援機関等との連携による研修 ・経営理念の共有 ・マニュアルに記載された対応以外の適切な対応を可能とする教育	・店長人材の育成 ・店舗間での成功事例の共有 ・人材育成、人事制度、採用・任用制度の構築 ・現場からの意見の集約	

※ FSPとはフリークエント・ショッパーズ・プログラムの略称。ポイントカード等により顧客毎の購買に係るデータを把握し、顧客層別に特典を変えることにより、優良固定客の維持・拡大を図るマーケティング手法をいう。

また、たとえば、RESASの千葉県柏市の消費マップ・商業の地域間比較では、以下のグラフとなり、2004年と2007年は年間商品販売額が落ち込んでいることがわかります。このような観点から、4店舗のうち、2店舗の黒字と残りの2店舗の問題点の吟味と対策を関係者で対話することも重要です。

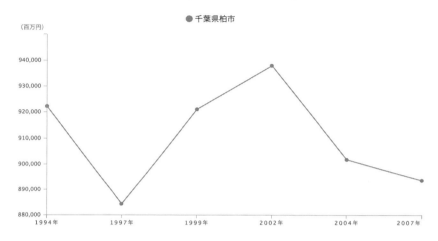

　なお、ここでは詳細は省略しますが、「総務省統計局の経済センサス活動調査」などで、都道府県表や市区町村表などで統計数値が開示されているほか、業界情報もかなり出ていることから、業界内・時系列の比較はかなり把握しやすいと思われます。

資金ニーズと融資判断の可否

　当金庫は、資本的劣後ローン（早期経営改善特例型）を資本とみなし、合理的かつ実現可能性の高い経営改善計画が策定されていることから、債務者区分については要注意先としました。そこで、当金庫は資本的劣後ローン（早期経営改善特例型）の引当てについては、「資本的劣後ローン等に対する貸倒見積高の算定及び銀行等金融機関が保有する貸出債権を資本的劣後ローン等に転換した場合の会計処理に関する監査上の取扱い」（平成16年11月2日日本公認会計士協会）のうち、準株式法（時価を把握することが極めて困難と認められる株式又は種類株式の評価に準じて劣後性を有する適格貸出金の貸倒見積高を算定する方法）により、100％の引当てを実施することにしました。しかし、引当金負担は、上記

のとおり13百万円の増加にとどまり、リスク開示債権もなくなりました。すなわち、当金庫としては、引当金負担はそれほど増加せず、金融機関として抵抗の大きい「リスク開示債権」を圧縮できることは、有難いことと言えます。さらには、引当金の金額は必ずしもこの金額に固まったものではなく、柔軟な対応もできますから、今回のDDS措置は金融機関としても、大きな効果が見込まれます。

　また、債務者区分は要注意先であることから、新規融資など、積極的な支援を行うことができるようになったことも有効です。当社としては、積極的な店舗展開、またスクラップアンドビルド戦略も可能になりました。まさに、当金庫の支援によって事業性評価が高まったと言えます。

コメント

　当金庫は、当社の経営再建を図るため、当社と協力して、不採算店舗の閉鎖および店舗建物の処分、全面的なコスト削減措置の実施、営業体制の抜本的な見直し、役員やその親族に対する報酬・給与の制限等を中心とした「合理的かつ実現性の高い経営改善計画」を策定しましたが、この計画の遂行のためには、内部管理体制や内部組織、それぞれの部署によるセグメント計画の策定、またそのモニタリング体制を整える必要があります。

　なお、当社に対する事業性評価は、経済産業省においては「事業分野別指針の概要について」の「小売業の実施事項例」にて、「規模別の整理」が示され、内部管理体制構築に役立てることができることを紹介しました。この「事業分野別指針の概要について」は、平成28年において、種々の業種の解説を担当する中央官庁が新情報を都度追加していますので、新バージョンをご参考にすることをお勧めします。

② **外部連携にふさわしい内部管理体制の構築……事例23（担保差入れのコベナンツ）、25（実抜計画と遂行）**

　代表者は会社が有事の際には、金融機関に会社のために私財を担保提供すること、また、中小企業再生支援協議会が支援した計画や予実差異に対する厳しい対応に対しては、内部管理体制の構築が必須になります。

事例 23

▼ **概況**

　債務者は、当金庫メイン先（シェア90％、与信額120百万円）。当地の代表的な老舗和菓子の製造販売業者で代表者は地元の有力者である。地元デパートでの販売の他、観光客を主な顧客とした多店舗展開（3店舗）を図っている。

▼ **業況**

　景気低迷の中、観光客相手の土産物を中心に売上が減少していることに加え、取引先の倒産の影響もあり、3期前から赤字転落、今期は債務超過に陥っている。

　当金庫は運転資金（手貸20百万円）のほか、店舗開業資金（証貸100百万円）に応需しているが、業績の悪化から約定返済が困難になったとして、代表者は不採算店舗の閉鎖や取引先の選別などによる黒字化を折り込んだ収支計画を策定し、当金庫に対して店舗開業資金の返済額を大幅に軽減（約60％減）し、かつ最終期日に元本しわ寄せ（当初借入の約50％）とする条件変更を要請し、当金庫も代表者の信用力等を勘案しこれに応じた。

　なお、代表者は、事業以外の負債は有しておらず、担保に提供していない土地等の遊休不動産（処分可能見込み額ベース）を50百万円程度有している。（当該遊休不動産に抵当権は付されていない。）

▼ **自己査定**

　当金庫は、売上の減少に伴う返済能力の低下は明らかであり、今後、短期間で条件変更前の状況に回復する見込みもないと判断されるものの、黒字化を折り込んだ収支計画等を勘案し、債務者区分は要注意先とした。

　しかしながら、店舗開業資金の条件変更については、担保不動産（処分

可能見込み額ベース）で６割保全されており、残りの４割についても、金庫は代表者は会社が有事の際には私財を提供する意思が確認できていることから、個人資産等も勘案すれば信用リスクは極めて低く算定されることから、貸出条件緩和債権に該当しないと判断している。

検証ポイント

担保・保証等で保全されている場合の貸出条件緩和債権（元本返済猶予債権）の取扱いについて

解説

1. 貸出条件緩和債権については、銀行法施行規則第19条の２第１項第５号ロ（４）において規定され、その具体的な事例は、中小・地域金融機関向けの総合的な監督指針において規定されている。
   中小・地域金融機関向けの総合的な監督指針では、元本返済猶予債権（元本の支払を猶予した貸出金）のうち、貸出条件緩和債権に該当するものとして「当該債務者に関する他の貸出金利息、手数料、配当等の収益、担保・保証等による信用リスク等の増減、競争上の観点等の当該債務者に対する取引の総合的な採算を勘案して、当該貸出金に対して、基準金利（当該債務者と同等な信用リスクを有している債務者に対して通常適用される新規貸出実行金利をいう。）が適用される場合と実質的に同等の利回りが確保されていない債権」が考えられるとしている。
2. 本別冊において述べられているとおり、中小・零細企業については、不動産担保などに加え、代表者は会社が有事の際には私財を提供する意思が確認できている場合には個人資産等も勘案することができると考えられることから、当該貸出金は最終的な回収には懸念はなく、信用リスクは極めて低い水準にあるものと考えられる。
3. したがって、本事例のように不動産担保等により保全されていることから信用リスクが極めて低い水準になるものと考えられる貸出金については、条件変更時の貸出金の金利水準が金融機関の調達コスト（資金調達コスト＋経費コスト）を下回るような場合を除き、原則として、当該貸出金については、貸出条件緩和債権（元本返済猶予債権）に該当しないものと判断して差し支えないものと考えられる。
4. なお、本事例のように黒字化を織り込んだ収支計画等が策定されている場合には、条件変更時の貸出金の金利水準が金融機関の調達コストを下回るような

場合であっても、収支計画等が合理的かつ実現可能性の高い経営改善計画の要件を満たしていれば、貸出条件緩和債権には該当しないものと判断して差し支えないと考えられる。

内部管理体制への着目

　当社は、当金庫メイン先（シェア90％、与信額：120百万円）であり、当地の代表的な老舗和菓子の製造販売業者で代表者は地元の有力者です。地元デパートでの販売の他、観光客を主な顧客とした多店舗展開（3店舗）を図っています。代表者は真面目で、外部からも内部メンバーからも、大きな信頼を得ています。代表者は、経営者としての資質が高く、従業員からの信頼も厚いことから、当社の内部管理体制はほぼでき上がっているように見えますし、各従業員の売上目標達成マインドも高く、全員が、「合理的かつ実現可能性の高い経営改善計画」の策定に携わって、その進捗状況も、皆でフォローしていく意欲が見えます。また、この代表者個人は、事業以外の負債は有しておらず、会社が有事の際には私財を提供する意思も確認できています。

　とはいいながら、景気情勢や外部環境によって、計画の達成ができないことも考えられますので、その時は、代表者は自分の個人資産を担保に差し入れる覚悟をしています。当社は、代表者と従業員によって、今後とも、この内部管理体制は保持できると思われます。

外部連携

　当社は、当地の代表的な老舗和菓子の製造販売業者で代表者は地元の有力者であり、当社の内部管理体制はほぼ整っていますが、借入れに関して、「不採算店舗の閉鎖や取引先の選別」「黒字化を織り込んだ収支計画の策定」「店舗開業資金の返済額を大幅に軽減し、最終期日に元本しわ寄せの条件変更」を、今後は行っていかねばなりません。そのためには、顧問税理士などの外部の専門家に、情報開示資料の策定や内部管理体制へのチェックを依頼することが必要に思われます。経営者の多くは、これらの情報開示資料の策定や、客観的な視点に裏付けられた内部管理体制の構築や維持は、独力ではなかなか難しいと思っていますので、これ

らの策定支援や実績フォローまた内部管理体制の継続支援など、外部専門家に連携を依頼することになりました。

事業の内容と成長可能性

当社は、当地の代表的な老舗和菓子の製造販売業者で、地元デパートでの販売のほか、観光客を主な顧客とした多店舗展開（3店舗）を図っています。当地の顧客に対するある程度の売上は予想できるものの、当地への観光客の増加やその土産品単価の引上げが見通せない限り、業績好転の実現可能性の高い計画を策定することはできません。

当金庫としては、ローカルベンチマークで推奨されているRESASの「観光マップ」に沿って、当社の売上予想を策定し、収益増加とキャッシュフローを算出しながら、まずは、既存の借入れの円滑な返済を固めることになりました。その後には、売上増加に伴って、新たな増加運転資金ニーズがあると考えて、その資金調達まで想定しています。そこで、当社には、商品別や店舗別の売上予想資料の提出まで求めることになっています。

仮に、ここでは、外国人観光客の動きを観光庁のデータから見て、「地方のみ訪問者」が多い北海道のRESASの「観光マップ・外国人消費花火図」を参考にするのも一策です。地域観光動向を加味して、当地への観光客の増加やその土産品単価の引上げを見通して、売上増加策を立てることで、計画の実現可能性も高まります。

2人に1人の観光客が東京・大阪大都市圏以外の地方を訪問

観光庁

- 平成26年の訪日外国人消費動向調査において、「観光・レジャー」目的客(以降、観光客と記載)の都道府県別訪問率を見ると、2大都市圏のみ訪問した観光客は44%なのに対し、地方を訪問した割合は56%を占める。また、地方のみを訪問した割合は28%であった。
- 2大都市圏と地方を訪問した観光客は中部地方への訪問率が高く、地方のみ訪問した観光客は北海道や九州、沖縄県への訪問率が高い。
- 今回のトピックス分析では、地方を訪れた観光客に焦点を当て、どこの地方を訪れているのかを把握するとともに、地方訪問者の客層や旅行中の活動などについて詳細分析を行う。

図表1 訪問地のタイプ

2大都市圏のみ訪問
- 首都圏のみ訪問 — 東京都・神奈川県・千葉県・埼玉県のいずれかのみ訪問
- 近畿圏のみ訪問 — 大阪府・京都府・兵庫県・奈良県のいずれかのみ訪問
- 首都圏と近畿圏のみ訪問

地方を訪問
- 2大都市圏と地方訪問 — 2大都市圏の両方あるいはいずれか一方と地方を訪問
- 地方のみ訪問

注1)上記の数値は、平成26年1-3月期・4-6月期・7-9月期・10-12月期の「観光・レジャー」目的の標本に対して国籍・地域別及び四半期別のJNTO訪日外客数によるウェイトバック処理を施して算出している。
注2)平成26年調査では、到着空港及び出国空港は都道府県の訪問地としてカウントしていない。

図表2 地方訪問率

- 地方のみ訪問 28%
- 首都圏のみ訪問 21%
- 2大都市圏のみ訪問 44%
- 地方を訪問 56%
- 近畿圏のみ訪問 17%
- 2大都市圏と地方訪問 28%
- 首都圏と近畿圏のみ訪問 7%

【2大都市圏と地方訪問者】

※2大都市圏都府県への訪問率は表示していない

0 1 5 10 20 30 (%)

【地方のみ訪問者】

0 1 5 10 20 30 (%)

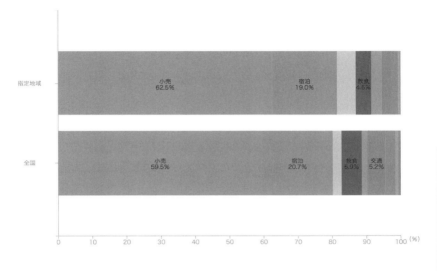

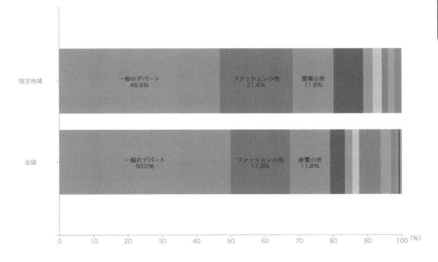

資金ニーズと融資判断の可否

　当金庫は運転資金（手貸20百万円）のほか、店舗開業資金（証貸100百万円）を融資していますが、昨今の業績の悪化から約定返済が困難になりました。代表者は不採算店舗の閉鎖や取引先の選別などによる黒字化を織り込んだ収支計画を策定し、当金庫に対して店舗開業資金の返済額を大幅に軽減（約60％減）し、かつ最終期日に元本しわ寄せ（当初借入の約50％）とする条件変更を要請してきました。当金庫も代表者の信用力や経営者の資質等を勘案し、これに応じました。

　しかしながら、当金庫は、当社は一行取引先であって経営支援に注力しなければならないと思い、ローカルベンチマークで推奨されているRESASにおける「観光マップ」を参考にして、当社が策定する「合理的かつ実現可能性の高い経営改善計画」の吟味を行い、事業の成長可能性に沿った資金支援も検討することになりました。もしも、当社の業容が拡大した場合、スムーズに資金支援・融資をすることができるためです。

　当社への融資は、担保不動産（処分可能見込額ベース）で6割保全されており、残りの4割についても、代表者は会社が有事の際には私財を提供する（自分の個人資産を担保に差し入れる）と言っています。このことで、信用リスクは低く算定されていますが、一般的には、当社の内部管理体制が正常であることが前提になります。そのためにも、当金庫としては、当社の内部管理体制については、常にモニタリングを続けていくことにしています。同時に、当社業績向上のために地域の顧客紹介や観光客情報を提供し、その後の信用貸出の残高を伸ばしたいとも思っています。

コメント

　当社の代表者は、会社に対する不動産担保などに加え、会社が有事の際には私財を提供する意思を持っていますし、その旨を金融機関にも伝えています。広義のコベナンツ（財務制限条項など）といえます。そのためには、当社は、「不採算店舗の閉鎖や取引先の選別」「黒字化を折り込んだ収支計画の策定」「商品別や店舗別の売上予想資料の提出」などを

実行するために、内部管理体制を整える必要があります。

　また、当金庫としては、当社の業績向上のために、地域の顧客紹介や観光客情報を提供したいと思っています。同時に、当金庫としても、当社が当地域においていかに発展をするべきかを描き、その方向に向けて行政や商工会議所・商工会とも情報交換を行って支援するかを検討するべきです。当社は、観光客を主な顧客とした多店舗展開（3店舗）を図っていますので、当金庫としては、RESASの「観光マップ・外国人消費花火図」などを使って、営業活動に役立つ情報提供もするつもりです。

事例 25

▼ 概況
　債務者は、当行メイン先（シェア65％、与信額：平成15年3月決算期500百万円）。ホテル業を営んでいる。

▼ 業況
　債務者は、地元では数少ない多彩な装置を有する結婚式場を併営するホテルとして、営業を行ってきたが、価格設定が高いこともあって、長引く景気の低迷や近郊への競合店の進出等により、売り上げ、利益とも伸び悩み、経営状況は大幅に悪化し、有利子負債も重く、財務状況が実質債務超過（350百万円）である。

　債務者は、中小企業再生支援協議会の支援のもと、ホテル業界に精通した中小企業診断士や公認会計士などの外部専門家も活用の上、計画実施に必要な全ての関係者の同意を得て、価格設定の全面見直し、外部委託費や人件費等の経費削減等による事業面、及び、地域の再生ファンドを活用した債務（260百万円）の株式化による債務圧縮や新たな資本の注入（50百万円）、既存借入金のリスケジュール（元金返済期間を2倍に延長）など財務面での改善による再建計画を策定し、これらの計画の実施により、5年程度で正常先となる見込みである。

▼ 自己査定
　当行としては、元金返済期間を延長しているものの、中小企業再生支援協議会の支援のもと作成された、実現性の高い抜本的な経営再建が開始さ

れている（中小・地域金融機関向けの総合的な監督指針Ⅲ－4－9－4－3（2）、③.ハ）と判断しており、当該経営再建計画に基づく貸出金は貸出条件緩和債権には該当せず、債務者区分については、その他要注意先としている。

検証ポイント
経営再建計画に沿った経営再建が見込まれる場合の貸出条件緩和債権の取扱いについて（いわゆる卒業基準）

解　説
1. 貸出条件緩和債権については、銀行法施行規則第19条の2第1項第5号ロ(4)において規定され、その具体的な事例は、中小・地域金融機関向けの総合的な監督指針において規定されている。

    また、中小・地域金融機関向けの総合的な監督指針では、過去に債務者の経営再建又は支援を図ることを目的として貸出条件の緩和を実施した貸出金であっても、金融経済情勢等の変化により新規貸出実行金利が低下した結果、又は当該債務者の経営状況が改善し信用リスクが減少した結果、当該貸出金に対して基準金利が適用される場合と実質的に同等の利回りが確保されていると見込まれる場合、又は当該債務者の債務者区分が正常先となった場合には、貸出条件緩和債権には該当しないこととされている。

    特に実現性の高い抜本的な経営再建計画に沿った金融支援の実施により経営再建が開始されている場合には、当該経営再建計画に基づく貸出金は貸出条件緩和債権には該当しないものとされており、債務者が中小企業である場合の取扱いは、金融検査マニュアル別冊〔中小企業融資編〕（5.貸出条件緩和債権（2）貸出条件緩和債権の卒業基準ニ.）を参照することとされている。

2. 本事例については、
   ① 中小企業再生支援協議会の支援のもと、売上高、費用及び利益等の予想等の想定が十分厳しいものとなっていること
   ② 当該経営再建計画の実施により概ね5年後には、当該債務者の債務者区分が正常先となることが見込まれること

   等、中小・地域金融機関向けの総合的な監督指針Ⅲ－4－9－4－3（2）、③.ハの要件を満たしていると考えられることから、貸出条件緩和債権には該当しないものと考えられる。

3. 今後、経営改善計画の進捗状況が計画を大幅に下回った場合には、合理的か

つ実現可能性の高い経営改善計画の要件を満たすように計画の見直しを行わない限り、再び貸出条件緩和債権となることも考えられるので、経営改善計画の進捗状況についても、引き続き、検証する必要がある。

　なお、中小企業再生支援協議会の策定支援した計画の実施状況については、一定期間経過後に専門家によるモニタリングを行うことになっており、計画の実施をより確実なものにするため、その後のモニタリング状況の調査結果の検証も重要である。

内部管理体制への着目

　当社は、中小企業再生支援協議会の支援のもと、ホテル業界に精通した中小企業診断士や公認会計士などの外部専門家も活用のうえ、計画実施に必要なすべての関係者の同意を得ました。そして、価格設定の全面見直し、外部委託費や人件費等の経費削減等による事業面、および、地域の再生ファンドを活用した債務（260百万円）の株式化による債務圧縮や新たな資本の注入（50百万円）、既存借入金のリスケジュール（元金返済期間を2倍に延長）など財務面での改善による再建計画を策定し、これらの計画の実施により、今後、5年程度で正常先となる見込みになっています。

　この計画は、専門家集団があらゆる角度から十分検討した、正に実現可能性の高い抜本的な経営改善計画（実抜計画）ですから、企業としては相当な覚悟で実行に注力しなければなりません。内部管理体制においても、売上高、費用および利益等の計画値の実現に向けてその構築を図らなければなりません。特に、この計画の実施によりおおむね5年後には、当社の債務者区分が正常先となるように努力することになっています。これは、一般的には、かなり高目の球であり、企業としては、営業ばかりではなく、内部管理体制の失敗も許されないものです。ついては、中小企業再生支援協議会やその承認を得た中小企業診断士や公認会計士などの外部専門家によって、今後の当社の内部管理体制は、確実な運用に向けて、モニタリングされることになると思います。

外部連携

　当社は、前述したように、中小企業再生支援協議会の支援のもと、計画を策定します。一般的には自社内部で策定する経営改善（再建）計画に比べ、この協議会支援で策定する計画は、今後の売上高、費用および利益等の想定が財務DD（デューデリ）・事業DDなどを厳格に行うため、企業自身の内部管理体制をしっかり行わなければ、その実現可能性は厳しいものになります。また、その経営再建計画もおおむね5年後には、債務者区分が正常先となるように努力しなければなりません。経営再建計画作成後も、その計画の実施状況については、一定期間経過後に専門家によるモニタリングを行うことになっており、計画の実施をより確実なものにするため、その後のモニタリング状況の調査結果の検証も重要です。

　今後における当社の業績や内部管理などについては、専門家によるチェックが必須になり、専門家との外部連携を経営に組み込む必要があります。

事業の内容と成長可能性

　当社の事業内容は、ホテル事業と結婚式場業務であり、今後は、ホテル事業に特化していくものと思われます。当社の事業内容や成長可能性については、中小企業再生支援協議会の支援によって策定した経営改善計画や、最近のローカルベンチマークの指標検討や対話を重んじて、その方向性を決めるべきです。

　ホテル事業は、その地域への観光客や出張客の動向が重要ですので、仮に、その地域が静岡県沼津市であるならば、以下のRESASの観光マップの「From-to分析」で、当ホテルの休日対策を行い、また、平日対策は、「滞在人口率」によって、出張客対策を企画することになると思います。

静岡県沼津市 休日
都道府県 → 市区町村

滞在人口合計：352,000人（滞在人口率：1.74倍）
(国勢調査人口：202,304人)

滞在人口 / 都道府県外

(都道府県単位)
2015年

28,400人
地域外割合8.0%

滞在人口/都道府県外ランキング 上位10件

- 1位 神奈川県 11,100人 (39.0%)
- 2位 東京都 7,000人 (24.6%)
- 3位 山梨県 2,700人 (9.5%)
- 4位 埼玉県 1,900人 (6.6%)
- 5位 愛知県 1,700人 (5.9%)
- 6位 千葉県 1,400人 (4.9%)
- 7位 長野県 500人 (1.7%)
- 8位 茨城県 300人 (1.0%)
- 9位 三重県 300人 (1.0%)
- 10位 群馬県 300人 (1.0%)
- その他 1,200人 (4.2%)

滞在人口月別推移

静岡県沼津市 2015年
(国勢調査人口：202,304人)

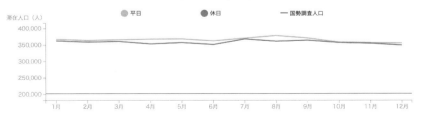

165

経営改善計画はしっかり実行することや、おおむね5年後に債務者区分を正常先にすること、また、新規の借入れは極力行わないというようなことは当社としては、順守するべきです。とはいうものの、企業は生き物ですから、外部環境や内部環境は大きく変化することもありますし、経営陣も変わるかもしれません。要は、企業を再生することがポイントですから、その時・その場での柔軟な対応が大切になります。事業内容・成長可能性は、柔軟に考え、当社はメイン銀行や中小企業再生支援協議会、税理士などの専門家とは、情報交換を密に行うべきで、モニタリングは極めて重要になります。その変更においては、やはり、RESASなどの外部情報による理由づけも重要です。

資金ニーズと融資判断の可否

　当社が、窮境に至った原因は、地元では数少ない多彩な装置を有する結婚式場を併営するホテルとして、設備投資などに資金投入をしたものの、長引く景気の低迷や近郊への競合店の進出等により、売上、利益とも伸び悩んだことです。これに対して、中小企業再生支援協議会の支援のもと、ホテル業界に精通した中小企業診断士や公認会計士などの外部専門家によって、今後の対策を講じ、おおむね5年後には、当該債務者の債務者区分が正常先となることが見込まれる経営改善計画を策定しました。当然ながら、その計画策定プロセスにおいて、当社内では、充分な検討がなされ、売上高、費用および利益等の想定は十分厳しいもので、少なくとも5年間はこの計画を励行しなければなりません。そのために、内部の組織変更や部門別計画策定・モニタリング報告態勢、また中小企業再生支援協議会や金融機関への情報開示方法など、内部管理体制もしっかり固めておく必要があります。

　特に、債務の株式化による債務圧縮260百万円と新たな資本の注入50百万円の合計310百万円の実質的な返済軽減がなされていることから、キャッシュフローについては十分に検討し、急な追加融資の変更などは極力防止し、これから5年間に、正常先の債務者区分を目指さなければなりません。

　とはいっても、その間に資金ニーズが発生するかもしれませんので、

債務者区分や開示債権で拘束から解放されたメイン行や中小企業再生支援協議会と十分情報交換を行って、是々非々とはなりますが、やむを得ない時は、まずはメイン銀行から支援を受けるべきです。

> **コメント**

　中小企業再生支援協議会の支援のもと、売上高、費用および利益等の想定が厳しい計画を策定し、この計画は確定しています。計画は、専門家集団があらゆる角度から十分検討した「実現可能性の高い抜本的な経営改善計画（実抜計画）」ですから、企業としては相当な覚悟で実行に注力しなければなりません。中小企業再生支援協議会の絡んだ計画の実施状況については、一定期間経過後に専門家によるモニタリングを行うことになっており、その後のモニタリング状況の調査結果の検証も行われます。

　ということで、内部管理体制は十分に整え、計画遂行に対して、予実差異が生じた時は当社としては直ちに対策を講じることが重要です。

　なお、売上については、外部環境に左右されますので、RESASの観光マップの「From-to分析」や「滞在人口率」などによって、フォローすることも大切です。

5 地域の経済・産業の把握

① 地域の雇用維持・増加等支援……事例15

事例 15

▼ **概況**

債務者は、当行メイン先（シェア80％、与信額：平成13年3月決算期2,000百万円）。地場の土木建設業者である。

▼ **業況**

官庁工事主体（約70％）に取り組んでいるが、公共事業の低迷などから受注高が減少し、売上（前期 2,000百万円）は前期比横ばいとなっている。当期利益は、バブル期に傾斜した株式投資の失敗による借入負担もあり毎期わずかな黒字（毎期3百万円程度）を計上している。ただし、当該株式等の含み損を加味すると実質債務超過額は多額（800百万円）なものとなっている。当行の貸出金は手貸、証貸とも金利のみの支払いで期日一括返済を繰り返しているなど、元本返済猶予状態である。

▼ **自己査定**

当行は、自己査定において、①金利は支払ってもらっていること、②投資株式は全て担保として徴求しており、今後、株式価格が好転した銘柄から徐々に処分して回収を図る方針であること、③長年の取引先であり、当行メイン行であり今後も引き続き支援方針であることから、要注意先（その他要注意先）としている。

検証ポイント

支援の意思と再建の可能性について

解 説

1. 一般的に、業況不振、財テク失敗などによる実質大幅債務超過の状態や、実質的な元本の延滞状態に陥っている債務者は、経営難の状態にあると考えられ、破綻懸念先の債務者区分に相当する場合が多いと考えられる。
2. 一方で、金融機関によっては本事例のように、業況が相当悪化している中に

あっても、メイン行ということや、長年の取引先であり金融支援を続けていく方針ということにより債務者区分を行っている場合がある。

しかしながら、金融機関の支援の意思というものは、債務者の実態的な財務内容や収益性、貸出条件及びその履行状況等をもとに再建の可能性の有無を金融機関として検討した結果得られるものであって、支援の意思のみをもって債務者区分の判断を行うことは適当ではないと考えられる。

3．したがって検査においては、金融機関側が債務者の再建の可能性の有無をどのように捉えているのか確認する必要がある。

特に、中小・零細企業等の債務者区分の判断に当たっては、債務者に詳細な経営改善計画等を求めることは困難な点もあるが、債務者を取り巻く厳しい経営環境を前提に、単に株価の好転のみに期待することなく、有価証券の処理方針や企業再建の可能性について金融機関がどのように債務者の実態を把握しているかについて十分確認する必要がある。その際、重要となる点は、本業の収益力の見通しであり、そのためには、現行の手持ち工事の状況、過去の実績に照らした今後の受注見込等に基づく今後の収支見込を把握する必要がある。

また、業況が相当悪化している場合、他の金融機関の貸出金の履行状況についても確認する必要がある。

上記のような検討の結果、今後の本業による収益見込や個人資産等を総合的に勘案し、経営再建の可能性が高いと判断されるならば、要注意先（その他要注意先）に相当する可能性が高いと考えられる。

地域の経済・産業の把握

当社は、地場の土木建設業者で、官庁工事主体（約70％）に取り組んでいます。この地域では、売上20億円は大手企業で、コネクター・ハブ企業（地域外とも取引のある取引集中企業）といえる企業であり、当地の雇用維持・拡大や下請け企業活性化にとって、リード企業といえるものです。

地域金融機関としても、長年のメイン取引先であり、地域活性化のために支援を続けなければならない企業で、今後も引き続き「エリア審査（リレバン審査：リレーションシップバンキング審査）」の観点からも、支援を続けたい先です。

今後の地域金融機関は、融資対象を一つの企業に限定して判断するの

ではなく、地域全体を一つの融資対象と考え、融資判断は、その企業と地域における一つの機関（企業）として対応することになると思います。たとえば、その企業がなくなることで、雇用や仕入先また販売先が消滅することなど、地域全体にとって大きな痛手になる場合は、地域金融機関は、その企業の地域における存続の意義を確認して、企業を支え続けることが必要です。地域金融機関にとっても、地域の企業や住民がいなくなることは、長期的には、地域の衰退を招き、連れて自行庫の存立基盤を取り崩してしまうことになるのです。

　話を戻しますが、当社は、この地域にとって、なくてはならない企業であり、関連する雇用や仕入先・販売先は当地域に大きく貢献しています。

　たとえば、岐阜県飛騨市（アニメ「君の名は。」の舞台のひとつ）の地域のRESASでは、「産業マップ・全産業花火図」の建設業・総合工事業の従業員は、以下に示すとおり、全体で635人です。もしも、当社がこ

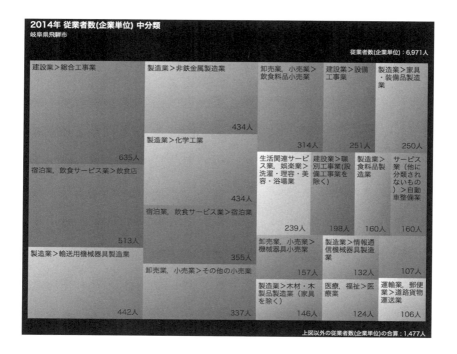

こにあった場合は、地域金融機関は地域のためにこの事例のように、存続施策を講じると思われます。

　金融機関の融資審査は、従来は、個別企業の財務力や非財務力そして経営力の評価のみに重点を置いて見てきましたが、今後は、その企業の「地域の経済・産業への貢献度」「地域における役割」についても見ていくことになると思います。ローカルベンチマークの第一段階の「地域の経済・産業の現状と見通しの把握」は、今後の金融機関の融資審査（事業性評価融資審査）と同様に、関係者相互の対話の前提になる内容ですから、重点を置く判断プロセスになると思われます。

外部連携

　当社は、金融機関にとっては、メイン先であり、平成13年3月決算期では2,000百万円もの融資先です。そのために、この金融機関としても、「①今後とも、金利は支払ってもらえるのか、②投資株式は全て担保として徴求しているが、今後、株式価格が好転しない場合は、どのようにして与信を回収していくべきか、③長年の取引先であり、当行メイン行であるが、今後も引き続き支援方針を続けられるか」という課題を解決していかなければなりませんし、上記のように、「地域の経済・産業への貢献度」「地域における役割」も判断しなければなりません。

　このような業績不振の企業に対する大きな融資の場合は、金融機関の融資担当者は、経営のコンサルティングを行いながら融資返済の勧奨も行うというように、金融機関と融資先の間で、「利益相反関係」になってしまうことがあります。また、「情報の非対称性の回避」のために、企業からは、「客観的な見地からの情報開示資料の提供」を受けなければなりません。このように、業績不振の企業に対する大きな融資の時は、金融機関の担当者は、種々の制約を受けます。

　このようなケースでは、企業サイドに客観的な立場の税理士などの専門家が必要になりますし、その専門家との円滑な外部連携が求められます。

事業の内容と成長可能性

　債務者は、当行メイン先（シェア80％、与信額：平成13年3月決算期

2,000百万円）。当社は、地場の大手の土木建設業者であり、地域金融機関としても融資審査は、当社の決算書などから受ける財務情報・非財務情報ばかりではなく、地方公共団体や業界他社からの情報による、金融機関の当社に対する独自の評価が必要になります。

かつては、金融機関は、財務情報・非財務情報の個別の企業情報で、融資判断を決めていましたが、今後は、地域における企業の貢献・役割からも、融資判断を行わなければならなくなります。特に、その企業の事業内容や成長可能性が明確で、地域への貢献や寄与が大きい場合は、多くの場合、支援を続けることが必要になります。

金融円滑化法終了後も多くの企業が返済猶予の状況にありましたが、これは、地域における企業の貢献・役割から、金融機関が返済延期の融資判断を行っていたのかもしれません。なかでも、その企業の事業内容や成長可能性が、地域への貢献や寄与として大きい場合は、多くの金融機関は、あえて、返済期日を延期し続けたものと思われます。

このことは、RESASの産業マップの「企業別花火図－地域中核企業」の様式で示すことができれば、より明確になります。

※　帝国データバンクの「企業間取引情報」は、売上高、資本金、従業員数等で企業を絞り込んだうえで、コネクター度、ハブ度、雇用貢献度、利益貢献度という4要素の重視する割合に応じ、地域の企業を上位・下位50社までリストで表示することで、地域経済を支える「地域中核企業」候補を把握することで、どこの企業を重点的に支援していくかの検討に役立ちます。

資金ニーズと融資判断の可否

当社は、地場の土木建設業者であり、官庁工事主体（約70％）に取り組んでいます。当社のような企業の資金繰りについては、国や県などの公共事業の予算が通り、実際に入金がある4～5月までの間、一般的には、従業員の給料や下請企業への支払い、また、工事資材の仕入代金が払えず、多くの土木建設業者は立替え資金のニーズが生じてしまいます。例年、1月から4月までの間がどうしても手元資金が少なくなってしまいますので、金融機関への資金借入れニーズが発生します。

しかし、当社の当期利益はバブル期に傾斜した株式投資の失敗による借入負担もあり、毎期わずかな黒字（毎期3百万円程度）を計上しているに過ぎず、株式等の含み損を加味すると実質債務超過額は多額の800百万円にも及びます。そこで、この金融機関の貸出金は手貸、証貸とも金利のみの支払いで期日一括返済を繰り返しているなど、元本返済猶予状態です。これでは、返済財源は国や県などからの入金と明らかであり、短期3〜4ヵ月のつなぎ資金があろうとも、担保がなければ、なかなか、金融機関には融資してもらえません。

　そのために、当社の下請企業や仕入先に対しては、支払いを待ってもらうことが多くなります。このことは、下請企業や仕入先も同様で、その支払先の企業などへの入金を待ってもらっています。ほとんどの企業が、地場の企業であり、結局、地域の企業の資金繰りが悪くなり、多くの企業の支払いが遅れ苦慮することになってしまいます。このように、土木建設業者に短期の立替え資金融資ができないと、地域全体の活気がなくなり、関連企業などの活気がなくなってしまうことが多々あります。

　このような短期間の資金繰り補填に対する融資ニーズはあるものの、返済猶予を行っている企業などには、地域金融機関も本部・審査部などの承認が得られず、現在の融資残高以上には融資ができないようです。したがって、中小企業に対する、短期のつなぎ資金の融資がなかなか難しくなっているようです。

　この問題を解決するためには、返済猶予先であっても、毎年の入金実績があり、受注の契約書があるならば、地域金融機関は短期の融資を積極的に実行することがポイントです。

　ただし、多くの中小企業は複数行取引をしていますから、金融機関としては、一枚の受注契約書で多くの金融機関から融資を受けるのではないかと、疑心暗鬼になっているようです。また、金融機関も、一枚の受注契約書に対して、全額の融資をしない場合は、不足金額を他の金融機関から融資を受けるように勧めるばかりではなく、その全額の資金調達の成否についてフォローするべきです。もしも、他行の資金調達が難しい場合は、再度、自行庫による支援を検討するべきです。企業と金融機

関の相互信頼が、重要になるのです。この資金支援は、金融仲介機能ベンチマークでは、「迅速なサービスの提供等顧客ニーズに基づいたサービスの提供」の項目において「運転資金に占める短期融資の割合」を増加させようという趣旨に沿うことであり、今後の金融機関の必須事項です。

　金融機関と融資企業の間において、どうしても信用短期融資支援などの相互信頼が構築できないような時は、税理士などの専門家に間に入ってもらって、相互に納得できる情報開示資料のやり取りを行うなど、短期間の資金ニーズを短期融資で賄う工夫を行うことも大切です。

コメント

　今後の地域金融機関は、融資対象を一つの企業に限定して判断するのではなく、地域全体を一つの融資対象と考えることが大切です。融資判断は、その企業は地域における一つの機関（企業）として、地域貢献の視点で見るべきです。たとえば、その企業がなくなることで、雇用や仕入先また販売先が消滅することなど、地域全体にとって大きな痛手になる場合は、地域金融機関は、その企業を支えることが必要になると思います。当然、企業の財務・非財務情報で見ることは重要ですが、地域金融機関にとっても、地域の企業や住民がいなくなることは、長期的には、地域の衰退を招き、連れて自行庫の存立基盤を取り崩してしまうことになるのです。

　たとえば、岐阜県飛騨市のケースで見たように、RESASの「産業マップ・全産業花火図」における建設業・総合工事業の従業員をこれ以上減らすことは地域活性化に逆行することになります。もしも、この事例の企業が飛騨市にあった場合は、地域金融機関は地域のために、当社の存続施策を講じると思われます。

　このことは、RESASの産業マップの「企業別花火図－地域中核企業」の様式で示すことによって、説得力が高まります。

② 地域産業の活性化支援……事例14、22（信用保証協会）

事例 14

▼ **概況**
債務者は、当組合メイン先（シェア100％、与信額：80百万円）。スキー場の周辺でスキー客を主な顧客とするロッジを経営している。

▼ **業況**
近年、ロッジの老朽化等から宿泊客が減少したことにより、連続して赤字を計上し債務超過に陥っている状況にある。

当信組は、開業資金に応需しているが、3年前に業績悪化から約定返済が困難になったとして、債務者から貸出金について返済条件の緩和（元本返済猶予）の申出を受けた。

これに対し、当信組は今後の収支計画の策定及び提出を求め、代表者は宿泊客の減少を食い止めるために、ロッジの増改築や新たな顧客獲得のための宣伝活動等による5年後の黒字化、債務超過解消を折り込んだ収支計画を策定、提出した。

策定した経営改善計画を実行した結果、1年目、2年目の実績は計画比9割程度達成したが、3年目の今期、暖冬に加えスキー場の人工降雪機の故障も重なったことから、スキー場はほとんど営業することができず、ロッジの経営もその影響を受けたため、売上高は計画比で3割程度しか達成できず、返済キャッシュフローについてはほとんどない状態である。なお、来期からスキー場では最新の人工降雪機を導入する予定である。

▼ **自己査定**
当信組は、今期は計画比3割程度の達成であったが、今後、スキー場も従来どおりの営業が見込まれることから、ロッジの経営も安定的に推移し、計画比8割以上を達成する可能性が高いことを踏まえ、要注意先（その他要注意先）としている。

なお、今期の低迷により当初の計画期間は2～3年程度延びることになる。

検証ポイント
　外部要因による一時的な影響により経営改善計画を下回った場合について
　解　説
1. 例えば、売上減少などにより大幅な債務超過が継続している債務者が、経営改善計画等を作成していても、その後の経営改善計画の進捗状況が計画どおり進んでいない場合には、経営破綻に陥る可能性が高いとして、破綻懸念先に相当する場合が多いと考えられる。

　　しかしながら、経営改善計画等の進捗状況の検証を実施するに当たっては、計画の達成率のみをもって判断するのではなく、計画を下回った要因について分析するとともに、今後の経営改善の見通し等を検討する必要がある。

2. 本事例の場合、暖冬に加え人工降雪機の故障なども重なったことから、スキー場はほとんど営業することができず、その影響からロッジの経営も計画比３割程度と大幅な未達となったが、１年目、２年目は計画比で９割程度の実績で推移していること、また、来期からスキー場では最新の人工降雪機を導入し、暖冬の際にも対応できる対策をとっていることから、来期以降は、計画比で８割以上の達成が見込まれる状況である。

　　よって、今期は計画比で大幅な未達となり、当初の経営改善計画自体は今期の低迷により、計画期間が２～３年程度延びることになったが、そのことをもって直ちに破綻懸念先とはならず、来期以降、計画に沿って業況が安定的に推移し改善が見込まれるならば要注意先（その他要注意先）に相当する可能性が高いと考えられる。

3. なお、中小・零細企業等の事業計画は、企業の規模、人員等を勘案すると、大企業の場合と同様な精緻な経営改善計画等を策定できない場合がある。債務者区分の判断に当たっては、今後の業況見通しや借入金の返済能力の判断について、事業計画の達成状況や計画期間の延長のみではなく、例えば、本事例のように、事業計画どおり進んでいない原因を分析し、今後の債務者の収支見込等が、現実的なものかを判断する必要がある。

地域の経済・産業の把握

　当社は、当組合メイン先（シェア100％、与信額：80百万円）で、スキー場の周辺でスキー客を主な顧客とするロッジを経営しています。

　今期は３年目ですが、暖冬に加えスキー場の人工降雪機の故障も重な

ったことから、スキー場はほとんど営業することができず、ロッジの経営もその影響を受けたため、売上高は計画比で3割程度しか達成できず、返済キャッシュフローについてはほとんどない状態になりました。今期は計画比で大幅な未達となり、当初の経営改善計画自体は今期の低迷により、計画期間が2～3年程度延びることになりました。

当組合のテリトリーには、スキー場に来るスキー客を主な顧客とするロッジを経営する企業等が多く、正に、当社は地場産業と言えます。したがって、このロッジを経営する企業に対しては、地域金融機関は地域産業の振興という観点から、支援を行う必要があります。

同様に、当地区のロッジを経営する他の企業に対しても、当組合は柔軟な対応をしています。

外部連携

暖冬とスキー場の人工降雪機の故障（来期に最新の人工降雪機を導入することになっている）は、本年だけの不可抗力とみなすことができます。しかし、金融機関の本部に、その実態を理解してもらうためには、金融機関の支店担当者でもまた借り手企業でもない第三者が報告することが、説得力となります。具体的には、このスキー場のロッジの多くに関与する税理士などの専門家が策定する情報開示資料があることが、金融機関の担当者としては有難いことになります。

当組合などの金融機関としては、債務者を経由して、税理士などの専門家と外部連携が組めることを求めると思います。

事業の内容と成長可能性

当社にとって、今期の暖冬やスキー場の人工降雪機の故障は異常事態であるものの、通常の年においても、業績は好調とはいえません。当社としては、宿泊客の減少を食い止めるために、ロッジの増改築や新たな顧客獲得のための宣伝活動等により、独自の対策を講じなければなりません。

そこで、当社は、他のスキー場のロッジと同様に、春から夏・秋にかけて宿泊客の増加策を企画しました。当組合に依頼して、「RESASの観光マップ」の「滞在人口率分析」「目的地分析」などのデータを一緒に検

討して、対策を相談するようにしました。たとえば、新潟県湯沢市のケースでは以下のとおりです。

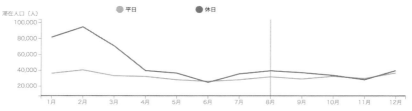

滞在人口月別推移

新潟県湯沢町 2015年
（国勢調査人口：8,396人）

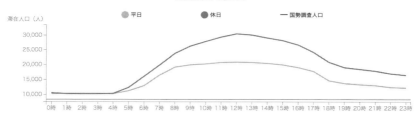

滞在人口時間別推移

新潟県湯沢町 2015年
（国勢調査人口：8,396人）

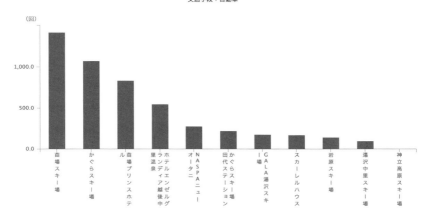

　同時に、当社は、市町村や当組合に働きかけて、周辺の宿泊施設と連携して、集客イベントや夏場の避暑観光客また学生の合宿の誘致を企画することにしています。

　このように、当社としては、周辺の宿泊施設と連携しながら、地域の金融機関や行政と組んで、観光業・宿泊業の成長可能性を高める努力を行っています。

資金ニーズと融資判断の可否

　当社は、近年、ロッジの老朽化等から宿泊客が減少したことにより、連続して赤字を計上し債務超過に陥っている状況にありました。そこで、当信組は、開業資金として3年前に融資した貸出を、業績悪化から約定返済が困難になったということで、債務者から返済条件の緩和（元本返済猶予）の申出を受けました。これに対し、当信組は今後の収支計画の策定および提出を求めました。代表者は宿泊客の減少を食い止めるために、ロッジの増改築や新たな顧客獲得のための宣伝活動等による5年後の黒字化、債務超過解消を折り込んだ収支計画を策定し提出しました。

　この経営改善計画を実行した結果、1年目、2年目の実績は計画比9

割程度達成しましたが、3年目の今期、暖冬に加え、スキー場の人工降雪機の故障も重なったことから、スキー場はほとんど営業することができず、ロッジの経営もその影響を受けました。売上高は計画比で3割程度しか達成できず、返済キャッシュフローについてはほとんどない状態でした。しかし、暖冬とスキー場の人工降雪機の故障（来期に最新の人工降雪機を導入することになっている）は、本年だけの不可抗力とみなすことができますので、当組合の支援姿勢は変わらないと思います。

ただし、近年、ロッジの老朽化等から宿泊客が減少し、連続して赤字を計上し債務超過に陥っていること、また、3年前に業績悪化から約定返済が困難になったことに対しては、当社独自の問題であり、今期の暖冬やスキー場の人工降雪機の故障とは分けて、当組合と交渉する必要があります。

とはいいながら、当組合は、RESASの観光マップの情報に加え、すべてのロッジが同時にアゲンストの風を受けましたので、当面は、全ロッジに対して「エリア審査（リレバン審査）」の支援方針で臨むつもりです。当社としては、今期の暖冬やスキー場の人工降雪機の故障という異常事態はどこのロッジも一律に経験したことであるから、この事態が生じる前を想定して、当社自身でできる業況回復策を講じるつもりです。

コメント

　当組合のテリトリーには、スキー場へのスキー客を主な顧客とするロッジを経営する企業等が多くあります。まさに、当社は地場産業の一つといえます。しかし、計画策定後の3年目、暖冬とスキー場の人工降雪機の故障（来期に最新の人工降雪機を導入することになっている）で、売上高は計画比3割程度に落ち込んでしまいましたが、これは、本年だけの不可抗力とみなすことができます。したがって、当組合はこのロッジを経営する企業に対しては、地域産業の振興という観点から、支援を行う方針になりました。

　同時に、当社は、金融機関における中小企業支援ネットワークの考え方に沿って、市町村や当組合に働きかけて、周辺の宿泊施設と連携して、

集客イベントや夏場の避暑観光客また学生の合宿誘致をする企画を提案することにもなりました。周辺の宿泊施設と連携しながら、地域の金融機関や行政と組んで、観光業・宿泊業の成長可能性を高める努力を行っていくつもりです。これも、当組合から出された、「RESASの観光マップ」の「滞在人口率分析」「目的地分析」などのデータが、皆の背中を押してくれたのです。

事例 22

▼ 概況

債務者は、当組合メイン先(シェア90%、与信額:平成13年3月決算期75百万円)。中小出版社を主な取引先とする製本業。代表者とその妻、及び代表者の妹の3人で営む個人事業。当組合とは、代表者が大手製本業者から独立開業して以来5年の取引歴を有する。

当組合は、開業時に工場建設や機械取得等の開業資金に応需し取引を開始した。(証貸100百円、期間20年、金利3.5%、全額信用保証協会保証付)

▼ 業況

開業後、手堅い仕事振りが認められ除々に取引先を開拓し順調に推移してきたが、最近の景気低迷や若者の活字離れなどから、受注の減少や受注単価の切り下げによる採算割れの仕事の増加から、売上は2期連続低下し、最近は預金の取り崩しや妻、妹の給与などの切り詰めにより、返済資金を賄ってきた。

しかしながら、ここに来ての売上の減少による資金繰り悪化には勝てず、6年目からの返済金額を軽減し最終返済期限を当初約定よりさらに10年延長する条件変更を組合に要請してきた。(金利は据え置き)

組合、信用保証協会も代表者のこれまでの取引振り等を勘案しこれに応じた。

▼ 自己査定

当組合は、売上の減少に伴う返済能力の低下は明らかであり、今後短期間で条件変更前の状況に回復する見込もないと判断されることから、債務者区分は要注意先とした。

しかしながら、証貸は全額信用保証協会保証付貸出金であることから、貸出条件緩和債権に該当しないと判断している。
　　なお、当組合は信用格付に基づくリスク管理態勢が未整備のため、中小・地域金融機関向けの総合的な監督指針で示されている基準金利に基づいて貸出条件緩和債権（元本返済猶予債権）の判定を行っていない。

検証ポイント

信用保証協会保証付貸出金に対し期限延長を行った場合の貸出条件緩和債権（元本返済猶予債権）の取扱いについて

解　説

1．貸出条件緩和債権については、銀行法施行規則第19条の２第１項第５号ロ（４）において規定され、その具体的な事例は、当庁の中小・地域金融機関向けの総合的な監督指針において規定されている。
　　中小・地域金融機関向けの総合的な監督指針では、元本返済猶予債権（元本の支払を猶予した貸出金）のうち、貸出条件緩和債権に該当するものとして「当該債務者に関する他の貸出金利息、手数料、配当等の収益、担保・保証等による信用リスク等の増減、競争上の観点等の当該債務者に対する取引の総合的な採算を勘案して、当該貸出金に対して、基準金利（当該債務者と同等な信用リスクを有している債務者に対して通常適用される新規貸出実行金利をいう。）が適用される場合と実質的に同等の利回りが確保されていない債権」が考えられるとしている。
　　これは、返済期限の延長が行われた場合、条件変更時の金利が、債務者と同等の信用リスクを有している債務者に通常適用される新規貸出実行金利を下回っているならば貸出条件緩和債権（元本返済猶予債権）に該当するというものである。
2．しかしながら、本事例のような信用保証協会保証付貸出金については、信用保証協会が公的信用保証機関であることから、通常、回収に懸念はなく信用リスクは極めて低いものと考えられ、当該貸出金に係る新規貸出実行金利水準は、基本的に極めて低い水準にあるものと考えられる。（信用リスクコストを加味する必要性が極めて低いため。）
　　したがって、信用保証協会保証付貸出金については、条件変更時の貸出金の金利水準が金融機関の調達コスト（資金調達コスト＋経費コスト）を下回るような場合を除き、原則として、当該貸出金については、貸出条件緩和債権（元

本返済猶予債権）に該当しないものと判断して差し支えないものと考えられる。

なお、このような取扱いは、貸出金が保証や担保によりフル保全されている貸出金についても、原則として、適用されるものと考えられる。

地域の経済・産業の把握

当社は、中小出版社を主な取引先とする製本業で、当組合メイン先（シェア90％、与信額：平成13年3月決算期75百万円）です。現在は、代表者とその妻、および代表者の妹の3人で営む個人事業ですが、この代表者は大手製本業者から独立開業していますので、製本の最新技術や優良取引先のネットワークを持っています。特に、首都圏や大阪・名古屋などの大都市においては、当社の属する印刷・同関連業は集積し、中心業種になっています。

しかし、毎年、減少傾向にあり、技術や販売チャネルに特徴がない場合は、なかなか同業者との競争においては苦戦を強いられます。とは言っても、転廃業する企業のマーケットを取り込んで生き残っている企業も多々あります。

外部連携

当社の代表者は、大手製本業者から独立開業して、製本の最新技術や優良取引先のネットワークは持っていますが、最近の景気低迷や若者の活字離れなどから、受注の減少や受注単価の切下げによって、採算割れの仕事の増加から、売上は2期連続低下しています。今までは、目先の注文を捌くことに忙殺され、代表者の技術力や販売のネットワークを生かすことができませんでした。

今後は、顧問先の税理士が地場産業である製本業の経営ノウハウを有していることから、経営指導を受けながら、代表者は、大手製本業者にいた頃に培った技術力を生かし、販売チャネルを活用することにしました。同時に、この外部連携を活かして、行政の種々の中小企業支援策も活用して、積極経営を進めることにしています。

事業の内容と成長可能性

　開業後、手堅い仕事振りが認められ除々に取引先を開拓し順調に推移してきましたが、当社は中小出版社を主な取引先とする製本を主な業務としていますので、売上はそれほど伸びていきませんでした。中小出版業は出版不況にありますし、印刷業はIT化が進んで競争が激化し、取引先のニーズも変わってきました。当社代表者は、最近の景気低迷や若者の活字離れなどから、受注の減少や受注単価の切下げによる採算割れの仕事が増加していると言っていますが、当社の取引先の製本に対するニーズやこの業界の技術進歩に、この代表者が果たしてついていけるのか、また、同じような取引先に固執することがよいことか、当組合も疑問に思うようになりました。

　当組合は、印刷・同関連業また製本業界に関し、RESASで情報を集め、この代表者と対話を行いました。仮に、東京都文京区におけるRESASの産業マップ「全産業花火図」と「製造業の地域間比較」で、印刷・同関連業の従業者データにて、地域の現状と見通しの把握をしてみました。

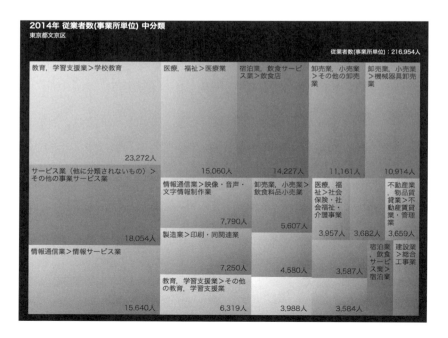

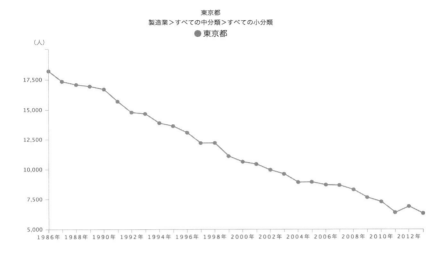

常用従業者数(実数)の推移

東京都
製造業＞すべての中分類＞すべての小分類
●東京都

資金ニーズと融資判断の可否

　当組合は、当社に対して、開業時に工場建設や機械取得等の開業資金に応需して、証貸100百円で期間20年（金利3.5％）の融資を行いました。ただし、開業早々ということで、全額信用保証協会保証付融資にしました。開業時の目論見では、代表者が新設の工場建設や機械取得等の設備を有効活用して、大きな需要を獲得することでしたが、実際は、売上は順調には伸びていきませんでした。この状況に対して、代表者は、景気低迷や若者の活字離れで、受注の減少や受注単価の切下げで、採算割れの仕事の増加を理由にしていました。しかし、当組合は、当社は小体企業であるうえに、当社の新しい設備を活用し、代表者の技術力を前面に出した販売戦略が十分には奏功しておらず、受注増加にはつながらなかったと考えました。当社は、売上が２期連続低下し、預金の取り崩しや妻、妹の給与などの切り詰めにより、返済資金を賄ってきましたが、当組合は、もう少し、経営の基本的な対策を講じる必要があると思いました。

　たまたま、地元で業歴も長く評判の良い税理士が当社の顧問であるこ

とがわかりましたので、当組合は、当社の代表者にこの顧問税理士に経営助言や指導をもっと仰ぐことを勧めました。

その後、当社からは、顧問税理士から勧められた、国や県また市役所の産業支援施策を採用しているということを聞き、販路拡大に成功しているという報告を受けるようになりました。当組合も、ビジネスマッチングで販売先を紹介したりするようになりました。

このような動きのなかから、仕事量が増加し、材料購入やパート費用の立替え資金ニーズが発生してきましたので、当組合もその借入れニーズに応えるように検討をしています。

コメント

当組合は、印刷・同関連業また製本業界に関し、RESASで情報を集め、この代表者と対話をしました。仮に、当社が、東京都文京区にあったとしたならば、RESASの産業マップ「全産業花火図」と「製造業の地域間比較」で、印刷・同関連業の従業者データにて、地域の現状と見通しの把握をすることができます。

しかし、当社代表者にも、課題はあります。最近の景気低迷や若者の活字離れなどから、受注の減少や受注単価の切下げによる採算割れの仕事が増加しているというものの、当社の取引先の製本に対するニーズやこの業界の技術進歩に、この代表者が果たしてついていっているのか疑問です。また、同じような取引先に固執し過ぎていないか、当組合も不安に思っています。

当社は、最近、顧問税理士のアドバイスで、中小企業庁のホームページの「ミラサポ」（中小企業庁委託事業として中小企業・小規模事業者の未来をサポートするサイト）を活用していると聞いています。国や県また市役所の産業支援施策を採用し、販路拡大に成功しているという報告を受けるようになりました。当組合も、ビジネスマッチングで販売先を紹介するように努めています。

第3章 ローカルベンチマーク活用事例集

1 「日本型金融排除」と「金融仲介機能ベンチマーク」

2016年10月に、平成28事務年度「金融行政方針」が金融庁から公表されましたが、そこで、大きな話題となっているキーワードが「日本型金融排除」です。前年出された平成27事務年度「金融行政方針」では、いわゆる「1,000社ヒアリング」すなわち「融資先企業の取引金融機関に対する評価のための企業ヒアリング・アンケート調査」が注目されました。その企業ヒアリング・アンケート調査結果が、2016年5月に公表されました。この調査結果の抜粋は以下の通りです。

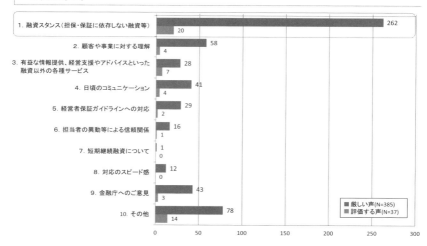

⑨－1　金融機関に対する厳しい声

【企業ヒアリング】
- 銀行や担当者に変化があるとは思えない。金融機関は依然として担保や保証に依存している印象がある。例えば、借入れがなくても、金融機関はいつでも融資できるようにと保証は外さないなど変化はみられない。
- 経営者保証に関するガイドラインについては、自ら新聞報道等で情報を入手し、メインバンクに話を持ちかけてみたが、もう少し待ってくれと言われたままで保証は外してもらっていない。当社から話を持ちかけなかったら、銀行からガイドラインの説明は一切なかったと思われる。
- 信用保証協会の保証を得られなかったことで、金融機関から、赤字などの理由で資金不足になった時の借入を断られたことがあるが、経営状況が悪く一番支援が必要なときに助けてもらえず、何のための銀行なのかと不信感を抱いた。

【アンケート調査】
- 地域金融機関は頻繁に訪問してくれるが、業界の状況に関する情報に疎く、単なる顔つなぎという印象が強い。一方、政府系金融機関とは最近取引を開始したが、豊富な知識を持っており、職員のスキルも高いため、今後は、メインである地域金融機関から政府系金融機関にシフトしていくことになると思われる。
- 今回のアンケート調査で初めて経営者保証に関するガイドラインの存在を知った。金融機関に相談をしたが、該当条件のチェックリストを作成中とのことだった。迅速に対応、情報提供をしてほしい。
- 銀行側の都合に合わせた融資提案だけでなく、企業が融資を必要とした時には、これまでの実績を充分に考慮した上での、迅速な判断と対応をお願いしたい。
- 短期継続融資をお願いした際、銀行は会社を評価して融資を行うので、これまでどおり証書貸付で対応するとの回答があり、受け付けてくれなかった。

　このように、地域金融機関の融資先に対する対応は、融資先から「問題あり」のレッテルが貼られてしまいました。この内容を踏まえて、地域金融機関に対しては改善の要請が大きくなり、金融庁幹部の本音を描いた「捨てられる銀行」がベストセラーになり、事業性評価融資が誕生し、「金融仲介機能ベンチマーク」が出され、ついに「日本型金融排除」という、まるで金融機関が国民に背を向けて国民を排除しているような言い回しの表現が、この金融行政方針にまで書かれるようになってしまいました。このように、地域金融機関の顧客対応が公式文書に載せられると、テレビやマスコミにも取り上げられ、地域金融機関は、監督官庁の金融庁と国民の間で板挟みにあっている印象です。その上に、経済産業省からは、「ローカルベンチマーク」施策の活用が出され、融資先と金融機関の対話が期待されるようになっています。

　一方、地域金融機関の内情は、ゼロ金利政策で資金利ザヤ（貸出と預金の金利差）が縮小し、赤字転落も囁かれています。今後は、本気で取引先への融資残高を伸ばし、融資金利を引き上げなければ、生き残るこ

とはできません。

　ちなみに、「日本型金融排除」は、平成28事務年度金融行政方針には、以下のように表現されています。

> Ⅳ．金融仲介機能の十分な発揮と健全な金融システムの確保等
> 具体的重点施策
> 1．預金取扱金融機関
> （1）金融仲介機能の質の向上
> 　金融機関による金融仲介機能の質の向上に向けて、以下の取組みを進める。
> ① 金融機関の取組みについての実態把握
> （ア）「日本型金融排除」の実態把握
> （以下の文章を中村が抜粋。）
> 　担保・保証がなくても事業に将来性がある先、あるいは、足下の信用力は高くはないが地域になくてはならない先は地域に存在する。企業と日常から密に対話し、企業価値の向上に努めている金融機関は、地域の企業・産業の活性化に貢献するとともに、自らの顧客基盤の強化をも実現させていると考えられる。そこで、各金融機関の融資姿勢等について、金融機関と企業の双方からヒアリング等を通じて実態を把握する。具体的には、十分な担保・保証のある先や高い信用力のある先以外に対する金融機関の取組みが十分でないために、企業価値の向上が実現できず、金融機関自身もビジネスチャンスを逃している状況（「日本型金融排除」）が生じていないかについて、実態把握を行う。

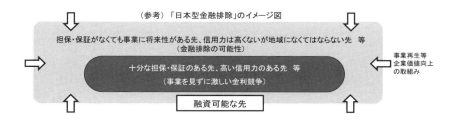
（参考）「日本型金融排除」のイメージ図

地域金融機関は、「日本型金融排除」や「金融仲介機能ベンチマーク」を、かつての金融庁の施策である「金融円滑化法で増加した返済猶予先における正常返済付与化」や、「リレーションシップバンキングにおける地域貢献の徹底」、そして、「担保・保証に過度に依存しない融資また短期継続融資の推進」などと同様に、「金融庁のガイドラインを受け入れるものの、これらのガイドラインについては実行をしないまま先送りをしてしまう」ということは、もはや、許されなくなったと思われます。このようなガイドラインに対しては、まるで、対岸の火事のように、他人事として見ているような雰囲気が地域金融機関の一部にはありました。

　すでに、金融庁以外でも、地域金融機関を厳しい目で見ています。アベノミクスの重要施策実行機関である「まち・ひと・しごと創生本部」、また「内閣府」も動いていますし、経済産業省ではローカルベンチマークという各省庁にまたがる大施策を出して、しかも、このローカルベンチマークのターゲットの一つを地域金融機関の融資姿勢にフォーカス（注目）しています。

　とは言うものの、借り手債務者も、地域金融機関に対してしっかりした情報開示を必ずしも励行しているとは言えませんでした。決算報告の内容を「中小企業会計基本要領」に準拠させたり、経営改善計画を中小企業庁の事業計画サンプルＡレベルまで高めるような、しっかりした情報開示資料の提出をしている企業は、実際は、極めて少ないようです。これでは、地域金融機関も「情報の非対称性」という、債権者としての不利益を蒙り続けるばかりなのです。今回の経済産業省主導の「ローカルベンチマーク」は、中小企業自身がこの「ローカルベンチマーク」のツールや指標を策定し、このツールや指標で地域金融機関や専門家と対話を行う、そのような建付けになっています。これならば、地域金融機関にとって、従来の悩みであった「情報の非対称性」は、ほとんど解消される可能性があります。「ローカルベンチマーク」こそ、中小企業と地域金融機関の両者に恩恵を与えることができるかもしれません。

　このように、地域金融機関に対する風当たりは厳しいものの、借り手企業が「ローカルベンチマーク」の趣旨を理解して、この手法が広がれ

ば、地域金融機関の対応も改善される可能性は大きいかもしれません。

　そこで、第3章では、「日本型金融排除」として、地域金融機関が取り上げることが難しかった案件を、ローカルベンチマークの指標検討や対話の事例を通し、融資実行できるように努める事例を紹介することにしました。「ローカルベンチマーク」を中心に扱いますから、地域への貢献を視野に入れることにしていますので、中堅中小企業を主な対象としています。そこで、第2章における「金融検査マニュアル別冊（中小企業融資編）27事例」よりも、やや事例内容は複雑になり、情報量も増加していますので、その分、実際の企業に近い事例になっています。

　また、この事例はすべて、コンサルティングを行ってきた企業の生の事例をベースに作成したものですから、読者の皆様には、多くの気付きや共感性も含んでいると思います。さらには、「ローカルベンチマーク」を活用した、経営者と専門家そして金融機関担当者の対話のサンプルをご紹介していますので、これから増えてくる融資現場の交渉や対話にも役立つものと思っています。ついては、この事例によって、事業性評価に関しても理解を深めていただきながら、「日本型金融排除」の対策にも、大いに役立てていただくことを期待したいと思います。

2 事例集

1 ロカベン・ツールの活用法と注意点：アパレル卸売業のケース

1．企業概要
会社名：株式会社PEACE商事
事業内容：子供服の製造・卸売および小売
所在地：岐阜県岐阜市
従業員数：20名
売上高：13億円
借入金額：4.8億円

① ビジネスモデル・地域の概況

　当社は、もともと同業の国内大手メーカーにて生産管理や商品企画に従事していた社長が独立し15年前に立ち上げた会社で、当初は国内メーカーに対するOEM生産を事業としていた企業です。OEM生産といっても自社で生産するのではなく、ベトナムの協力工場に生産させ、生産管理までを当社で手がけるものでした。近年、自社ブランド製品の販売に乗りだし、徐々に売上を拡大。現在では、自社ブランド製品の認知度が上がり、全国の衣料品専門店への取引実績ができ、また直営店舗を5店舗ほど出すまでに成長しています。

　このように、自社製品の販売先は、①衣料品専門店、②直営店舗に加え、③FC店舗（委託先による当社ブランド名による店舗出店をし、委託先には売上に応じた販売手数料を支払うモデル）も開発を進めています。またOEMの販売先は国内大手アパレルメーカー数社です。当社の事業は、自社ブランド製品の販売を急速に伸ばしていることからもわかるとおり成長期にあり、戦略次第でシェア拡大の余地は大きいと考えられます。地域経済との関係性から見たビジネスモデルの類型としては、地域から外部に価値（商品）を発信し地域に富をもたらす「アウトバウ

ンド型」です。

　ところで当社が所在する岐阜市は、「全国有数のアパレル産地[※1]」であり、「ファッション産業のさらなる振興のため、『世界のファッション工房GIFU』を目指し、（略）官民一体となって各種施策を展開して[※1]」いるものです。図表3-1や図表3-2に示すとおり、当市も人口が減少し経済活動も縮小傾向である現在、地域活性化すなわち中小企業を中心とした産業の活性化に対し、地方銀行の役割は大きいことは言うまでもありません。当市にとってはアパレル産業が一つの戦略産業となっており、実際に図表3-3や図表3-4に示すとおり、地域の卸売・小売業における繊維・衣服、また製造業における繊維工業の比率が大きなものとなっています。そのような状況で、特に当社のようなアウトバウンド型で地域を潤す成長企業は、地域活性化の観点からも重要だといえます。

※1　岐阜市Webサイト「ファッション産業について」より
　　　http://www.city.gifu.lg.jp/7924.htm

図表3-1　岐阜市の人口の推移と将来推計

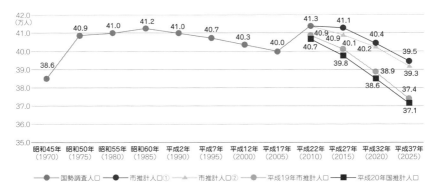

推計人口①：直5年間の社会動態（転入と転出による人口の変動）の傾向が今後も続くと仮定した場合の推計値
推計人口②：社会動態が0と仮定した場合の推計値
出典：ぎふ躍動プラン・21 岐阜市総合計画 2013-2017 第2章「現状の認識と近未来の展望」（岐阜市）

図表3-2 岐阜市の経済活動別市内総生産の推移

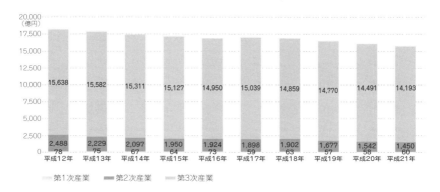

出典：ぎふ躍動プラン・21岐阜市総合計画2013-2017 第2章「現状の認識と近未来の展望」（岐阜市）

図表3-3 RESAS 岐阜市全産業花火図（売上高・産業中分類）

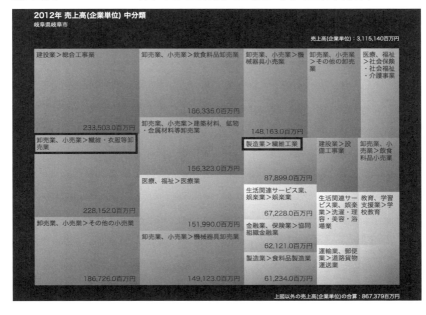

▶ 図表3-4　RESAS　岐阜市の産業中分類別売上高（製造業および卸売業・小売業）

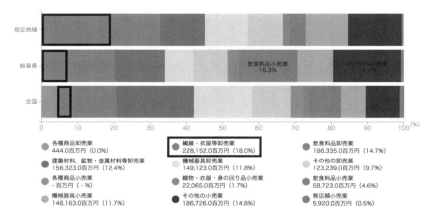

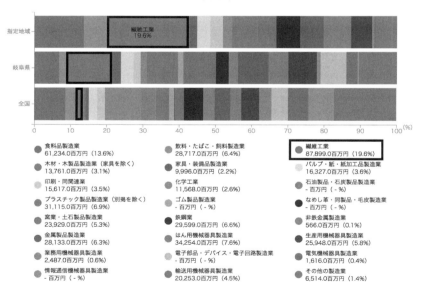

② 業況・金融機関との関係性

　自社製品拡大の面では順調な当社ですが、業績面では前々期に営業赤字に、前期には経常赤字に陥りました。直接の原因は、前々期の初頭に大手OEM取引先を失ったことによる売上の急激な減によるものです。こうした環境変化を受けて前期は役員報酬減額による固定費削減も行いましたが、赤字をカバーすることはできませんでした。創業時から当社に関与してきたメインバンクである地銀X銀行としては、経営的な失敗はあったものの、当社の成長性や社長の資質を評価しており、全面的に支援する方針を打ち出しています。また、地域のファッション産業を育て経済を活性化させるという観点からも、当社のような成長企業を応援することが求められていることは明らかです。

　そのようななか、今回はメインバンクから社長への勧めもあり、会社の置かれている現状や厳しい状況に陥った要因を整理し、今後の事業戦略を明確にしようということになった事例です。

2．ローカルベンチマークにおける財務分析診断結果

▶ 図表3-5　N期決算による財務分析診断

財務分析診断結果

■財務指標

指標	算出結果	貴社点数	業種平均値	業種平均点数
①売上増加率	7.8%	4	2.5%	3
②営業利益率	-0.6%	1	1.6%	3
③労働生産性	-399（千円）	1	1,329（千円）	3
④EBITDA有利子負債倍率	-41.2（倍）	1	6.4（倍）	3
⑤営業運転資本回転期間	3.9（ヶ月）	1	1.4（ヶ月）	3
⑥自己資本比率	36.9%	5	29.8%	3
総合評価点	13	C		

※1 各項目の評点および総合評価点は各項目の業種平均値からの乖離を示すものであり、点数の高低が必ずしも企業の評価を示すものではありません。非財務指標も含め、総合的な判断が必要なことにご留意ください。
※2 総合評価点のランクはA：24点以上、B：18点以上24点未満、C：12点以上18点未満、D：12点未満

■基本情報

商号	株式会社PEACE商事
所在地	岐阜県岐阜市
代表者名	●●●
業種（選択）	卸売業

売上高	1,299,610（千円）
営業利益	-7,970（千円）
従業員数	20（人）

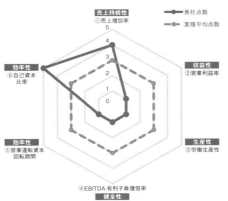

図表3-5は、直近期（N期）の財務分析診断結果です。前提として、当社の事業内容に自社製品の「製造」と謳っていますが、実際の製造は協力工場に外注し自身は生産管理に徹するビジネスモデルであること、そのため卸売の要素が強いことから、比較業種は「卸売業」としています。

　まず、レーダーチャートによる業種比較で当社の現状を俯瞰してみましょう。営業赤字に陥っているため、収益性（②営業利益率）、生産性（③労働生産性）、健全性（④EBITDA有利子負債倍率）は平均を下回り、最低水準（点数＝1）になってしまうのは仕方がありません。一方、売上持続性（①売上増加率）や安全性（⑥自己資本比率）は平均を上回っているため、このあたりが当社の強みと関連しているのかは、追及すべき点といえるでしょう。また、効率性（⑤営業運転資本回転期間）については最低水準となっていますが、本指標の良し悪しは赤字とは関連しませんから、期間損益が赤字であることのほかに、当社は回収・支払いや資金繰りに関連した部分に問題を抱える可能性があることを念頭に、検証していく必要がありそうです。

> **レーダーチャートから推測される検証のポイントまとめ**
>
> 1）売上増加率や自己資本比率が高水準である理由は何か、
> 　　当社の強みにつながっているのか、を確認する。
> 2）営業運転資本回転期間が低水準である理由を確認する。
> 　　回収・支払い、資金繰りに問題が隠れている可能性がある。
> 3）収益性や生産性、健全性については本比較だけでは明言できない
> 　　ため、詳細なデータ等から検証する。

　次に、各指標を詳細に検証していきます。

① 売上増加率（当社＋7.8％　業種平均＋2.5％）

　業種平均比較では高水準ですが、安易に「好ましい状況」と判断すべきではありません。「売上増加」を理解する場合、「構造的な要因によるもの」または「一時的な、あるいは偶発的な要因によるもの」なのか、本

当に良い材料として理解してよいものなのかを見極める必要があります。そのために、まずは経年の推移を見ることが有効です。金融機関が既存取引先企業について見る場合、過去の財務データは入手済みであることが多いはずです。

図表3-6は、当社の直近4期のP/L推移です。売上高に着目すると、N-1期に大きく下がり、N期に若干回復しています。N-1期の大幅減は、主要OEM取引先がなくなったことによる売上減と思われますが、N-1期からN期にかけて＋94百万円増加となっているのは、何らかの施策を打った結果である可能性があります。また売上総利益率が前期から5％も改善していますが、これはたとえば粗利率の良い商品や販売チャネルのシェアが上がったなどビジネスの構造が変わったことを示します。

以上、売上高と粗利率の改善についての詳細は、ヒアリング等で追及するものとしました。

▶図表3-6　直近4期のP/L推移

(単位：千円)

【損益計算書】	N−3期 実績	N−2期 実績	N−1期 実績	N期 実績
売上高	1,850,000	1,900,000	1,174,500	1,268,000
売上原価	1,480,000	1,501,000	833,895	836,880
売上総利益	370,000	399,000	340,605	431,120
売上総利益率	20.0%	21.0%	29.0%	34.0%
販管費	343,330	370,500	382,887	438,728
役員報酬	103,000	104,000	104,000	80,000
〜〜〜	〜〜〜	〜〜〜	〜〜〜	〜〜〜
外注費	10,000	10,000	10,000	32,000
販売手数料	0	0	12,000	45,000
〜〜〜	〜〜〜	〜〜〜	〜〜〜	〜〜〜
営業利益	26,670	28,500	-42,282	-7,608
営業利益率	1.4%	1.5%	-3.6%	-0.6%
営業外収益	500	2,000	48,000	2,000
営業外費用	3,000	3,000	4,000	4,500
経常利益	24,170	27,500	1,718	-10,108

②　営業利益率（当社▲0.6％　業種平均＋1.6％）

　営業利益率は赤字ですが、これも構造的または一時的な要因によるものかを判断するため、経年推移を確認しました（図表3-6）。その結果、N-1期には営業赤字に陥っていることがわかりました。N-1期は、OEM売上の急激な減少の影響で赤字となった可能性が高く、翌期であるN期は、赤字幅は縮小したものの黒字化には至らなかったようです。

　もう少し詳細を見ると、先に見たようにN期は粗利率アップにより売上高総利益を前期比で＋1億円改善しているにもかかわらず、営業赤字から脱却できなかったことがわかり、その要因が販売管理費の増、特に外注費増（前期比＋22百万円）や支払手数料増（＋33百万円）あたりにあることが推測されます。ちなみにN期は役員報酬減額▲20百万円も実施したようですから、かなり大きなコスト増だといえます。

　このことから、①売上増加率の項目でも見たとおり、ビジネスモデルまたは業務フローの大きな変化があったことが容易に想像できますので、この点に注目してさらに確認していくものとしました。

③　労働生産性（当社▲399千円　業種平均＋1,329千円）

　この指標についても、赤字のため有効な検証ができませんが、別の指標を用いて検証する方法もあります。本例では、「TKC-BAST経営指標[※1]」を活用し比較しました（図表3-7）。

※1　会計事務所を組織するTKCが会員事務所の関与先企業のデータ（黒字企業のみ）から集計した経営指標。下記Webサイトより要約版（482業種14分析項目）が閲覧できる。
　　http://www.tkc.jp/tkcnf/bast/sample/

▶ **図表3-7　生産性に関する指標（TKC-BAST経営指標との比較）**

	TKC-BAST経営指標 （織物製成人女子・少女服製造業）	当社	指標比
1人あたり売上高（千円）	1,076	2,210	高い
1人あたり限界利益 （千円）	385	573	高い
1人あたり人件費（千円）	231	214	低い
平均従業員数（人） ※パート含む。役員を除く	23	49	多い
労働分配率	60%	68%	高い

　ここからわかるのは、従業員数（パート含む。役員除く）による1人あたり売上高や限界利益で見た生産性では、類似業種と比較して非常に高いことです。また、1人あたり人件費は業種平均比較で低水準であり、金額面での生産性も高いといえそうです。ところが、労働分配率を見ると業種平均よりも高い（限界利益のうち、労務費・人件費へ投下する割合が大きい）。これは、実際の労務費・人件費の費用構造をよく見るとわかりますが、役員報酬が多額のためであることがわかります。

　当社の生産性については、役員報酬の面を除けば大きな問題はないものと考えられます。

④　EBITDA有利子負債倍率（当社　算出不能　業種平均6.4倍）

　当社は営業赤字のため、検証可能な数値を算出できません。その意味で本指標は赤字会社には活用しづらい指標ですが、黒字の会社であれば、事業収益（ここではEBITDA）でどのくらいの借入金返済能力があるかを見るのに有効な指標です。一見、大きな収益を出している会社でも、本指標数値が大きい（＝借入金（有利子負債）返済にかかる年数が長い）場合は健全性が損なわれていると判断するケースもあるのです。

⑤　営業運転資本回転期間（当社3.9ヵ月　業種平均1.4ヵ月）

　当社は3.9ヵ月と、業種平均（1.4ヵ月）と比較するとだいぶ長い数値となっています。要因として3つの可能性が考えられますが、いずれも

当社にとっては資金繰りを圧迫する不利な状態です。
　1）売掛金の回収までの期間が長い
　2）在庫の現金化（販売）までの期間が長い
　3）買掛金の支払いまでの期間が短い
どこに問題があるかは、それぞれ以下の指標を確認することで見えてきます。
　1）売掛債権回転期間：1.9ヵ月
　　※売掛債権が平均月商の何ヵ月分あるかを表す。
　　（売掛金＋受取手形）／（年間売上／12）
　2）棚卸資産回転期間：2.3ヵ月
　　※棚卸資産が平均月商の何ヵ月分あるかを表す。
　　棚卸資産／（年間売上／12）
　3）買掛債務回転期間：0.38ヵ月
　　※買掛債務が月次平均仕入高の何ヵ月分あるかを表す。
　　（買掛金＋支払手形）／（年間仕入高／12）

　上記指標からは、買掛債務回転期間が非常に短いことがわかります。ごく一般的な商習慣として、仕入後1ヵ月の支払サイトであれば、買掛債務回転期間は1ヵ月となるはずですから、当社の場合は半月も待たずに買掛金の支払いが発生していることになります。これについては、ヒアリングなどで明らかにしていくこととしました。

⑥　自己資本比率(当社36.9％　業種平均29.8％)

　当社の自己資本比率は業種平均を大きく上回り、点数も"5点"をマークしているため、「比較的良い状況」といえそうです。数年前までは経営が大変順調だったため、それまでの利益剰余金の累積によるものと推測できるでしょう。しかし、今後赤字が続けば利益剰余金も減少していきますし、短期的な足元の資金繰り状況についてはこれだけで判断できず別途検証する必要がありますので、これだけをもって「当社の安全性が高い」との判断は早計です。

以上のことから、「コスト構造を悪化させる、ビジネスモデルや業務フローの変化があった」「買掛金支払サイトが短く資金繰り圧迫要因となっている」「労働生産性は大きな問題がない」といった当社の現状を大づかみに捉えることができました。

　また、6つの財務指標を単純に見て「売上増加率が平均より高いため、当社は販売・営業が順調である」など、短絡的には判断できないことがわかりました。経営者と対話する際には、わかりやすくするためローカルベンチマークの「財務分析診断結果」のみをテーブルに置きながら話せばよいですが、金融機関担当者として手元では経年の推移や他指標との比較などを駆使して理解を深めることが重要なのです。

　参考までに、1期前、3期前の財務データを元にローカルベンチマークの財務分析診断を行った結果を以下に示します。前述の前期データによる診断結果とレーダーチャートの形は毎年異なっており、1期のみのデータから当社の現状や事業性を語ることは難しいことがわかります。

図表3-8　N−1期決算による財務分析診断

■財務指標

指標	算出結果	貴社点数	業種平均値	業種平均点数
①売上増加率	-41.3%	1	2.5%	3
②営業利益率	-3.6%	1	1.6%	3
③労働生産性	-1,484（千円）	1	1,329（千円）	3
④EBITDA有利子負債倍率	-4.2（倍）	1	6.4（倍）	3
⑤営業運転資本回転期間	3.3（ヶ月）	1	1.4（ヶ月）	3
⑥自己資本比率	38.9%	5	29.8%	3
総合評価点	10		D	

※1 各項目の評価点および総合評価点は各項目の業種平均値からの乖離を示すものであり、点数の高低が必ずしも企業の評価を示すものではありません。非財務指標も含め、総合的な判断が必要なことにご留意ください。
※2 総合評価点のランクはA：24点以上、B：18点以上24点未満、C：12点以上18点未満、D：12点未満

■基本情報

商号	株式会社PEACE商事
所在地	岐阜県
代表者名	●●●
業種（選択）	卸売業

売上高	1,174,500（千円）
営業利益	-42,282（千円）
従業員数	20（人）

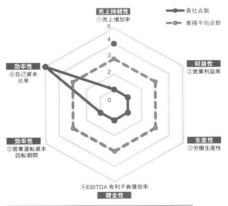

▶ 図表3-9　N-2期決算による財務分析診断

指標	算出結果	貴社点数	業種平均値	業種平均点数
①売上増加率	4.4%	3	2.5%	3
②営業利益率	1.5%	3	1.6%	3
③労働生産性	1,544(千円)	3	1,329(千円)	3
④EBITDA有利子負債倍率	6.2(倍)	3	6.4(倍)	3
⑤営業運転資本回転期間	2.3(ヶ月)	2	1.4(ヶ月)	3
⑥自己資本比率	44.7%	5	29.8%	3
総合評価点	19	B		

※1 各項目の評点および総合評価点は各項目の業種平均値からの乖離を示すものであり、点数の高低が必ずしも企業の評価を示すものではありません。非財務指標も含め、総合的な判断が必要なことにご留意ください。
※2 総合評価点のランクはA:24点以上、B:18点以上24点未満、C:12点以上18点未満、D:12点未満

■基本情報

商号	株式会社PEACE商事
所在地	岐阜県
代表者名	●● ●●
業種(選択)	卸売業

売上高	1,900,000(千円)
営業利益	28,500(千円)
従業員数	20(人)

3. 非財務情報分析による実態把握

社長へのヒアリングは、特に以下に留意しながら行いました。
1) 現状のビジネスモデルとコスト構造について
2) 資金繰り状況と支払サイトの改善可能性について
3) その他、今後の戦略と課題について

　現状のビジネスモデルについては、従来のOEM、専門店向け卸売、直営店での販売に加え、FC店舗の新規出店を一気に進めていることがわかりました。新規出店先の開拓に加え、卸売先だった専門店もFC店に鞍替えさせるなど、消費者向けにブランドアピールを強めるために、何十店舗も新規出店をしたとのことです。N期に売上を押し上げたのはこの要因でした。ところが、出店場所の集客力やFC店委託先の販売力をよく吟味せずにスピード重視で進めてしまったため、売上は思ったようにあがらず、最終的には通常よりもだいぶ値引きをして売上確保を図ったとのことでした。そのため、粗利率ベースではN-1期と比較して改善し

ているのですが、FC店特有の販売手数料（P/L上は販管費の支払手数料として計上）がかさみ、営業利益ベースでは悪化してしまったのが現状でした（販売手数料は値引き前の上代に対する割合として設定していたため、実質的な利益率は下がることとなったのです）。

　OEM取引先の減に焦った社長は、少しでも早く結果を出すこと、そのための新しい施策をスピード感持って進めることに集中するあまり、事前の検証をおざなりにしてしまった……と強く反省していました。しかし、良否を見極めた後は決断も早く、不採算ベースの店舗についてはどんどん撤退を決めていきました。

　資金繰り状況については、少しずつ厳しくなっているようです。協力工場への支払いは、輸入取引のため支払いが早いこともあるのですが、それ以上に協力工場の資金繰りの事情からほぼ前払いが常態化していることがわかりました。これについては、当たり前のように行っていましたが、交渉をして改善の余地があることもわかりました。

　今後の戦略についてですが、FC展開で失敗した一方、新しい可能性発掘につながったこともわかりました。FCのうち、大手商業施設向けに出店した店舗でうまく軌道に乗ったケースがあったのです。成功要因は、店舗運営の委託先事業者の販売力が強かったことに加え、衣料品で苦戦している商業施設のラインアップとして商品力があるがリーズナブルな当社商品がうまくはまったのです。結果として、知名度はあまりないがキラリと光る「掘り出しモノ」として当社ブランドを高評価され、ぜひ他店舗への出店も、という話が来ているとのことでした。

　このような新たな可能性を広げるため、前回の失敗を活かして慎重になりながらも挑戦していくとのことでした。ただし、そのためには営業力や従業員一人ひとりを活かす組織・マネジメント力の強化が課題であることもヒアリングでわかりました。今後は、こうした課題を克服しながら新戦略を実行していくとのことで、部長クラスが中心になって改善に向けた計数計画や行動計画をつくり、実行に移していくことになりました。

図表3-10　ローカルベンチマーク非財務ヒアリングシート①

■基本情報

商号	株式会社PEACE商事
所在地	岐阜県
代表者名	●●　●●
業種（選択）	卸売業

売上高	1,268,000（千円）
営業利益	-7,608（千円）
従業員数	20（人）

経営者への着目	経営者自身についてビジョン経営理念	大手婦人服メーカー出身。15年前に独立し一人で当社を立ち上げ。カリスマ性・リーダーシップ・社交性があり、人が自然とついてくるタイプ。アグレッシブで積極的に新しいことに挑戦する面があり強みとなっているが、過剰な投資等には要注意。ビジョンは「世界中の家族にPEACEの商品を届ける」。経営理念は「社員も会社も一緒に成長する」。社長自身のこだわりは強く、顧客に対しては「本当によいモノを」、社員に対しては「仕事にやりがいを感じられる職場を」と強く願っている。
	後継者の有無	現状は特定していない。
事業への着目	企業及び事業沿革	人脈を活かし、アパレルOEM受託事業で起業。※契約工場へのつなぎのみ。自社ブランドメーカーを目指し8年前から自社製品生産開始。現在、全国の専門店で取扱いがある状態まで成長。
	技術力、販売力の強み	・OEM時代に培った生産管理力により、製品品質は強みとなっている。 ・若手女性デザイナーの自由な発想で作っており、デザイン面で他社と差別化ができている。
	技術力、販売力の弱み	OEM時代が長かったため、自社による営業経験が少なく、営業力が弱い。
	ITの能力イノベーションを生み出せているか	販売管理関連を手集計で行っており大変非効率だったが、最近POSデータを活用した自動集計によるリアルタイムな販売状況把握をできるようにした。

企業を取り巻く環境関係者への着目	市場規模・シェア競合他社との比較	少子化に伴い、子供服の市場は縮小気味。当社自社ブランド製品は、類似コンセプトで先行するO社、P社と競合するが、徐々に当社製品がリプレースに成功してシェアを獲得している。ブランド認知度ではまだまだだが、商品力・価格力では、O社、P社と大きな差はない。
	主力取引先企業の推移	OEM取引先は、現在はほとんどなし。主要な卸売先は不調が続く。大手商業施設での好調事例あり。
	従業員定着率勤続日数平均給与	定着率は高いが、ほとんどが紹介による入社で同質の人材が集まっており強みにも弱みにもなっている。勤続日数や平均給与は業界平均並。
	取引金融機関数とその推移	3行。直近5年は取引金融機関数に変化なし。直近期で借入増。
内部管理体制への着目	組織体制	社長以下、総務部、営業部、企画部、生産部の4部を部長が統括。部長クラスは同業での経験や知識はあるため、現場を回すことはできるが、新しいアイデアや取組みに積極的とは言えず、社長に依存している。
	経営目標の有無共有状況	毎年事業計画は作成。従業員にも共有。が、売上目標は未達成が長年続いている。
	社内会議の実施状況	課長以上の幹部会議を毎月1回開催。主に売上実績の報告に終始。全員での議論等はなし。
	人事育成のやり方システム	現場でのOJTのみ。社長は「現場に任せてあげたい」「自分がでしゃばりすぎないように」という考えから放置しているが、裏目に出ている印象。

図表3-11　ローカルベンチマーク非財務ヒアリングシート②

■製品製造、サービス提供における業務フローと差別化ポイント

フロー①	フロー②	フロー③	フロー④	フロー⑤	顧客提供価値
【商品企画】 年4回のシーズンごとに企画	【原価計算・サンプル生産】 ・生産部と協力工場側で目標原価率で生産できるかを試算。問題があれば企画に戻す ・営業用のサンプル生産	【展示会開催による営業～商品受注】 ・シーズンごとに展示会を開催し既存顧客・新規顧客へ営業 ・この時点で初回納品分の発注を受け、追加フォロー分を読み込んで生産数量を決定	【生産～顧客納品】 ・協力工場による生産。2～3ヵ月程度 ・生産完了後、倉庫納入および初回発注分を顧客納品	【顧客店舗フォロー、追加受注】 ・顧客店舗に定期訪問し、販売指導や追加受注を獲得する ・当社商品の販売を促進し、次回展示会への来展につなげる	「自分も子どももオシャレに」を目指すお母さんが、リーズナブルで気軽に買える子ども服・雑貨

■商流把握

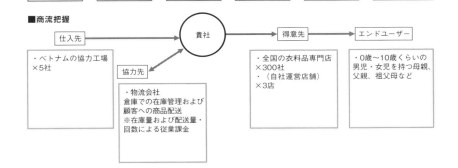

207

図表3-12 技術力・経営力評価の整理

	評価分野・項目			評価結果
1	製品・サービス	①	新規性・独創性	○	女児向け製品は、他社製品と比較しデザインが特徴的で、独創性が高いと言える。徐々に当社ブランドのファンも増えつつあり、ブランド認知にもつながっている。
		②	優位性とその維持継続	○	同価格帯他社商品と比較した場合にデザイン性の高さで優位性がある。優位性の源泉となっている製品デザイン力は、個人に依存することなく組織として担保しているため、今後も内部要因から優位性を失うことはないと考えられる。
2	市場性・将来性	①	市場規模・成長性	△	少子化の流れのなか、子供服市場が膨らむことは考えられない。ただし、子ども1人あたりにかける金額は大きく減らないと見られ、当社製品を選んでもらえるかがカギとなる。
		②	競合関係	△	同価格帯・同ターゲット・類似のデザイン性の製品を持つメーカーあり(O社・P社)。現状は、競合の知名度が圧倒的で当社が追いかける形である。デザインの新規性・独創性では、当社製品が高く評価される場面が増えているが、中期的には競合のデザインリニューアルや強化で不利になる可能性もあるため、優位性のある今から当社ブランドの認知向上、ファン獲得ができるかが重要である。
3	実現性・収益性	①	販売方法・販売価格	○	販売価格は、中流家庭で購入可能な価格帯で、デザイン性や品質もそれなりにあることから「リーズナブル」と感じられ購入につながる設定ができている。また、初期投資の必要ない商業施設(ターゲット顧客層の集客が期待できる)の平場出店に注力しリスクを抑えながら、販売実績を上げて消費者・専門店(卸売先)へのブランド認知を高める戦略は、いくつかの成功事例を出していることもあり今後の伸長が期待できる。ただし、積極的な拡大で卸売先・出店が増加することで、販売指導など管理が行き届かずブランド毀損や拡大のネックになる可能性もあり、注意が必要である。
		②	生産・サービス体制	◎	協力工場とは信頼関係が構築されており、品質や原価率の管理も仕組み化されており、大きくブレることがない生産体制となっている。リーズナブルな価格帯と比較すると、高い品質を担保できている点は強みにもなっている。
		③	売上高・利益計画	△	販売戦略は立てているものの、売上計画は増加率による概算で立てているため戦略と直接的に結びついておらず実現性が薄い。仕入については、売上と目標原価率・キャリー商品の発生率等を考慮して予測ができていない。今後の課題として、出店計画や販売先ごとの積み上げによる売上計画から利益計画を立てる仕組みに変えていく。
		④	資金計画・資金調達力	○	販売戦略は実現性の高い計画となっているため、事業の将来性は評価できる。上記のとおり、具体的な売上として計画化し利益創出根拠が示せれば、資金調達にも優位に働くと考えられる。
4	経営力	①	事業遂行能力	◎	社長のカリスマ性、強いリーダーシップに若手社員がついてきている状態であり、社員たちが若く柔軟でポテンシャルが高いことが強みになっている。また、外部人脈も豊富でバランス感覚をもつ社長の資質も強みである。新規投資や取組みをする際に、事前の検証等を行える体制を整えることで、当社は大きなリスクなく成長していける可能性が高い。
		②	人材・組織体制	○	若手社員が多く社内は活気があり、新しい取組みにも積極的で評価できる。ただし、マネジャー層のマネジメント力が弱く、一つの戦略に沿って組織全体でやりきる力が弱いのが難点。また営業体制や個人のスキルも十分ではない状態。目下、重点施策として人材育成・改善の仕組みづくりに取り組んでいるところで、今後の成長を期待するものである。

※ひょうご中小企業技術・経営力評価制度における技術・経営力評価軸を使用

4．活用のポイント

　本ケースでは、ローカルベンチマークを使い企業の支援につなげる際に重要なポイントを全般的に盛り込んで解説しました。

　まず、概要の項で説明したように、取引先企業の支援を考える際に、地域の概況（産業、人口等の動向や戦略産業など）を把握し、単なる1企業としてではなく地域全体における位置づけで考えることが重要です。その際に、RESASといった統計データを簡易に活用できる仕組みを生かしていくべきです。

　次に、ローカルベンチマークにおける財務分析フォーマットでわかることとわからないことを解説しました。まず、1期分の財務分析診断を行うだけでは、表面的な特徴はわかりますが的確な理解には及ばないため、少なくとも業績の経年推移を確認し、場合によっては別の指標や業界平均データなどを参考にしながら、問題点や強みの仮説を作っていくことが有効です。

　社長との対話においては、財務からわかったポイントや仮説を元に、実態をヒアリングしていくことになります。その際に、ビジネスモデルの把握や、非財務ヒアリングシート①に示す4つの観点（経営者、関係者、事業、内部管理体制）を押さえることで、関連したリスクや問題点を把握することができるのです。

5．ローカルベンチマーク作成後の金融機関・経営者・専門家による対話

金融機関支店担当者（以下、支店担当者）：当社の今後の大きな方向性と可能性はよくわかりました。事業戦略は筋の通ったものですし、社長のリーダーシップや実行力はよく存じていますから、きっと改善していくと思います。当行も引き続き支援していくつもりです。

社長：ありがとうございます。ヒアリングと聞いて、当初は悪い点を追及されるのかと気が重かったのですが、事業について理解を深めていただき、当社の将来性まで評価していただけて本当によかったと思っています。ますます頑張らなければと感じました。

支店担当者：期待しています。ところで、ローカルベンチマークを通じて大雑把には理解ができたのですが、これをきちんと経営改善計画としてまとめていただきたいのです。厳しい状況に陥った要因と、それをどう解決していくかを、データの裏付けや具体的なアクションプランとともに提示していただくことになります。資料作成の部分は、少し専門的な内容になりますから、顧問税理士の先生がサポートしていただけますか。

税理士：はい、もちろんです。これまでネックとなっていたFC部門の収支や運営状況の分析をし、今後の改善点を整理するつもりです。それから、販売チャネル別で売上や収支の計画を綿密につくり、実現可能性の高い計数計画を提示できるようにします。

社長：数字関連の部分は、先生にしっかり作っていただいています。

支店担当者：安心しました。金融機関が行うローカルベンチマークを使った実態把握には限界があります。あくまで、社長との対話材料にして重要なポイントを捉えるためのものなので、詳しいデータ分析やヒアリングによる事業運営現場の問題などについては、専門家の方にバトンタッチさせていただけるとありがたいです。

社長：実は今、人の問題についても、先生の方で従業員面談をやっていただいて、問題点洗い出しにつなげようかと思っているところです。マネジャー層が育っていないことや、現場のコミュニケーションがうまくいっていない様子なんですが、なかなか率直な意見が出てこないんです。

支店担当者：確かにそうですね。金融機関としても従業員一人ひとりまでヒアリングをすることはできませんから、専門家の方にさらに情報収集していただけると私たちも助かります。

税理士：従業員面談では、私どもとしては簡単な質問しかできませんが、外部の目で見ることも大切だと思います。いくら戦略が素晴らしくても、実行するメンバーや組織がネックになってしまっては仕方がありません。

支店担当者：その内容も、経営改善計画でご報告をよろしくお願いしま

す。やはり、専門家の協力が不可欠だと感じます。当社の場合は、社長がとてもしっかり事業戦略のアイデアをもっていらっしゃるので、社長へのヒアリングだけで当社の方向性がよくわかりましたが、なかには「どうしたらいいかわからない」という社長もいらっしゃいます。そういった場合には、我々が幹部社員くらいまでヒアリングをするか、専門家の方に深い調査をしていただくしかないのかなと思っています。

税理士：そうですね。今後の継続的なモニタリングでも引き続き関与させていただきます。

支店担当者：毎月訪問して支援されるのですか。

税理士：はい。社長ともお話して毎月1回訪問時にモニタリングを行うことにしました。特に、今後は販売チャネル別の収支をウォッチしていくことが重要ですから、そのあたりの管理会計がしっかりできるよう、具体的に会計ソフト上での管理方法の変更や、毎月の数字の分析の面で支援をしていこうと思っています。

支店担当者：それはとてもいいですね。私ども金融機関としても、第三者の目が入ったものだと情報の信頼度も違うと考えています。

社長：先生に入っていただくことで、緊張感ができてきちんと実行するようにもなるのでありがたいです。

支店担当者：ぜひしっかり進めてください。これまでの教訓としては、今後はリスクマネジメントをもう少ししっかりやっていくといいですね。大きな投資や変革を伴う場合には特に、どんなリスクがあるのかを検証してから着手するといいと思います。とはいえ、やってみなければわからないという実情もよくわかりますので、テストマーケティング的に小さなスタートから始めることなども有効かもしれませんね。

社長：それは、いろいろ失敗してきましたからよく身にしみています。

支店担当者：当行としては引き続き支援は惜しみません。当社は、社長をはじめ若いメンバーも多く活気があって成長するポテンシャルをもった会社ですし、アパレル産業を推進する地域にとっても非常に重

要な企業だと考えています。当社のブランドが認知されていけば地域のブランディングや経済的なメリットにつながっていきます。日本全国だけでなく、世界的なブランドになることを期待していますよ！

◇さらなるヒント◇

本事例の裏にある背景や経緯はどのようなものだったのでしょうか。以下は、各関係者の立場から整理したものです。前述の対話と合わせて確認し、ローカルベンチマーク作成や経営者との対話をより有益に進められるヒントにしてください。

１）金融機関とのこれまでの取引内容と、金融支援依頼の経緯は？

　元々、メインバンク＋２行との取引がありました。メインバンク以外はほぼ保証協会付借入れでした。業績悪化をきっかけにリスケ依頼をしましたが、メインバンクは快く応じてくれたものの、下位行からは金利引上げの要請をされたり、正常化の見通し等について厳しく追及され、調整は難航しました。

　上記のとおり、メインバンクとは大変良い関係を築いていましたが、これまではメインバンクの担当者も事業内容・構造、また成長可能性について理解が浅く、融資ニーズに応える以外は、事業運営に関する的確なアドバイスはできていなかったようです。それでも業績が良い間は問題ありませんでしたが、悪化した時にその要因や改善の方向性について対話をすることもできず、あわてて事業の理解まで踏み込んできたのでした。

　とはいえ、メインバンクは企業支援に対して高い意識を持った金融機関であり、支店⇔本部が連携をとってスムースに支援姿勢を固めたのでした。一方で、下位行のなかには、支店から本部への情報共有がうまくいかず、金融調整の難航につながりました。具体的には、「業績悪化」という表面的な情報ばかりが目立って伝わった反面、新しい販路開拓の可能性や経営者の高い資質などのポジティブな情報が本部まで伝わらなかったようで、他行が支援姿勢を打ち出すなか、最後まで過剰なまでの経

営者責任追及や金利引上げといった条件にこだわっていたものです。最終的には、本部の担当者も同席した会議において個別の説明を行い、同意を得たのでした。

2）メインバンクは、リレバンの観点から、当社をどのように捉えていたか？

　メインバンクにとっての当社は、自行の収益的観点からは、今後改善・成長し、良い融資先となるポテンシャルを持つ有望な取引先であり、また地域の主要産業を伸ばす意味でも成長を願う取引先でした。たとえば、当社が拡大し地域発のブランドとして知名度を上げていくことで地域そのものが認知され、産業活性化と企業や人口増というよい循環を生み出すことができると考えられます。したがって、まずは国内で広げていくものの、将来的に海外展開まで目指すつもりで、長期的視点で支援していく姿勢でした。

3）メインバンクは、当社の経営者やビジネスモデル、内部管理体制に対してどのようなことを要望していたか？

　ローカルベンチマークにより実態を明らかにするなかで、急激な戦略転換による失敗が（借入れ増大やキャッシュフローの悪化という）致命的なダメージを与えたことがわかりましたから、まず経営者には、事前の検証を怠らず、リスクマネジメントを強化するよう強く求めました。

　ただし、社長自身のカリスマ性や目利き力を活かし、最低限のリスクマネジメントをしたうえで引き続き積極的な事業展開を期待し、新しい芽として見えてきた有望な販売チャネル（総合スーパー）の開拓・深耕は応援する姿勢でした。

　また、こうした戦略を実行し成果につなげるという観点からは、人や仕組みが整っていない点がネックとなっていると感じ、ただちに人材育成や組織再編に着手すべきと助言していました。

4）本事例において、企業を継続支援する専門家としての税理士に期待されることは何か？

　まず、経営改善計画に沿った販売チャネル別計画とそのモニタリングが非常に重要になってくるため、管理方法の検討や、社内で管理できなければ運用自体をサポートする役割が期待されます。同様に、モニタリング（計画の進捗確認・今後の方向性見定めと、定期的な金融機関への報告）においても、販売チャネル別実績や、予実対比のウォッチを支援していくことが有効と考えられました。

　また、当社の大きな課題である人材育成については、社長自身がメンバーの状況を把握しきれていないこともあるので、外部の第三者である税理士等が従業員面談をするといった支援の可能性もありました。

5）当社の社長は、金融機関や専門家に対してどのようなことを求めているか？

　メインバンクに対しては、当社のポテンシャルを感じて積極的な支援姿勢でいてくれること、ロカベンをきっかけに深く事業の理解をしようとする姿勢を期待していました。金融機関調整の際にも、金融機関全体の支援がうまく進むようリードしてくれることを求めています。

　他金融機関に対しては、事業に関する理解の浅さが調整を困難にした教訓から、情報開示を積極的に行い、理解を深めてもらいながら適宜資金調達面で支援をいただけるよう、親密な関係を築きたいと考えています。

　こうしたなか、税理士に対しては、情報開示に関する資料作成や、実行面で社長や社内で弱い部分（たとえば管理会計面など）へのアドバイスはもちろん、進捗や達成度合いに目を光らせる第三者として社内に緊張感をもたらす役割を期待していました。

6）本事例におけるローカルベンチマーク作成時の課題は？

　財務情報については、決算書の推移を見ることで基本的な情報が得られるため、金融機関内でも分析が可能ですが、1人あたり生産性（売上

高や利益）や、固変（固定費、変動費）分解をしたうえで限界利益などの参考指標を見る場合には、事業の理解や経営者からの追加情報などが必要なため、専門家の協力が必要なこともあります。

　非財務面では、経営者ヒアリング以外に、たとえばセグメント別収益（当社の場合は販売チャネル別収支）を見ることが有効なケースでは、データ収集と密な経営者ヒアリングを必要とすることから、自前で対処するよりも専門家の協力を得る方が効果的といえるでしょう。

　また、当社の場合は社長がかなりしっかりと事業戦略を考え、失敗はありつつも次のアイデアも持っている状態だったため、社長ヒアリングで今後の方向性が見えてきました。しかし、社長も迷っているような企業の場合、社長ヒアリングで問題点は見えても将来性や方向性見極めにつなげるのが困難だと考えられます。また、経営者がしっかりしていても、実行部隊である従業員（人材）や組織面に課題を抱えている場合、経営者ヒアリングだけでは重大な問題を見落とす可能性があるので要注意です。そのため、社長に加えて幹部ヒアリング等をすることで、方向性のヒントを得たり、戦略の実行性を見極めることが有効となる場合もあるでしょう。

❷ 対話を通じた経営者の気づきと意識変革：葬祭業のケース

１．企業概要
会社名：株式会社A葬儀社
事業内容：葬祭業
所在地：●●県C市
従業員数：63名（役員4名、正社員29名、その他30名）
売上高：約313百万円
金融機関借入残高：約512百万円

① 概要

　当社は、昭和5年葬祭具店として創業、その後葬儀の専門業者として歴史を重ね、地元では堅実経営で知られてきた著名な企業です。現経営者は三代目として約10年前より経営を担ってきましたが、社長就任後の業績はほぼ一貫して低迷を続け、約2年前に事態を打開すべく、2つある葬儀ホールの内のメインホールの全面リニューアルという大型投資に踏み切りました。ただ、そのような大型投資後も、売上の減少に歯止めがかからない状況が続いており、その間には経費全般の見直しを実施、鋭意業績の改善に努めてきましたが、直近期に大きな赤字を計上したこともあり、迅速かつ抜本的な経営改善活動が必須の状況となっています。

　一般的に日本の葬儀業は、年間死亡数の大幅な増加が今後見込まれる環境のため、数少ない成長産業と捉えられています。ただし、葬儀の件数は間違いなく増えるものの、消費者の簡易化ニーズの高まりにより平均単価は下落傾向であり、市場として決して安定した成長をしておらず、結果として業界全体の売上は横ばい程度と言われています。

　また、そのような環境下でも市場機会を狙い、旧い業界慣習を打破するような新規参入業者が続々と現れ、業界構造に大きな変化を与えている現状があります。そのような業界においては、特に中小葬祭業者は末端で大変厳しい競争を強いられているケースが多いだけでなく、設備（ホール）の質の高さが消費者の選別理由になることも多く、多額の投資お

よびその維持費によって体力のない中小事業者の経営が左右されるケースも散見される状況です。

A社が置かれている環境もまさに同様で、RESASから市町村単位の人口増減（図表3-13および3-14。「RESASトップ＞人口マップ＞人口増減＞グラフを表示」から参照可能）でわかるとおり、本社所在地であるC市の総死亡者数は年々増加しています。

図表3-13　RESASによるC市の人口変動（出生数・死亡数／転入数・転出数）

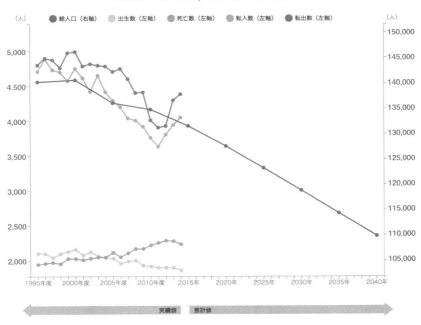

図表3-14　RESASによるC市の人口増減（自然増減・社会増減の推移）

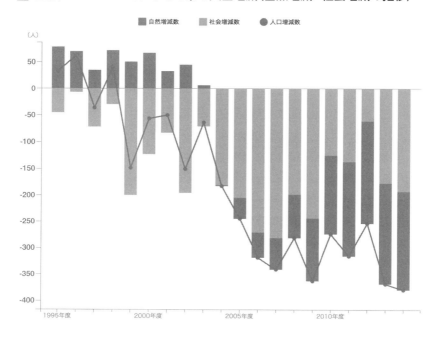

　すなわち、葬儀件数マーケットとしては明らかに拡大傾向にあり、当社は地域を支えるべき成長企業としての期待が持てる状況だといえます。

　また、雇用面を捉えても、A社は60名以上の従業員をほぼ常時雇用し、他に目立った地場産業を持たないC市としては、地域密着型サービス業としてのA社は、C市の活性化にとっては大変貴重な存在ということができます。

　A社の経営者もそのあたりには強い使命感を持っており、2年前の大型投資も、近隣都市圏より廉価で品質の悪い同業者が参入する現状を指をくわえて見ているわけにはいかないとの思いを強くし、設備劣化によるジリ貧状態から抜け出し、新たな成長ステージを目指すための思い切った決断をしました。また、メインバンクであるB銀行もこの趣旨に賛同し、積極的に資金供給をしました。

　B銀行としては、このような経緯を踏まえ、何とか足元の窮境状態を

打開し地域の代表企業として再び成長を続けることができるよう全面的に支援する方針を打ち出しています。

　② 　ビジネスモデル・業況

　Ａ社は地域一番企業として、地域市民から直接葬儀の依頼を受けるだけではなく、旧くからの主要寺社・病院・警察・一般法人等の多様なネットワークを通じて葬儀依頼が来る体制がある程度出来上がっています。また、前述のとおり、2年前には葬儀ホールの大型投資を行っており、ハード面では同業者の追随を許さない状況で、売上を伸ばすという意味においては高いアドバンテージを保有しています。

　そうであるにもかかわらず、近年の業績を見ると、売上自体が急速に減少しており、これは先ほど来述べている葬儀業を取り巻く環境も考慮すると、まさに異常事態が発生していると推測できます。先入観に結びつかない程度にこのような基本的な環境認識を念頭に置いたうえで、財務データの確認およびそれに続く経営者および関係者とのヒアリングと対話を行うことが重要です。

2．ローカルベンチマークにおける財務分析診断結果

図表3-15　ローカルベンチマークにおける財務分析診断結果

■財務指標

指標	算出結果	貴社点数	業種平均値	業種平均点数
①売上増加率	-12.2%	1	4.7%	3
②営業利益率	-28.8%	1	2.8%	3
③労働生産性	-1,484（千円）	1	1,036（千円）	3
④EBITDA有利子負債倍率	-8.3（倍）	1	4.9（倍）	3
⑤営業運転資本回転期間	0.8（ヶ月）	3	1.1（ヶ月）	3
⑥自己資本比率	11.5%	2	31.1%	3
総合評価点	9	D		

※1 各項目の評点および総合評価点は各項目の業種平均値からの乖離を示すものであり、点数の高低が必ずしも企業の評価を示すものではありません。非財務指標も含め、総合的な判断が必要なことにご留意ください。
※2 総合評価点のランクはA：24点以上、B：18点以上24点未満、C：12点以上18点未満、D：12点未満

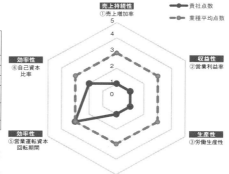

■基本情報

商号	株式会社A葬儀社
所在地	●●県C市
代表者名	●●●●
業種（選択）	サービス業

売上高	312,853（千円）
営業利益	-93,509（千円）
従業員数	63（人）

①　売上増加率（当社▲12.2%　業種平均4.7%）

　売上増加率をみると、直近期に対前期比▲12.2%と急激な落ち込みをみせています。前述のとおり、葬儀業界の平均売上が横ばい前後と推定されるなか、足元で対前期比が1割以上落ち込んでいるのは異常事態と判断し、明確な原因を把握するべく5年間の経年分析（図表3-16）を行いました。

図表3-16　直近5年間の業績推移

	N-4期	N-3期	N-2期	N-1期	N期
売上高	425,573	455,372	435,834	369,554	312,853
売上高(花やさん)	0	0	0	0	12,015
売上値引戻り高	0	0	0	0	-489
(月商)	35,465	37,947	36,320	30,797	27,032
期首棚卸高	15,567	16,034	14,012	15,503	17,492
商品仕入高	169,439	170,639	160,610	100,827	93,665
生花等仕入高	0	0	0	39,314	36,573
外注委託費	0	0	0	7,844	10,372
仕入値引戻し高	0	0	0	0	-827
期末棚卸高	16,034	14,012	15,503	17,492	21,658
売上原価	168,971	172,661	159,119	146,114	135,618
売上総利益	256,602	282,711	276,716	223,454	188,761
売上総利益率(%)	60.3%	62.1%	63.5%	60.5%	0
販売費一般管理費	279,278	270,971	267,731	256,046	282,269
営業利益	-22,677	11,741	8,985	-32,591	-93,508
EBITDA	17,291	42,422	35,195	-9,174	-61,389
営業利益率(%)	-5.33%	2.58%	2.06%	-8.82%	-29.89%
受取利息・配当金	90	89	45	21	15
雑収入	5,675	6,339	5,390	3,858	35,712
営業外収益	5,765	6,428	5,435	3,879	35,727
支払利息・割引料	8,264	6,380	6,578	4,388	9,421
手形売却損	0	0	0	0	3
営業外費用	8,264	6,380	6,578	4,388	9,424
経常利益	-25,176	11,789	7,842	-33,099	-67,204
特別損益	61,757	1,554	116	257	-25,781
税引前当期利益	36,582	13,343	7,956	-33,356	-92,985
法人税等引当額	11,447	1,134	1,226	257	257
当期利益	25,134	12,207	6,731	-33,356	-93,241

　図表3-16からは、A社の売上は3期前（N-2期）より連続的に減少していることが確認できました。一般的にこのようにずるずると漸減的に売上が減っている場合、外部環境はもちろんのこと、企業内部にも必ず根深い問題が内在していると推定されます。したがって、特に営業体制については、単に経営者だけではなく、多くの関係社員に幅広くヒアリングを加えることが重要です。

② 　**営業利益率（当社▲28.8%　業種平均2.8%）**
　直近期では営業赤字であり、この指標はマイナスになるため業界平均との比較自体はあまり意味がありません。ただ、当社は足元で売上が大きく落ち込んでおり、それに対するコスト削減のスピードが追い付いて

いない可能性が考えられますので、まずはコスト構造の精緻な把握が必要と判断し、事前に販売管理費内訳の5年の経年分析を行いました。

▶図表3-17　直近5年間の販管費推移

	N-4期	N-3期	N-2期	N-1期	N期
役員報酬	37,646	51,473	51,677	53,339	45,492
給料手当	67,086	65,873	70,176	61,425	66,056
従業員賞与	8,409	0	0	480	0
法定福利費	18,140	12,695	15,293	15,023	14,762
厚生費	3,602	2,921	1,419	2,228	1,912
雑給	12,863	15,891	11,936	9,746	13,621
人件費	147,735	148,851	150,500	142,239	141,843
旅費交通費	506	651	803	1,512	619
広告宣伝費	9,672	12,980	11,823	10,193	14,398
リース料	8,190	6,563	6,315	5,166	6,108
発送配送費	555	234	357	1,671	258
車両費	8,325	9,465	9,336	9,648	7,009
施主香典費	360	815	1,007	675	300
支払手数料	1,446	732	1,424	992	729
減価償却費	39,968	30,681	26,210	23,417	32,119
地代家賃	16,253	16,313	16,659	16,799	13,369
修繕費	2,274	740	1,116	843	1,606
事務消耗品費	62	0	0	0	625
通信交通費	3,755	3,971	3,509	2,694	4,007
水道光熱費	9,387	9,170	9,377	9,987	10,862
租税公課	4,770	4,700	4,677	4,632	4,276
寄付金	75	182	143	188	204
接待交際費	4,170	3,534	3,942	5,085	4,987
保険料	14,141	13,203	12,230	13,214	12,131
備品消耗品費	0	0	0	0	16,570
管理諸費	3,053	3,429	3,129	3,465	4,026
図書研究費	894	758	474	1,017	2,097
諸会費	1,494	1,494	1,925	1,835	1,735
雑費	2,198	2,511	2,777	2,331	2,392
販売費一般管理費	279,278	270,971	267,731	256,046	282,269

図表3-17のとおり、売上が減っているにもかかわらず、この数年間で販売管理費が増大していることがわかりました。具体的には主に以下の3点です。

　ⅰ）N-4期と比較した場合、N期売上は▲27％の大幅減に対し、販管費の50％を占める人件費は▲4％のわずかな削減に留まっている。
　ⅱ）全体として経費削減がほとんどできていないなか、特に広告宣伝

費・水道光熱費・備品消耗費等の経費が急激に増えている。
　ⅲ）減価償却費が増大している。

　やはり2年前の大型投資の影響が裏目に出ていると推測されます。迅速に経営改善を図るにはコストの見直しが必須と考えられますので、経営者および財務担当役員とは、今までの経緯をしっかり確認したうえで、抜本的なコスト改善の対策を議論する必要があります。

③　労働生産性（当社▲1,484千円　業種平均1,036千円）

　この指標についても、当社は営業利益がマイナスのため、マイナス指標となってしまい業界比較は意味をなしませんし、仮説も立てられません。ただし、前項における販売管理費の内訳分析においても人件費の問題が主要問題として確認できましたので、人員体制や組織に課題があることは容易に推定できます。経営者にはこの数年の組織・人員体制・役割分担等について詳細なヒアリングを行うことが必要です。

④　EBITDA有利子負債倍率（当社▲8.3倍　業種平均4.9倍）

　この指標についても、当社は営業損失が大きいため、キャッシュフロー（EBITDA）がマイナスとなるため、この指標からはこのままでは債務の償還は不可能ということ以外は検証ができません。そこで、参考までに図表3-18のとおり、この5年の推移を確認してみました。

▶図表3-18　EBITDA有利子負債倍率の5年の推移表

	N-4期	N-3期	N-2期	N-1期	N期
EBITDA	17,291	42,422	35,195	-9,174	-61,389
有利子負債	217,464.0	224,820.0	199,120.5	201,120.0	512,130.0
EBITDA有利子負債倍率	12.6	5.3	5.7	▲21.9	▲8.3

　N-2期までは比較的良好な数値で推移しており、N-1期に急激に悪化しています。この時期に営業損益が赤字に転じたことが主要因であることは間違いありませんが、N期に行った設備投資のための借入金増大もさらに悪化に拍車をかけていることがわかります。いずれにしろ、この状態では債務償還ができませんので、当社にとっては営業利益の創出と拡

大がまさに喫緊の課題です。

⑤　**営業運転資本回転期間(当社0.8ヵ月　業種平均1.1ヵ月)**

　この指標については、業種平均と比較してもあまり遜色はなく、特に問題は感じられません。

⑥　**自己資本比率(当社11.5％　業種平均31.1％)**

　一般的に、葬儀業はホール運営を中心とする設備産業的な側面を持っているので、このローカルベンチマークでの業界平均（サービス業全般の平均）との直接的な対比はあまり意味がありません。ここでは中小企業会計要領における『業種別ガイドライン：葬祭業』の指標を確認しました。

　その結果、『業種別ガイドライン』の指標での業界平均は36.4％で、やはり11.5％では財務面で安全性は劣ると言わざるを得ません。他社に比べ過大な設備投資に踏み切ったことによるものと思われます。したがって、経営者に対しては、これまでの設備投資の経緯・内容についても、より詳細にヒアリングする必要があります。

3．非財務情報分析による実態把握

　上記財務情報より、ある程度ポイントを絞り、経営者・財務担当役員および営業関係職員との対話を通じ、会社の現状を把握していきます。

図表3-19　企業の経営者等との対話のポイント

(1)	経営者に対して	
	1	経営理念・ビジョン：今までどんな思いで経営に携わり、今後どのような会社を創り、残したいか？
	2	近年売上が漸減しているがどのように認識しているか？
	3	一般管理費が削減できないのはなぜか？ 今までどんな取組みをしてきたのか？
	4	ガバナンスの対しての認識は？ 組織および人員体制の確認と課題
	5	借入れが増えてきた経緯と資金使途は？
(2)	財務担当役員に対して	
	1	売上が漸減している会社の状況をどう感じているか？
	2	管理会計の仕組みはどうなっているのか？
	3	販売管理費が減らない理由は？　また、それに対する今までの取組みは？
	4	経営者の理念・ビジョンを共有できているか？
	5	経営者のガバナンスをどう受け止めているか？
	6	借入れが増えてきた経緯と資金使途は？
(3)	営業担当職員に対して	
	1	近年売上が漸減しているがどのように認識しているか？
	2	経営者の理念・ビジョンを共有できているか？
	3	経営者のガバナンスをどう受け止めているか？

　このように、財務分析で確認が必要と判断した内容を、それぞれ経営者・財務担当役員・営業職員に重点的にヒアリングすると同時に、企業にとって最も重要な経営理念・ビジョンやガバナンスの状況については広く対話を行う必要があります。
　また、ヒアリングや対話を通じて得た情報をもとに、裏付けとなるデータの詳細調査および分析を行うことも非常に大事です。

　ヒアリングの結果が、図表3-20（非財務ヒアリングシート①）です。
　今回のケースは、当該地域においても総死亡者数が漸増傾向にあるのにもかかわらず、A社の売上がなぜこれだけ落ち込んでいるのか、A社

では誰がいつどこにどのように営業をしているのかを徹底的に切り込んでいくことが必要となります。その結果、経営者のプライドの高さと社内コミュニケーションの悪さによる経営理念の不徹底とガバナンスの欠如が営業上の決定的な障害になっていることが浮き彫りになり、そのような状態ではどれだけ優良な顧客群とのパイプや素晴らしい設備を持っていても、それが有効に機能しないことが明らかになりました。

　また同時に、旧来型の高級な葬儀スタイルにややこだわり、簡素化・廉価化のニーズに充分に対応できていないことも認識できました。

　それに加え、データを元に対話と追加調査を行うことにより、大型投資を行ったメインホールはまだしも、従来から利用していたサブホールの方は利便性が悪く、著しく稼働率が悪化していることもわかりました。

　ただし、このヒアリングシート①だけでは、技術力・経営力の評価についてはやや物足りないいと感じた場合は、より対話を深めることにより、図表3-21（A社の技術力・経営力評価結果）のような形で取りまとめることも可能です。

図表3-20　非財務ヒアリングシート①

■基本情報

商号	株式会社Ａ葬儀社
所在地	●●県Ｃ市
代表者名	●● ●●
業種（選択）	サービス業

売上高	312,853（千円）
営業利益	-93,509（千円）
従業員数	63（人）

経営者への着目		
	経営者自身についてビジョン経営理念	■ビジョン・経営理念 「人生最後の日を最良の日に！」をモットーに、本人と親族が最大に満足するサービスを提供する。 ■経営者 創業三代目、地元では著名な名家に生まれ育ち地域への貢献意欲は強いが、ワンマン志向も強く、プライドも高い。 社内でのコミュニケーションをあまり重視しておらず、結果として従業員からはやや遠い存在となっている。 廉価で質の悪い葬儀を忌避する傾向が強く、地域NO.1を目指し、数年前に詳細な事業計画なしのままに超高級なホールの建設投資を行った。
	後継者の有無	あり（経営者子息） ただし、まだ幼少（小学生）のため、場合によっては、奥様あるいは従業員への仲継も想定される。
事業への着目	企業及び事業沿革	昭和5年　現経営者の祖父により葬祭具店として操業 昭和45年　商号変更および法人化 平成18年　現経営者が代表取締役に就任 平成24年　主要ホールの全面建て替え
	技術力、販売力の強み	・長い歴史に根ざした抜群の信用・知名度。 ・地元NO.1といえる高級感のある設備（ホール・宿泊等）。 ・レベルの高い葬儀運営能力・接客品質。 ・モチベーションの高い従業員。
	技術力、販売力の弱み	・トップ営業の欠如、計画的な法人営業の不足。 ・売上・利益・費用の管理がほとんどできていない。 ・素晴らしい設備を持ちながら、総じて稼働率が低い。 ・"上から目線"の営業が地域で風評悪化を招いている。
	ITの能力イノベーションを生み出せているか	・ITの得意な従業員はおり、営業データは一応蓄積しているが、分析も共有化もできていないので、次なる戦略に活用できていない。 ・メンテナンスも定期的に行われていない。

企業を取り巻く関係者への着目		
	市場規模・シェア競合他社との比較	・高齢化に伴い、葬儀の全体数は拡大傾向。 ・首都圏ほどではないが、家族葬等葬儀の簡素化・低価格化の傾向は強まっている。 ・事前相談・終活の広がりによりビジネス機会の前倒し。 ・JA系の活発な職域営業に押され気味。
	主力取引先企業の推移	・組織的・計画的な法人向け営業活動の不足によりリピート率が低下。 ・風評により、特にホールの近隣にてリピート率の低下が顕著。
	従業員定着率勤続日数平均給与	・従業員定着率は総じて良好。 ・ただし、近年古くからの営業職員の退職・同業者への転職により、一部顧客が奪われた。
	取引金融機関数とその推移	・金融機関との関係は良好、取引数も変化なし。 ・ただし、直近の大規模建設・設備投資の時に、地元の信金から地銀にメインの切替えを行った。
内部管理体制への着目	組織体制	社長一常務の直下に営業部を置き、その下に3営業拠点および葬儀運営関連の部隊が配置されており、すべての指示が営業部の責任者によってなされている。
	経営目標の有無共有状況	経営目標は、経営計画という形で"見える化"されていない。また、経営に関する課題は、日頃社長と常務の中だけで議論されており、その他従業員には明確に提示されていない。
	社内会議の実施状況	・朝礼・幹部会議・営業会議と、一応会議体は整っている。 ・ただし、朝礼・幹部会議ともに社長の関与が少なく、ガバナンスがほとんど効いておらず、また、常務以下との情報および意見交換が欠如している。
	人事育成のやり方システム	・採用および教育計画は立てられていない。 ・評価・報償制度も整備されていないため、結果として従業員のモチベーションに大きな偏りが見受けられる。 （やる気のある社員とそうでない社員の混在）

第3章　ローカルベンチマーク活用事例集

図表3-21 技術力・経営力評価の整理

評価分野・項目				評価結果
1	製品・サービス	①	新規性・独創性	△	旧来型の葬儀が中心となっており、新規性・独創性は総じて低い。 ただし、地域では珍しい復元納棺技術者を有しており、今後その強みを活かせる可能性はある。
		②	優位性とその維持継続	○	長い歴史に根ざした抜群の信用度・知名度で高いシェアを持っているが、ややそこに胡坐をかいている。 最高級の新しい設備(ホール)を有してはいるが、稼働率が低く、維持コストが高い。 葬儀運営能力・接客品質は定評がある。
2	市場性・将来性	①	市場規模・成長性	△	高齢化に伴い、地域の葬儀件数は拡大傾向にある。 ただし、葬儀の簡略化・低価格化の傾向は近年ますます強まっている。 終活の広がりにより、ビジネスチャンスが前倒しの傾向にあり、より周到な営業システムが必要となっている。
		②	競合関係	X	地元のJA系が職域営業を強化している。 互助会も少しずつシェアを上げている。 近隣都市圏より低価格を売り物にした新規参入業者が増えている。
3	実現性・収益性	①	販売方法・販売価格	X	トップが積極的に営業を行っていない。 営業活動が組織的・計画的にされていないため、営業先・営業エリアに漏れや抜けが散見される。顧客リストの管理も徹底されていない。 古くからの顧客への対応の甘さが、リピート率の悪化につながっている。 全体的に待ちの営業。 病院・警察・一般法人への営業が弱い。 また、属人性が非常に高く、営業職員が辞める等の不測の事態で顧客流出が止まらない。 過去に一部の寺社との関係が悪化し、それがまだ完全には回復していない。 葬儀の品質重視・高級志向により、受注価格は一般よりは高め。あるいは、高いという風評につながっている。
		②	生産・サービス体制	○	素晴らしい設備と高い品質を保持しているが、総じて高コスト体質となっている。
		③	売上高・利益計画	X	売上計画・利益計画とも明文化されたものがなく、目標管理が全くなされていない。 2年前の大規模設備導入の折にも、しっかりした事業計画は作られなかった。
		④	資金計画・資金調達力	X	資金流出が続いており、資金繰りに窮しているため、やむなく日繰り表管理を行っているが、中長期的な資金管理は行われていない。 外部からの資金調達は困難な状況。
4	経営力	①	事業遂行能力	X	社長とそれ以下の社員のコミュニケーションが円滑ではなく、会社が一体となった動きが取れていない。 (社長のガバナンスが効いておらず、社員がバラバラに動いている感じが強い。)
		②	人材・組織体制	△	社長ー常務の直下に営業部があり、その下に全営業拠点および葬儀運営部隊が配置されている。 ほぼすべての指示が営業部の責任者から出されているが、社長と営業部長のコミュニケーションが円滑でないため、近視眼的な対応に追われることが多い。ただ、営業部長はモチベーションも高く優秀な人材。 会議体がしっかりできておらず、情報の共有も不充分。

※ひょうご中小企業技術・経営力評価制度における技術・経営力評価軸を使用

図表3-20（非財務ヒアリングシート①）および図表3-21（技術力・経営力評価結果）からわかる当社の窮境要因のポイントは以下のとおりです。

＜外部要因＞
（1）　新興勢力（JA他）との競合激化
（2）　家族葬・小規模葬の増加による大幅な単価下落
＜内部要因＞
（1）　経営者の理念・ビジョンの不徹底、ガバナンスの欠如
（2）　法人向けトップ営業の欠如および具体的かつ計画的営業施策の不足
（3）　従来顧客に対する対応の甘さによる悪評とその結果としての顧客リピート率悪化
（4）　売上・利益・費用の管理がほとんどなされていない。
（5）　過去における不充分な事前検討による過大ともいえる設備投資（メインホール）
（6）　稼働率の悪い無駄な設備（サブホール）を維持している。

　この結果を受けてさらに経営者を中心に対話を継続し、作成したものが図表3-22の非財務ヒアリングシート②（「サービス提供における業務フローと差別化ポイント」）です。

図表3-22 非財務ヒアリングシート②

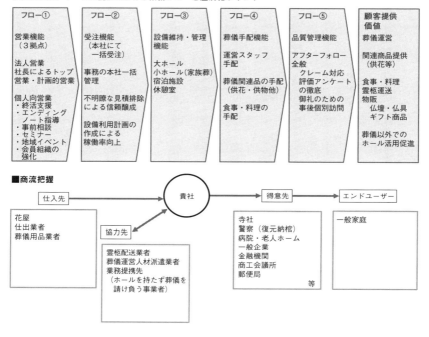

そして、本稿での詳細は割愛しますが、図表3-20、3-22（または図表3-21）のシートを元に経営者と議論のうえ、精緻な行動計画を練り込み、最終的には具体的かつ実現性の高い経営改善計画として取りまとめたうえで、関連金融機関の合意と支援の約束を取り付けることが重要です。

このＡ社のケースでは、経営改善計画策定後に、現在社長自らが積極的に意識と行動の変革に取り組み、徐々にではありますが、売上が回復しつつある状況です。

4．活用のポイント

今回のＡ社のケースでは、売上が近年急激に落ち込み、そのため営業赤字が垂れ流しの典型的な事例でした。

あらかじめ業界の事情を少なからず念頭におくことにより、売上がこ

れほど減少している事態の異常さに気付き、そこを突破口に営業体制の問題点と課題を徹底的に探っていったケースといえます。ただ、その過程でわかったことは、売上減少の要因は、外部環境の厳しさはもちろんのことですが、それよりはむしろ社内の営業体制の問題の方が大きく、より根本的な問題点は、『経営者の理念・ビジョンの不在』『ガバナンスの欠如』という企業にとってより根本的な問題点であることを強く認識するに至りました。経営者は、当初売上減少の要因を主に外部環境に求めておりましたが、対話を深めることによりその要因を徹底的に掘り下げていくにしたがって、自らの考え方が大きく変わっていくことを肌で感じているようでした。

したがって、当然ながら、改善への行動計画についても、販売促進のスキルアップやツール開発のような技術的なものの提案と並行して、三代目経営者の意識改革に近いところからスタートし、それを身近な金融機関と会計事務所が伴走し見守るような内容を色濃く盛り込むこととなりました。現在は、その経営者も不慣れながら従業員の先頭に立って陣頭指揮を取っており、メインバンクや会計事務所もそれをしっかり見守り、支えています。

財務情報はとても大事な情報です。ただ、あえて乱暴に言えば単なる過去の結果であり、そしてそこから直ちに読み取れるのは、単に目に見えている「現象」です。いろいろな角度で分解をしてその現象を理解することも大事ですが、同時にその現象の奥に潜む本質的な要因を抉り出すことは企業の今後にとって最も重要です。そして、そこに必要なのは、正確な情報と、それをベースにした経営者やその他関係者との粘り強い対話であることは間違いありません。今回のケースでは、経営者や従業員との対話・追加調査を重ねることにより、A社はメインホールの稼働率は強く意識しているものの、サブホールについては全く対応がおろそかになっているという気付きもありました。

また、あまり予断を与えるような詳細調査は必要ありませんが、あらかじめある程度の外部環境を頭に入れておくことも重要なポイントです。当社の件についても、急激な売上減少の異常性に気付き、その部分を重

点的に掘り下げることで本質的な課題にたどり着いた事例ということもできます。

5．ローカルベンチマーク作成後の金融機関・経営者・専門家による対話

金融機関支店担当者（以下、支店担当者）：御社のような葬儀業は、当地域にとってはなくてはならないまさに地域密着型の事業です。また、当地域の住民の死亡数も増えており、そういった意味では需要環境が良いはずなのに、御社の売上がどんどん下がっているので心配していました。社長にその原因をお聞きしたところ、税理士のC先生と一緒に来店され、C先生に相談するように言われました。そこで、私どもは、ローカルベンチマークを使って財務・非財務にわたって、C先生に分析してもらいました。

税理士：そうですね。大型設備投資をしたにもかかわらず、年々売上が減少しており、顧問税理士として陰ながら心配しておりました。社長といろいろお話をさせていただいた結果、社長は売上が減少していることはよく認識していたようですが、JA等のライバル企業の動きに惑わされ、それに焦りが加わったこともあり、なかなか腰を落ち着けてトップ営業ができていないと感じました。また、社長だけではなく、各営業マンにもいろいろ話を聞いてみましたが、社長との対話が少なく、社長が何を考え、何をしているかがわからないという意見も結構多く、社長の思いや意思が従業員にうまく伝わってないのではないでしょうか。

社長：今回先生からいろいろアドバイスを受け、結構ショックなことも多かったです。自分としては、清水の舞台から飛び降りるつもりで2年前にメインホールをリニューアルしたので、それだけでお客さんが増えるはずという意識もあり、それが"待ち"の営業になっていたことは否めません。競合業者が積極的に営業をしているのを見て少し焦りましたが、自社の設備やサービスは絶対にそれを上回っており、負けるはずがないという意識も強かったです。安物葬儀をバカにしてい

たのかもしれません。

税理士：御社は社歴も長く、地域に深く根差した企業なので、基本的には地域からは圧倒的に信頼されている存在です。ただ、それに少し胡坐をかいていたかもしれませんね。

支店担当者：当行としては、何としても御社に立ち直って欲しいと考えております。御社は60名余の従業員を雇用している重要企業です。これはすなわち、家族まで含めれば200名近い住民の生活を支えているわけで、社長の責任も重いですよ。

社長：私および私どもの家族は何代も前からこの地域でお世話になってきています。ここで踏ん張って立ち直り、再び地域の活性化にお役に立ちたいと強く思っていますが、それが空回りしていたかもしれません。今後は先頭に立って、心を入れ替えて泥臭くトップ営業に邁進したいと考えております。また、従業員とのコミュニケーションについてもC先生から厳しく指導いただきましたので、もう一度経営理念の見直しからスタートして、粘り強く取り組んでいきたいと思っています。

税理士：御社はやるべきことをしっかりやれば、絶対に他社に負けるわけがありません。それだけ地域の中心ともいえる存在だということを再認識してください。ただ、一方で、現在御社はどんぶり勘定で運営されていることも事実です。売上・費用・利益に関する管理が全くできていないといっても良い状態です。正直言って、よくこんなことでこの規模の企業が回っているなと驚きました。顧問税理士である私どもの責任でもあるので、今後、経営の基本となる管理会計の仕組みを創っていきたいと思います。

社長：今回先生にいろいろご指導いただき、本当に反省すべきことが多かったと感じております。父親から受け継いだ会社ですが、何もわからず運営しておりました。今後先生に引き続きご指導いただきながら、しっかりと間違いのない経営を試み、可能であれば後継者として考えている息子に受け継いでいきたいと思っています。

税理士：社長の意思はよくわかりました。顧問税理士としても全力で支

援させていただきたいと思います。（金融機関に向かって）ただ、社長の決意は大変素晴らしいと思いますが、足元ではやはり相当資金繰りが厳しい状況となっています。社長が陣頭指揮の売上向上・経営改善活動には顧問税理士として協力させていただきますが、少し時間が欲しいと思います。可能であれば現在の返済金額を一次的に減額していただくことはできないでしょうか？　これは社長と相談して出した結論です。

社長：そのとおりです。

支店担当者：ご要請の趣旨はよくわかりました。先生を中心に経営改善計画を策定してみてください。当行として納得できる計画であれば、本部に掛け合ってみることとします。

税理士：わかりました。今回ローカルベンチマークを活用してＡ社の中身を深く知ることができましたので、かなり具体的で実現性の高い計画を社長とともに作ることができると思いますので、よろしくお願いします。

社長：ありがとうございます。先生と一緒に頑張って作りますので、よろしくお願いいたします。

支店担当者：ところで、少し話が変わりますが、お聞きするところによると、Ｄ地区にあるサブホールの稼働率が非常に悪いらしいですね。それはどうしてでしょうか？

社長：Ｄ地区にあるサブホールは、設備が古いので利便性が劣り、人気もないです。また、リニューアル済のメインホールとは車で20分程度の距離なので、自分も含めてほとんどの従業員も使いたがらないのです。大きな葬儀が重なる等の特殊な事情がないと、今後もあまり稼働が見込めないというのが実情です。

支店担当者：何か他で使い道があるのでしょうか？

社長：駅に近い立地なので、葬儀以外のいろいろな集まりで使えないかと考えたこともありますが、具体的には動いていないのが現状です。

支店担当者：どうでしょうか、そういうことでしたら一括で誰かに貸すか、あるいはいっそのこと売ってしまうということも考えたらいかが

でしょうか？

社長：借り手を探すのは相当困難だと思います。もし仮に見つかったとしても、かなり旧い建物ですので、修繕等でそれなりの資金が必要になってきます。現状ではその資金を捻出するのも大変ですので、本音を言えば売ってしまいたいくらいです。ただ、底地も建物もすべてメインである御行の担保に入れさせてもらっていますので、担保を外していただく必要がありますが、そのような高い単価で売れるかどうかはわかりません。

支店担当者：もしよろしかったら当行の持つネットワークで借り手や買い手を探してみたいと思いますが、いかがでしょうか。駅前の立地なので、場合によっては案外短期間で見つかるかもしれません。賃貸することとして、修繕資金等が必要になる場合は、お約束はできませんが、賃貸料とのバランスを吟味のうえ、しっかりした返済計画を出していただければ、その程度の資金はご用意できる可能性もあります。ただ、それよりも、当行としては、妥当な価格で売ることができるのであれば、担保を外させていただきますので、その分を返済し債務を少しでも減らした方がよいのではとも思います。いずれにしろ、そのあたりのことも、可能な限り経営改善計画に反映させておいてください。

社長・税理士：わかりました。それではよろしくお願いいたします。

❸ 対話を通じた経営戦略立案への接続：小売業のケース

１．企業概要
会社名：Z制服株式会社
事業内容：学生制服の小売販売（学校販売、店舗販売）、制服の修理、メディア向け制服衣装レンタル
所在地：東京都●●区
従業員数：11名
売上高：200百万円
借入金額：50百万円

①　概要
　当社は創業70年、地域の皆様から愛される「町の制服屋」をモットーとして、地元の中学生、高校生向け学生服販売を行う会社です。年商200百万円、従業員11名と事業規模は小さいですが、東京の下町に本店を構え、現在の取引校は50校以上に上ります。当社が出店する商店街は、サブカルチャー関連の店舗が集まることで全国的にも有名ですが、昨今の外国人の学生服ブームによって、当社店舗は外国人観光客誘致に一役買っているような状態です。このように、周辺地域は「下町」や「若者文化」の特色や文化を活かした町づくりをしており、たとえば、昔ながらの地域住民向け小規模店舗の集合する商店街が地域外の人を呼び込みインバウンド型経済を創出するなど、当社を含む地元密着企業が重要な役割を果たしているという特徴があります。

　マクロ環境に目を映すと、2016年現在、全国の学生服販売市場は1,120億円程度ですが、少子化によって今後の市場規模は縮小していくものと見られています。東京では、比較的生徒数の減少幅が小さい（地域によっては増加している）ようですが、そのなかで「選ばれ続ける店」となる経営努力は必要であり、長期的に見て安心とは言い切れません。

　当社のこれまでの経営も順風満帆とはいきませんでしたが、メインバンクの指導の下、事業を安定軌道に乗せることができている状況です。

しかし、外部環境悪化の不安から、メインバンクとしても新しい事業展開や経営基盤の盤石化を図るべきと考えており、今後も全面的に支援する方針で、必要があれば積極的に資金協力することを念頭に置いていました。

② ビジネスモデル・業況

当社のビジネスモデルにおける他社との差別化ポイントは、単に学生服を販売するのみではなく、生徒の成長に合わせたサイズ変更、破れや傷などの修理業も行っていることです。それらの修理機能は、3年間確実に使える学生服として、親御様から厚い信頼を受けています。一方で、制服衣装のカスタマイズおよび制服衣装レンタル事業も手がけており、テレビ、CM、映画、雑誌媒体、イベントなどへの制服の衣装提供を行っています。メディアという特性上、需要動向は掴みづらいものの、近年貢献部門として確立しつつあるようです。

当社の業況は、過去数年間の売上は安定推移しており、その8割は当社の基盤事業である学生服販売部門によるものだそうです。競合店の閉店や学校の統廃合があったものの、当社の対象学校の生徒数はほとんど変化がなく売上が確保できている状況とのことです。また、最近では制服衣装レンタルの受注が増え売上増加に寄与しており、営業利益も黒字転換したことがわかっています。

2．ローカルベンチマークにおける財務分析診断結果

図表3-23　財務分析診断結果

■財務指標

指標	算出結果	貴社点数	業種平均値	業種平均点数
①売上増加率	11.1%	5	3.7%	3
②営業利益率	6.0%	5	1.5%	3
③労働生産性	1,091（千円）	4	752（千円）	3
④EBITDA有利子負債倍率	2.6(倍)	5	6.4(倍)	3
⑤営業運転資本回転期間	0.4（ヶ月）	4	1.2（ヶ月）	3
⑥自己資本比率	36.8%	4	26.5%	3
総合評価点	27	A		

※1 各項目の評点および総合評価点は各業種の業種平均値からの乖離を示すものであり、点数の高低が必ずしも企業の評価を示すものではありません。非財務指標も含め、総合的な判断が必要なことにご留意ください。
※2 総合評価点のランクはA：24点以上、B：18点以上24点未満、C：12点以上18点未満、D：12点未満

■基本情報

商号	Z制服株式会社
所在地	東京都●●区
代表者名	●●●●●
業種（選択）	小売業

売上高	200,000（千円）
営業利益	12,000（千円）
従業員数	11（人）

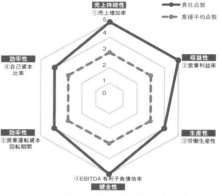

①　売上増加率（当社＋11.1%　業種平均＋3.7%）

業種平均比較でも非常に良好な結果となっているのは、昨今の制服衣装レンタル事業の売上増加によるものと考えられますが、偶発的なものなのか？といった増加の理由や以降の継続性については確認が必要です。中期的視点では、従来型の学生服販売は、販売契約をしている学校が対象で生徒数も決まっているため大きな売上増はないはずですし、むしろ少子化による脅威のリスクという不安定要素の方が大きいと思われます。したがって、当社の今後の売上や収益維持・成長には制服衣装レンタル事業の育成がキーになってくるという仮説の下、直近期の売上増を楽観視せず、以下の観点で経営者と対話し、今後の当社の事業展開を占う戦略を確認すべきと考えられました。

A）学生服販売事業に関連して少子化の脅威をどう考え、どのような

方針で進めていくのか。
B) 制服衣装レンタル事業の売上増はどのような要因によるものか。それは、今後も継続性や再現性はあるのか。

② **営業利益率（当社＋6.0％　業種平均＋1.5％）**

業種平均と比較しても良好な結果となっています。ただし、このような高水準の営業利益率は直近期のみ見られたもので、真の要因や、今後の継続性については不明です。ついでながら、直近2期の売上、粗利、営業利益をふりかえると図表3-24のとおりです。

図表3-24　直近2期の売上・粗利・営業利益

	N-1期	N期
売上	180,000	200,000
うち販売	142,000	150,000
うちレンタル	38,000	50,000
粗利	51,700	62,500
粗利率	*29%*	*31%*
販管費	50,500	50,500
営業利益	1,200	12,000

販管費は変化がなく粗利が大きく改善しています（当社の事業においては、設備もほとんどなく、従業員も一定人数でまわすことができるため、固定費はほぼ変動がありません）。状況から見て粗利率改善の要因はレンタル事業の売上増しか考えられませんから、販売事業と比べてレンタル事業の粗利率が非常に高いものと思われます。この点は、今後の戦略を考えるうえでも重要なポイントとなるため、経営者へのヒアリングで詳しく確認していく必要があります。

③ **労働生産性（当社＋1,091千円　業種平均＋752千円）**

業種平均を上回る数値となっています。当指標は（営業利益÷従業員数）で求めるもので、N期営業利益ベースではこのような結果となるのですが、N-1期の営業利益実績での試算では（1,200千円÷11人）＝109千円と、業種平均を大きく下回る結果となります。つまり、安易に「労

働生産性の高い事業である」と判断できず、N期だけの特殊要因の可能性があると考えるべきです。具体的には、前項で示したように、粗利率が高いと推測される衣装レンタル部門の売上増影響が大きいと考えられ、今後も同様の労働生産性を維持できるかを判断するには、当部門の売上見込み（N期売上を継続できるのか、さらなる拡大の可能性はあるのかなど）をヒアリング等で明らかにしていく必要があります。

④ EBITDA有利子負債倍率（当社＋2.6倍　業種平均＋6.4倍）

業種平均を上回る結果となっていますが、あくまで直近期の衣装レンタル部門の好調を反映した収益力による結果です。仮にN-1期の数値から試算した当指標は11倍ですから、今後のレンタル部門の見立て次第では実力はもっと低い可能性があり、注意が必要です。

⑤ 営業運転資本回転期間（当社0.4ヵ月　業種平均1.2ヵ月）

業種平均よりも大分下回っている有利な状況です。当社の主要事業である学生服販売部門は現金商売のため、ほとんど売掛金はないようです（150万円程度ありますが、レンタル部門のものと考えられます）。在庫もとても少ないようですので大変効率性の高い事業だといえますが、在庫の状況や少ない要因などについては確認をした方がよいでしょう。

⑥ 自己資本比率（当社36.8%　業種平均26.5%）

当社の数字をみると、業種平均を上回っており経営が安定しているようです。

3．非財務情報分析による実態把握

売上増加率（当社＋11.1%　業種平均＋3.7%）から見えてきた仮説から以下の視点でヒアリングを行います。

a) 少子高齢化が進む昨今、学校および制服業の業界再編が進むなか、今後、安定した売上を確保できるのか

b） 制服衣装レンタルの売上が増加したのは、戦略に基づいた意図的な売上によるものか、偶発的な売上増なのか

　一見、売上増ということは喜ばしい結果ではありますが、場当たり的な営業や環境要因での自然増なのか、戦略に基づいた売上創出なのかでは、将来継続的に売上を確保していくうえで、営業力があるのかないのか、大きく異なります。現在の売上は、外部要因の影響が大きく、市場、顧客に対して戦略が打てていないという危うさを感じます。
　非財務ヒアリングシートの「ビジョン」「経営目標の有無」「市場規模・シェア、競合他社との比較」「顧客リピート率、主要取引先企業の推移」を軸にヒアリングおよび実際のデータを示してもらいながら確認していきます。
　ヒアリングの結果、ビジョンはなく、もちろん戦略もありませんでした。外部環境を確認すると、対象地域の学校でも生徒数は、減少傾向が見て取れました。しかし偶然にも、競合店の閉店が相次いだことにより、学生服販売の受注データを確認すると競合シェアを獲得できているという事実が見えてきました。また制服衣装レンタルの受注が拡大したのは偶発的であり、戦略をもって受注確度を上げることをしていたわけでもありませんでした。
　また、営業利益率（当社＋6.0％　業種平均＋1.5％）からは、固定費がほぼ一定であることを加味し、非財務ヒアリングシートの「技術力・販売力の強み、弱み」のヒアリング、部門別の粗利のデータ分析を行いました。その結果、学生服販売において、競合との価格競争には巻き込まれず、当社の修理機能が強みとして付加価値を生んでおり、部門別収益データの確認からも、学生服販売部門、制服衣装レンタル部門ともに粗利率の変化はないことがわかり、制服衣装レンタルの粗利分、営業利益率が向上したことがわかりました。

　営業運転資本回転期間からは、回転期間が短く有利な状況であることがわかりましたが、在庫の状況についてはヒアリングや現地視察で確認

をしていきます。

　まず、一般的な服飾卸売業では、トレンドを見越して先発注を行いそのシーズン中に完売を目指しますが、当社は受注数がほぼ見えているなかで仕入れを行うため、概して過剰在庫のリスクは小さいとのことでした。ただし、細かい注意すべき点があることがわかりました。たとえば、受注数（生徒数）はある程度見えているので、販売数はさほどブレることはありませんが、大小のサイズは余力を持って受注しなければならないため、その分仕入数が増え過剰在庫となるリスクはあること。ただし、翌年、過剰在庫数を踏まえ仕入れを行うため、当社としては安全在庫として判断しているようです。また、通常、学校の統廃合が起きると、規定制服のデザインが変更されるため、その学校で使っていた学生服は一切使えなくなり安全在庫は不動在庫となってしまいます。しかし、当社は修理機能と制服衣装レンタル機能があるため、不動在庫となった制服をカスタマイズして制服衣装としてのレンタル、販売を行い、不動在庫を再利用しています。一つ問題としては、在庫データの集計が煩雑で、精緻化するために手間がかかった点があります。在庫データが活用できる状態に精緻化されていないため、在庫のバランスの変化に気づかず、在庫の積み上げが起こるおそれ、またレンタル、販売に転換できないことで受注機会損が発生してしまうということです。

図表3-25　非財務ヒアリングシート①

■基本情報

商号	Z制服株式会社	売上高	200,000（千円）
所在地	東京都●●区	営業利益	12,000（千円）
代表者名	●● ●●	従業員数	11（人）
業種（選択）	小売業		

経営者への着目	経営者自身についてビジョン経営理念	■経営者自身 前社長から経営を引き継いだ後、事業を継続させるため、堅実に経営を行ってきた。 社長の頑張りが強く、あらゆる業務に社長自身が関わり指揮をとっている。 一方で従業員が成長していかないというジレンマがある。 ■経営理念 「創業70年、世代を超えて愛される学生服」。 ■ビジョン なし。
	後継者の有無	なし 従業員から後継者が出てきてもらえると良いとのこと。
事業への着目	企業及び事業沿革	昭和30年　Z制服株式会社を創業 昭和50年　○○商店街に販売店舗を開設 平成10年　代表取締役○○が辞任し、現社長が代表取締役に就任
	技術力、販売力の強み	①長年培ってきた学校との関係性および学生服販売のノウハウ。 ②修理縫製者の技術力。 ①②による制服衣装のカスタマイズおよびレンタル。
	技術力、販売力の弱み	①縫製の技術力があるが、学校販売部門、制服衣装レンタル部門との連携が不十分。 ②戦略がなく、待ちの受注体制となっており受注機会損が起きている。
	ITの能力イノベーションを生み出せているか	学校制服販売部門、店舗販売部門、制服衣装レンタル部門と各々データを管理しているが、システム不在のため、集計に膨大な手間がかかり活用までには至らない。そのため、在庫の積み上げ、受注機会損が見受けられる。

企業を取り巻く環境関係者への着目	市場規模・シェア競合他社との比較	①少子高齢化により学生数が減少傾向にある。 ②競合他社が淘汰されてきている。 ③新規参入は難しい業界。 ①②③により一事業所あたりの生徒数は確保できており、生存者利益が見込める。
	顧客リピート率主力取引先企業の推移	制服衣装レンタル部門においては、一度利用してもらった顧客は、ほぼリピートしてもらっているが、撮影などで制服を使用する機会がいつあるかはわからない。
	従業員定着率勤続日数平均給与	少数ということもあるが長年働いている従業員が多く、従業員の定着率は高くなっている。
	取引金融機関とその推移	現状維持（過去10年以上、増減なし）。
内部管理体制への着目	組織体制	社長直下に、学生服販売部門・修理部門・制服衣装レンタル部門を配置。また、学生服販売部門には、本店と同エリア商店街に支店がある。
	経営目標の有無共有状況	経営目標（短期、中期のビジョン）はない。また自由度の低いビジネスであり、例年、売上の変動が少ない。そのため、経営計画もなく、社長の一番の関心ごとは、入学式前後の繁忙期をどう乗り切るか、となっている。
	社内会議の実施状況	決まった社内会議はなく、随時関係者が集まって会議を行っている。従業員は、定期的な会議はなくとも、長年の経験から必要な業務は熟知している。
	人事育成のやり方システム	社長も高齢となってきており、中期の課題として事業承継が考えられる。しかし、従業員は、自分の業務を遂行すれば良い、という昔から変わらずの事業運営体制が続いている。

第3章 ローカルベンチマーク活用事例集

図表3-26　非財務ヒアリングシート②

■製品製造、サービス提供における業務フローと差別化ポイント

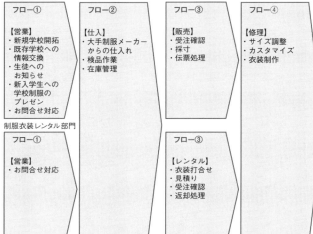

■商流把握

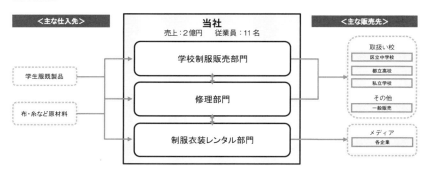

図表3-27　技術力・経営力評価の整理

評価分野・項目				評価結果
1	製品・サービス	①	新規性・独創性	△	学生服販売は、基本、学校ごとに規定の制服があり、決まった制服以外を提供できないという点で新規性は皆無となる。 また昨今、制服規定のない自由校や定時制、専門学校などで、制服、ブレザー、履物、関連アイテムなどを自分でコーディネートして通学する学生が増えてきているが、あくまで制服としての利用であり独自性は求められない。
		②	優位性とその維持継続	○	通常の学生服販売において、製品自体の優位性はなく、それは他社も同様なことが言える。しかし、当社は映画、テレビ、CMなどに制服衣装提供をしていることもあって、中高生を惹きつける話題性には事欠かない。また、その縫製技術の高さから、修理メンテナンスも定評があり、それらが優位性となっている。
2	市場性・将来性	①	市場規模・成長性	○	少子高齢化により、今後、日本の人口減少はもちろんのこと、15歳以下の生徒数も減少となる。 また、子供一人当たりの支出を見てみると、家計支出に占める教育費の割合は高まっているが、一方で、子供向けの一般被服および履物への支出は、やや減少傾向となっている。これは、相次ぐアパレルメーカー参入により価格競争が起きているためであり、新規参入の難しい学生服販売においては、価格は維持できている。
		②	競合関係	△	学生服販売事業を見てみると、販売単価は維持できているが、粗利率は高いとは言えず、薄利多売のビジネスモデルと言える。よって、生徒数、学校数が減少しているなか、一定量の販売数を見込めない競合店は閉店していっており、結果、一事業所あたりの販売額（生徒数×販売単価）は確保できており、生存者利益は見込める。
3	実現性・収益性	①	販売方法・販売価格	△	各学校は、地域の学生服販売業者2〜3社程度と契約をしており、生徒は、その業者を自由に選択することができる。提供している学生服の価格はさほど差異がなく、自宅から近く通いやすい販売店舗、提供サービスの内容などで販売店舗を選定していると見られる。
		②	生産・サービス体制	○	学生服販売機能単体だけを見ると、他社と差別化できる要素は少ない。しかし、全体を見た場合、学生服販売機能、修理メンテナンス機能、制服衣装レンタル機能が複雑に絡み合い、相乗効果を生み出している。
		③	売上高・利益計画	×	経営目標（短期、中期のビジョン）はない。また自由度の低いビジネスであり、例年、売上の変動が少ない。そのため、経営計画（数値計画）もなく、毎年、各自に割り当てられた業務をこなしている。
		④	資金計画・資金調達力	○	少子高齢化が進んでいるとはいえ、制服を購入する生徒は必ず一定規模おり、中期においても売上、利益は安定していると言える。また、入学式の数ヵ月前に大きな仕入資金が必要となるが、販売数が見込めるため、確実に回収できる。これまで短期手形貸付で、繁忙期を乗り切っていたが、現在は自前で繁忙期を乗り切ることができている。
4	経営力	①	事業遂行能力	△	社長の事業の一番の関心ごとは、入学式前後の繁忙期をどう乗り切るか、となっており、そちらは準備万端で臨めているが、閑散期における売上獲得策は、進んでいない。
		②	人材・組織体制	△	社長直下に、学生服販売部門・修理部門・制服衣装レンタル部門を配置。また、学生服販売部門には、本店と同エリア商店街に支店がある。

※ひょうご中小企業技術・経営力評価制度における技術・経営力評価軸を使用

4．活用のポイント

これまで述べてきた、「2．ローカルベンチマークにおける財務分析診断結果」からの仮説づくり、および「3．非財務情報分析による実態把握」による検証により、事業の強み、弱み、また外部環境の状況を把握したことで、今後の事業戦略の検討につなげることができます。当社の場合は、金融機関と社長の対話を通じて、以下の2点を核とした施策を展開していくことになりました。

a）学生服販売部門においては、少子化が進むことで、対象学校の生徒数の減少が考えられ、競合店とのシェア争いを強いられることが予想されます。よって、当社の強みである、修理機能をアピールし親御様のニーズへの対応を行うことと、メディアへの制服衣装提供を話題として生徒から注目を集めることを、販売促進策としシェア確保を目指すこととしました。

b）制服衣装レンタル部門においては、在庫管理、顧客管理の整備が行き届いていないため、制作会社、衣装店などの顧客への周知活動が不足していることと、また学生服の実売を行っていることで学生からの生の声を得られ、それらを生かした提案営業ができておらず、受注機会損が起きていると考えられました。受注、在庫、顧客データが管理できる販売システムの導入を行い、制作会社、衣装店、スタイリストへの学生服トレンド情報、また在庫情報の共有を行うことで、当社の制服衣装レンタルの周知、受注拡大を目指すこととしました。

総じて、当社の学生服販売機能、修理機能、制服衣装レンタル機能は、単体で見ると他社が持つ機能と差はありませんが、お互いの部門が補完しあっていることで、競合店との差別化を生んでいると言えます。そのため、上記のような部門横断・全社目線での戦略立案が必要であり有用なのです。こうした戦略立案に接続できたのは、表面的な財務情報だけで判断するのでなく、財務・非財務両面からの情報分析と経営者との対

話からストーリーを紡ぎだしたからと考えれば、ローカルベンチマークの視点は戦略立案検討のステップを踏むためにも有効だということがわかるのではないでしょうか。

５．ローカルベンチマーク作成後の金融機関・経営者・専門家による対話

金融機関支店担当者（以下、支店担当者）：まずは、諸々ご協力いただきましてありがとうございました。御社のビジネスは、地域の皆様にとって大変かけがえのない地域密着型の事業と改めて認識させていただきました。我々金融機関も御社とは、先代の頃からこれまで長い間ともに歩んできたこともありますし、今後も全面的に支援させていただきたいと考えております。

社長：こちらこそありがとうございました。長いお付き合いですが、ここまでいろんな話をしたこともありませんでしたし、第三者の視点で弊社を見ていただいて、これまで気づかなかったこと、わかっていても改善できない点など、改めて指摘していただいて、大変参考になりました。

税理士：私も財務面ではサポートさせていただいておりますが、恥ずかしながら事業のことは深くタッチしておりませんでしたので、今後の参考にさせていただきます。

支店担当者：今回のヒアリングで、御社の強みは「部門間の相乗効果を生み出すノウハウ」にあることがわかりました。これまでは、御社の収益基盤である学生服販売部門ばかりが気になり、当部門における仕入資金の融資をさせていただいておりましたが、今後は、引き続き仕入資金の融資も行いつつ、事業全体を見まわして支援させていただくことを考えないといけないですね。

社長：そこで相談なのですが、「部門間の相乗効果を生み出すノウハウ」といってもどのように生み出せているのか、当の本人たちがわかっていないのです。わかっていないというのも大袈裟な話ですが、これまでの長い歴史のなかで、属人的に出来上がったビジネスモデルである

ので、その中心として動いている従業員が定年退職してしまうと、今のビジネスモデルは再現性を失い、成り立たなくなってしまいます。やはり、社内業務の見える化、システム化が必要で、資金のご支援をお願いしたいと思っているのですが……?!

支店担当者：確かにそうですね。今回の戦略として「システム導入による在庫・顧客管理、さらにそれらを通じての販促活動の強化」となっておりますが、さらに社内業務の見える化、体系化を進めることが重要となりますね。本来、システム導入は、そういった意味合いもあるかと思いますし、中期的に承継も考えなくてはいけないとなると、業務の見える化、体系化は、誰に引き継ぐにも必要となります。また御社のように、部門間が複合的な結びつきがあったり、個人の能力に依存が大きいとさらに難しいことですので、今から取り組んでいかなくてはいけませんね。

税理士：社長とは事業承継についてよく話をするのですが、他者に売却するのではなく、今いる従業員に引き継いでもらいたいとの意向が強く、先を見据えた計画も必要だなと話をしていたところです。今回の件で改めて承継についても重要であることを認識できましたので、今後は、きちんとした中期事業計画を策定しないといけないですね。

社長：短期戦略の販売促進強化による収益性の向上も重要ですが、中期的には事業承継を含めたビジネスモデルの再構築を目指していかなければいけませんね。税理士さんと私で中期経営計画を作成しますので、金融機関様の方で販売系のシステム構築を得意とする企業様がありましたらご紹介していただけないでしょうか。また、中期経営計画を通して、システム導入および倉庫などの設備を更新する場合、現在の資金余力では難しいかと思いますので、その際は、仕入資金以外にも、融資の相談をさせていただくことになるかと思います。

支店担当者：わかりました。システム会社さんは当社のネットワークからいくつかご紹介できるかと思います。また中期を見据えた投資計画ということでも、いつでも協力させていただきます。税理士さんのサポートの下、中期経営計画をよく検討してみてください。また、中期

経営計画のアウトラインができましたら、一度、見せていただけますと何かしらご提案できるかと思います。
社長・税理士：わかりました。引き続きですが今後ともどうぞよろしくお願いいたします。

❹実態把握における外部専門家の活用：食品製造業のケース

1．企業概要
会社名：Y食品工業株式会社
事業内容：チルド食品製造販売業
所在地：●●県X市
従業員数：90名
売上高：1,576百万円
借入金額：425百万円

① 概要
当社は、人口10万人弱の地方中核都市であるX市に本社および工場を置き、同地域に3ヵ所、関東に1ヵ所の営業拠点をもつ企業です。創業当初から一般的な家庭料理のおかず商品を取り扱っており、製造は本社工場のみで行い、関東の拠点を中心に全国販売も手掛けるに至っています。

一方で、創業から40年が経過しており、その間、当社の商品開発は大手バイヤー主導（バイヤーが欲しがる商品に応える形での開発）に終始しており、自社オリジナル商品へのテコ入れなどは積極的に進められておらず、また商品（家庭料理のおかず商品）自体も家庭に浸透しているとはいえ、真新しさからいうと魅力が薄れつつある商品であるといえます。そのような意味では、成熟から衰退にかかりつつある事業内容（取扱い商品）であるといえます。

X市における当社の位置づけは、製造業全体の売上高規模に対して、約0.5％程度のシェア（図表3-28）、従業員数は約1.0％のシェア（図表3-29）と、富の創出（アウトバウンド型企業）および地域雇用の確保の面からも重要なものとなっているといえます。

創業当初から、メインとなる地方銀行からの融資を得ながら事業の拡大を進めてきており、借入金のほとんどは設備投資資金として借り入れたものです。このメイン地銀としても、明確に当社の業績回復を支援す

る姿勢を示しており、特に食品製造業であることも鑑み、場合によっては老朽化した設備の更新投資にも協力する考えをもっていました。

図表3-28　RESASによるX市産業別花火図（売上高）

・X市の産業構造は、製造業が非常に大きなシェアを占めている。
・当社売上1,576百万円は、X市製造業全体売上高（331,995百万円）の約0.5％を占める。

▶ **図表3-29　RESASによるX市産業花火図（従業員数）**

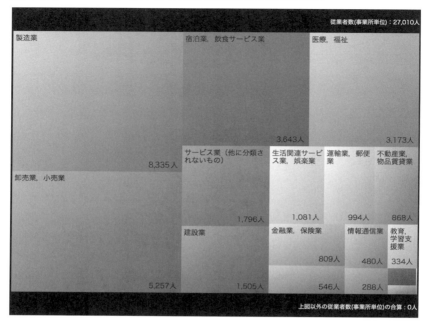

・当社従業員数90人は、X市製造業全体の従業員数の約1.0%を占める。

② **ビジネスモデル・業況**

　当社は、昭和50年創業、40年の歴史を持つ家庭向けチルド調理食品メーカーです。安心・安全でおいしい加工食品を安価に提供しお腹いっぱい食べてもらいたい、という思いをもって売上高を拡大してきた企業です。

　取扱い商品群も、創業当初は1種類でしたが、消費ニーズの多様化に合わせ、現在では3商品群計300商品を扱うに至っています（その結果、商品管理が煩雑になり、おろそかになってしまっている面もあります）。

　数年前まで順調に売上高を伸ばし、20億円前後の売上高を維持していたのですが、近年、大手冷凍食品メーカーが冷凍調理食品の品質向上を進め、調理の容易性を高めるとともに低価格化を進めたことにより、当社が扱うチルド調理食品市場を侵食してきたことに押され売上高の低下

を招きました。

社長は売上高挽回を図り、大手ベンダーを通じた大手スーパーマーケットへの納入を進めたのですが、原価の把握および価格設定のまずさから売上高は回復させたものの、収益が上がらない状況が続いています。

2．ローカルベンチマークにおける財務分析診断結果

▶ 図表3-30　ローカルベンチマーク　財務分析診断結果

■財務指標

指標	算出結果	貴社点数	業種平均値	業種平均点数
①売上増加率	6.4%	4	2.5%	3
②営業利益率	-3.0%	1	2.7%	3
③労働生産性	-530（千円）	1	1,103（千円）	3
④EBITDA有利子負債倍率	-22.6（倍）	1	7.4（倍）	3
⑤営業運転資本回転期間	3.4（ヶ月）	2	2.4（ヶ月）	3
⑥自己資本比率	19.1%	2	35.6%	3
総合評価点	11	D		

※1 各項目の評点および総合評価点は各項目の業種平均値からの乖離を示すものであり、点数の高低が必ずしも企業の評価を示すものではありません。非財務指標も含め、総合的な判断が必要なことにご留意ください。
※2 総合評価点のランクはA：24点以上、B：18点以上24点未満、C：12点以上18点未満、D：12点未満

■基本情報

商号	O食品株式会社
所在地	●●県X市
代表者名	●●●
業種（選択）	製造業

売上高	1,576,000（千円）
営業利益	-47,680（千円）
従業員数	90（人）

①　売上増加率（当社＋6.4％　業種平均＋2.5％）

売上増加率をみると、直近期については売上高が増加しているため、この指標は業界平均と比較しても良好な結果となっています。ただし、売上高推移をみると、売上高が増加したのは前々期から前期のみであり、それ以前は減少傾向が続いていたことがわかります。前期に売上高が急減した理由を確認する必要があると考えられます。

② 営業利益率(当社▲3.0％　業種平均＋2.7％)

売上高が増加しているにもかかわらず、営業利益はマイナスとなっています。過去の推移をみても営業利益はマイナスを継続的に計上しており、全体値の回復傾向も見られません。このことから、過去については慢性的に薄利の商売をしており、前期については売上高を確保（増加）させるためにさらに薄利の商売を進めた可能性があるので確認が必要と考えられます。また、もうひとつの仮説として、前々期までは売上高の減少に合わせた固定費の思い切った削減が進められていなかった可能性が考えられます。

今後の売上動向を確認しながら、適正な固定費を見極めていく必要があります（売上高増加・維持傾向が続くのであれば思い切った固定費削減は生産能力を低減させる可能性があるのであまり強固に進められません。逆に売上高水準が前々期レベル、もしくは減少傾向がうかがえるのであれば思い切った削減も視野に入れて進める必要があります）。

③ 労働生産性(当社▲530千円　業種平均＋1,103千円)

この指標の計算方法は「営業利益÷平均従業員数」であるため、営業利益（率）がマイナスとなっている当社のようなケースでは検証に使用できず、このままでは仮説を描くことができません。

▶ 図表3-31　1人あたり付加価値額(従業者10人以上の事業所)

単位：千円

	平成25年	平成26年
食品製造業平均	8,057	8,108
当社	4,429	4,508

※経済産業省、工業統計データより

図表3-31のとおり、代わりの指標として1人あたり粗付加価値額（（出荷額－原材料等使用額）÷平均従業員数）を見てみると、業界平均8,108千円/人に対し、当社4,508千円/人（平成26年）と当社は食品製造業全体の約半分程度の数字となっています。この数字から、当社の従業員1

人あたりの生産性は低い可能性がうかがえます。ただし、一口に生産性といっても、この段階では効率の問題なのか、勤務シフトを含む雇用形態の問題なのか等の詳細はわからないため、ヒアリング等で確認を進める必要があります。

④ **EBITDA有利子負債倍率（当社 算出不能　業種平均＋7.4倍）**

この指標の計算方法は（借入金－現金・預金）÷（営業利益＋減価償却費）であり、営業利益（率）がマイナスとなっている当社のケースでは良否を検証できません。そのため、現状の業績では返済不能ということが確認できる程度です。

⑤ **営業運転資本回転期間（当社3.4ヵ月　業種平均2.4ヵ月）**

一般に食品製造・販売業では、日銭商売でもあることから手形の問題よりも在庫回転率の問題により回転期間が延びていることが疑われます。当社は業種平均と比較して1ヵ月程度長い営業運転資本回転期間となっていることから、不要に在庫を積み増していないか、包装材料等を中心に長期滞留品が存在していないか、商品在庫の金額計算に不具合はないか、といった視点での確認が必要と考えられます。

⑥ **自己資本比率（当社19.1％　業種平均35.6％）**

当社の数字をみると、業種平均の半分程度となっています。自己資本比率が低いこと＝借入依存度が高いといえますが、当社の場合、売上高16億円に対して金融機関借入4億円ですから、絶対額としては過剰とはいえません。一方で、赤字が続いていたとのことですから、これまでの利益の累積である「利益剰余金」がマイナスとなり、「自己資本」が非常に薄くなっていると考えられます。この傾向が続けば債務超過に陥るリスクもあり、早急に手を打つ必要があることは明白です。

また、自己資本が積み増せていないことから、下記の点についても確認しておく必要があります。食品に限らず製造業では、十分に設備更新をせず老朽化した設備を駆使して人海戦術的に生産を続けているケース

が散見されますが、製品品質への影響や、特に食品製造業の場合は衛生面から取引上の信用問題につながることもあることを頭に入れ、工場見学等により建屋や設備の老朽化度合い、事業継続のための修繕や今後の投資の必要性も確認しなければなりません。

3．非財務情報分析による実態把握

前述した財務分析診断結果から、あらかた立てた問題点仮説に基づき、経営陣だけでなく主要な従業員にもヒアリングを行い、会社の現状を把握していきます。

まずは財務面の①売上増加率、および②営業利益率（推移含め）の背景および詳細を確認するために、「顧客リピート率、主要取引先企業の推移」、「技術力・販売力の強み」「技術力・販売力の弱み」、「経営目標の有無・共有状況」の4項目をヒアリングおよび実際のデータを示してもらいながら確認していきます。

まず①売上高増加の理由は、大手ベンダーとの取引（数量）を拡大させたため一時的に増加したとのことでした。にもかかわらず②営業利益率がマイナスの状態であり、さらに前々期より悪化していることは、新規取引を不採算のレベルで行っている可能性があります。ヒアリングのなかで判明した重大な問題として、商品原価の管理はレシピ表に基づいて行っていましたが、「売価≒原価」というどんぶり勘定的な売価設定を行っているという事実がわかりました。また原価以外に、売上増加にほぼ連動する形でセンターフィーや保管料などの管理コストも増大していることもわかりました。これらのことから、原価管理・売価設定がいい加減なため、売上拡大により、むしろ不採算取引を増やし収益力を下げているような状態であるとわかりました。

さらに、「技術力・販売力の強み」「技術力・販売力の弱み」を掘り下げて確認していくと、近年の当社は売上高減少を補填すべく、大手ベンダー向け（PB）の季節商品の取扱量を増やしており、自社オリジナル商品（NB）への対応が手薄になっているとのことでした。この大手ベンダー向けの季節商品については、製造設備は急ごしらえで生産キャパシテ

図表3-32 ローカルベンチマーク非財務ヒアリングシート①

■基本情報

商号	O食品株式会社
所在地	●●県X市
代表者名	○○ ○○
業種（選択）	製造業

売上高	1,576,000（千円）
営業利益	-47,680（千円）
従業員数	90（人）

経営者への着目	経営者自身についてビジョン経営理念	■ビジョン・経営理念 「安心・安全」、「新しい味の創造」をモットーに、国内原材料を使用し、かつ新商品を積極的に市場に提供し続ける。 また、安価でお腹いっぱい食べさせたい、という想いも創業当初から持ち続けている。 ■経営者自身 実兄から経営を引き継いだ後、事業を精力的に拡大してきた経歴があり、ワンマン傾向が強い。 また、「安価でおなかいっぱい」と大量生産・大量消費志向から抜け切れていない面もある。
	後継者の有無	有（経営者子息）：東京で料理人の経験を積んだのち、10年前に当社に入社。現在は商品開発部長として新商品レシピの開発を担っている。
事業への着目	企業及び事業沿革	昭和50年 創業、現社長の父が社長就任 昭和54年 工場を分社化、現社長の実兄が社長就任 平成13年 現社長が社長就任 平成22年 業界でいち早くチルドタイプ商品を販売開始
	技術力、販売力の強み	・大手ベンダーを介した大手スーパーとの長年の取引関係を持っている。 ・社長を中心とした精力的なトップ営業力がある。 ・他社に先んじて販売したチルド商品の市場地位。
	技術力、販売力の弱み	・原価管理、労務管理など、製造現場の管理が不十分。 ・売上・利益管理などの営業管理が不十分。 ・配送ルート管理が運送会社任せであり、社内にノウハウが蓄積できていない。
	ITの能力イノベーションを生み出せているか	・データの蓄積はされているが、分析や共有、営業戦略検討に活用されていない。 ・管理者個人単位での管理、分析にとどまっている。 ・データのメンテナンスも定期的には行われていない。
企業を取り巻く環境関係者への着目	市場規模・シェア競合他社との比較	・少子高齢化が進み、内食産業・外食産業ともに飽和～縮小状態にある。 ・大手食品メーカーを中心に冷凍食品の調理性向上、種類の増加が進み、チルド食品市場を侵食している。 ・季節商品の需要は堅調。
	顧客リピート率主力取引先企業の推移	各取引先で取引額は微減傾向も、新規取引先の開拓を社長主体で精力的に進めており、売上高の減少分を補っている（ただし薄利の商売が増えている傾向）。
	従業員定着率勤続日数平均給与	季節による繁閑（労働時間・残業時間）差が大きく、パート・アルバイト従業員を多用し対応するも、季節だけの雇用が難しくなってきている。
	取引金融機関数とその推移	現状維持（過去10年以上、増減なし）。
内部管理体制への着目	組織体制	社長直下に、営業部・製造部・経理部を配置。営業部には、東北営業所（3ヵ所）、関東営業所1ヵ所がある。製造部（工場長が管理統括）以下に商品開発部、品質保証部、製造工場が配置されている。
	経営目標の有無共有状況	経営目標は毎年社長を主体に立てられている（社長が欲しい売上金額を各部門に落とした努力目標となっている）。
	社内会議の実施状況	営業会議および企画会議が行われている。営業会議では売上実績の確認を中心に行っている。企画会議では新商品企画の議論および品質情報の共有が行われている。 （両会議とも社長が出席し、他出席者の発言は少ない）
	人事育成のやり方システム	教育計画は立てられていない。特に季節労働者（パート・アルバイト）を含め、製造工場配属者は教育されることなくラインに配属されている。作業マニュアルも作成されていない。

図表3-33　ローカルベンチマーク非財務ヒアリングシート②

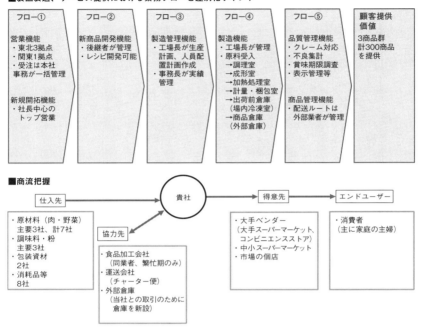

　ィが低く、当該商品の売れる時期については、従業員に多少の無理を強いて製造せざるを得ない状況であることがわかりました。
　一方で、料理人として修業を積んだ経営者子息がレシピ開発（仕入れ、試作〜量産化対応まで）を10年にわたり手掛けており、レシピ開発力および仕入れの目利き力については高いレベルを有していることもわかりました。
　設備面のアンバランスさはあるものの、経験で培った真似できないレシピ開発力や、大手ベンダーの要求に応える力、良い素材を仕入れ製造する力はあり、技術力はある企業といえます。

　次に③労働生産性まわりの情報を集め、業種平均よりも生産性が低い理由を探っていきます。

まず月次の売上高推移（図表3-34参照）を見ると、当社の売上は冬場（9月～2月）の6ヵ月間は夏場に比べ1.5～2倍を稼ぐ季節変動があることが確認できました。

図表3-34　月次売上高の推移

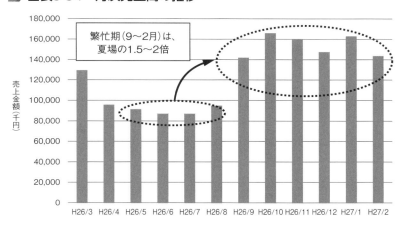

　併せて労務費の推移（図表3-35）を確認すると、売上高に連動する傾向はみられるものの、繁忙期（例：ピークである10月）比の閑散期の指数は、売上高の減少幅よりも労務費の減少幅が小さいことがわかります。つまり、夏の閑散期と冬の繁忙期で働き方を十分に調整できていない可能性があることが確認できました。

　当社は、冬の繁忙期に作業人数を確保する必要がある一方で、その時期だけ人員を募集しても集まらないという理由から年間雇用を進めており、夏場には余剰人員を抱えたまま操業せざるを得ない状況となっていました。その結果、労働生産性（1人あたり粗付加価値額）が業種平均より低くなっていることがわかりました（ちなみに食品製造業ではよくあることですが、変形労働時間制などの制度を活用することである程度繁閑差を調整することも可能ですが、当社ではそのような制度の活用もなされていませんでした）。

図表3-35　売上高および労務費の月別指数

※ピークである10月を基準（100％）とした場合

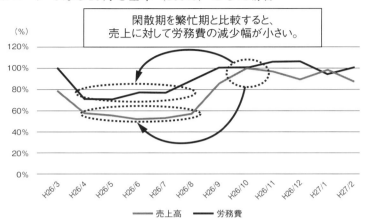

　⑤営業運転資本回転期間、および⑥自己資本比率については、「非財務ヒアリングシート①」に直接的に関連する項目はありませんが、「非財務ヒアリングシート②」の「商流把握」などで取引形態を把握することで、在庫が必要な事業運営なのかを確認しつつ、不動在庫がないかを調べることで問題点の把握につながります。当社の場合は、取引先のニーズに合わせて取扱いアイテム数を300種類までに増やした結果、少量しか出荷しないアイテムは製造の都合上多めにつくり冷凍保存しておいたり、包装材料も少量しか使わず残ってしまうなど、無駄な在庫を増やさざるを得ない構造を抱えていることがわかりました。

　最後に、工場見学をした結果、設備の老朽化が進んでおり、既存顧客との取引継続の前提となる品質の担保に難があること、ひいては事業継続のリスクになりうることも確認できました。

図表3-36　技術力・経営力評価の整理

評価分野・項目			評価結果
1 製品・サービス	①	新規性・独創性	× 創業当初から取り扱っている商品については、40年間に1回しかリニューアルされていない。取扱商品群も、最近10年間は変わっておらず新規性はあまりない。 また、大手バイヤーの要求に合わせた開発になっており、現状は独創性も打ち出せていない。
	②	優位性とその維持継続	○ 2-②のとおり、創業当初から取り扱っている1商品群については、市場での認知度を獲得できており、優位性は高い。一方で、その商品群についてリニューアルなどの手が打てておらず、現状のままでは維持継続性も低いと言わざるを得ない。
2 市場性・将来性	①	市場規模・成長性	△ 家庭料理のおかずチルド食品の市場規模は、当社が扱っている2商品の合計で、約900億円規模である。 市場自体は、この10年で緩やかな縮小傾向となっており、成長性は見込めない。
	②	競合関係	○ 家庭料理のおかずチルド食品の市場のシェア状況は、2商品群ともに、4社で8割を占める構成になっている。 そのうちの1商品群については、当社は7.5％のシェアで4位に位置しており、この商品群については、市場認知度が高く優位な地位にあるといえる。
3 実現性・収益性	①	販売方法・販売価格	△ 大手バイヤーとの取引関係など、工場がある地域以外全国への販路を確保できている。 一方で、原価管理が不十分であることから、販売価格が適正に設定できていない。(利益確保に難がある)
	②	生産・サービス体制	△ 家内工業的・人海戦術的ではあるが、生産能力は保持している。一方、設備の老朽化や品質クレーム多発、5S不徹底など食品メーカーとしては生産体制に難あり。 工場のある地域(3拠点)および関東に営業拠点を置いており、サービス体制も保有している。
	③	売上高・利益計画	× 売上高計画はあるものの、毎月未達の状況となっている。利益計画についても一応はあるが、原価が正確に把握できていないため架空の利益計画となっている。
	④	資金計画・資金調達力	× すでに1年間のリスケ中であり、外部からの資金調達は困難。その後も経常損失が続いており、現預金残高の減少が続いている。
4 経営力	①	事業遂行能力	○ 家内工業的・人海戦術的ではあるが、納期対応に向けた業務遂行能力は高い。(社長の一声で動く組織とはなっている)
	②	人材・組織体制	○ 社長直下に、経理部、企画開発部、製造部、品質管理部、営業部が配置されており、人材も揃っている。

※ひょうご中小企業技術・経営力評価制度における技術・経営力評価軸を使用

　以上のヒアリングやデータ検証で判明した当社の主な状況は、以下のようにまとめられます。

　１）レシピ開発や仕入れの目利き力、製造力が強みとなり、大手ベンダーからの引き合いも多く、今後も売上増の可能性がある。

2）一方で原価管理がいい加減なため、不採算取引を抱え、赤字の主要因となっている可能性がある。
3）売上の季節変動に応じて労務費を最適化する調整ができておらず、利益圧迫要因となっている。
4）在庫リスクを考慮しないまま顧客に言われるがままの商品アイテム増を行ったため、無駄な在庫を抱えざるを得ない構造となっている。

　これらに基づき、当社では、原価計算の精緻化を図り、採算の取れていない商品アイテムを中心に、アイテム数の絞り込みを進めるとともに値上げ交渉も行いました。また一方では適正在庫を決め計画的な生産が行える体制を整え、夏冬の繁閑差による労働生産性の低さへの対応として変形労働時間制を導入しました（年間休日数を一定として、夏場の休日数を増やし冬場の稼働日数を増やすことで残業代支出を抑えました）。また設備の老朽化への対応も、修繕費として年間にかかる金額、品質クレームとしてかかる機会損失を含めた金額などを勘案し一部の設備については更新を行った方が経済的であることに基づき、更新も行う計画を立てました。これらの施策に着手したことにより業績回復に向けた一歩を踏み出せています。
　なお、本事例では、「ローカルベンチマーク」を活用した経営者、顧問税理士および金融機関担当者による対話により、『売上高増加の理由は、大手ベンダーとの取引（数量）を拡大させたため、売上高は一時的に増加したものの、センターフィーや保管料などの管理コストが増大したため、営業利益率が低下した』ということまで確認できました。また、『商品原価の管理はレシピ表に基づいて行っていましたが、売価≒原価というどんぶり勘定的な売価設定での販売を行っていたため、管理コストの増加を早期に見極めることができず、売上増加に見合った利益の確保ができない状況を招いてしまった』ことまでを把握することができました。つまり、「ローカルベンチマーク」の活用により、当社の原価管理の数字や方法に問題があり、正しい売価設定ができていない可能性があること

までを把握することができました。

　一方で、原価管理は専門性が高い内容でもあり、三者（経営者、顧問税理士、金融機関担当者）がこれ以上深掘りして、たとえばどの商品の利益率が低いために会社全体として儲かっていない等の調査を進めることは、工数面および知識面からも難しいと考えられました。そこで原価管理の実態調査および管理方法の指導については、企業から事業や技術に詳しい外部専門家に協力を仰ぐ形で、徹底的に調査・改善を行うことにしました。

　その結果、現状会社が把握している原価には下記の問題点（把握漏れ）があり、かかっている経費すべてを把握したうえでの売価設定になっていないことがわかりました。

・製造経費の把握漏れ、配賦漏れ
・共通費の配賦漏れ
・手待ちなど非稼働時間の計上漏れ、品質ロス率の見積もりの甘さ、等

　これらの問題点を改善し、正確かつタイムリーに原価を把握していくことにより、値上げ交渉や商品の絞り込みを有効に進めることにつながりました。

4．活用のポイント

　本事例で示したとおり、情報収集のなかでも税理士などの専門家ができる内容と、事業や技術に詳しい外部専門家の知見や技能を使って把握する内容をうまく切り分けることが有効です。外部連携を進めることで、会社の問題点・課題をより明確にし、ポイントを突いた改善施策を進めていくことが可能になるのです。

　また、企業運営は経営者の意思に基づいた有機的なつながりを持った経済活動であり、財務指標による診断結果は、経営活動の結果指標に過ぎない面もあります。

　常日頃、企業を訪問する機会に、「非財務ヒアリングシート①」の「経営者自身について、ビジョン、経営理念」など経営者が常日頃どのようなことを大事に考え事業を行っているかや、「技術力・販売力の強み／弱

み」、「企業を取り巻く環境・関係者への着目」、「内部管理体制への着目」といった視点で企業内外の状況や管理状況に興味・関心を持って把握し、整理しておくこと、「非財務ヒアリングシート②」の「業務フロー」および「商流把握」などの視点をもってその企業の大まかな姿を把握しておくことで、「財務分析診断結果」をみたときに、どこに問題点がありそうかあたりをつけて深掘りして調べることができ、早期の対話・早期の問題解決につなげていくことができると考えられます。

5．ローカルベンチマーク作成時および作成後の金融機関・経営者・専門家による対話

　当社から融資依頼を行うにあたり、顧問税理士とともにローカルベンチマーク作成に着手しました。その前後の三者の対話は以下のとおりです。

【ローカルベンチマーク作成時の対話】
社長：売上改善計画、取引先別の利益計画（値上げ計画）を策定し、頑張ってはいますが、業績回復までもう少しかかりそうです。なんとか、今期の繁忙期に向けた季節資金の融資を金融機関から借りたいと思っています。それがないと、計画通りの売上を達成できないんです。
税理士：社長、最初に作成した経営改善計画の数字通りに改善が進んでいないのですね。返済を開始していないのに、季節資金の融資は銀行としてもできないと思いますよ。
社長：閑散期は、どうしてもいま一歩、売上が伸びなかったのですが、これからが稼ぎ時なんです。なんとか融資をお願いできませんかね。
税理士：一定期間返済しないという条件緩和をしているなかでの融資は難しいでしょうね。そもそも、当初計画通りに進んでないことが問題ですね。今期の着地見込みは計画通りいきそうなのですか？
社長：ええ、もちろん。そうなるように私自身も積極的に営業活動をしていますよ。
税理士：営業活動ももちろんですが、売上に達しなかった理由はほかに

はないんですか？

社長：ちゃんと値上げもして、採算がとれるようにしたんですけど…。

税理士：その値上げは、妥当な値上げだったのでしょうか？

社長：実は……会社が依頼した技術専門家に原価計算書を検証してもらったところ、経費の項目に計上漏れがありました。その結果、私が当初20％を見込んでいた粗利は、7〜10％程度しか取れない見込みなのです。

税理士：それでは、さらなる改善策をもう一度検討せざるを得ないですね。原価計算の件しかり、「ローカルベンチマーク」の指標からも、私としても気になっているところがあります。社長が会社を今後どうしていきたいと考えているか、一緒にもう一度整理しながら、対策を考えることにしましょう。

社長：そうですね。当社は食品会社でもあるし、雇用を守りながら、安全でおいしい食品の製造を継続し、年商20億円企業を目指したいと考えています。

税理士：従業員の皆様とも、方向性は共有されていますよね。そもそもの話ですが、皆様ちゃんとついてきてくれていますよね。

社長：もちろんです。みんなまじめで、一生懸命働いてくれています。繁忙期は残業が嵩むけれども、文句も言わず働いてくれています。

税理士：実は外部から見ていると、労務環境的にはあまりよろしくない面もあるように思います。今後は計画生産による閑散期の休日増なども取り入れる必要があると感じています。業績がよくないなか、今まで十分に投資もできなかったと思いますが、生産設備については問題ありませんか。

社長：そうですね。古い設備ですので、従業員がメンテナンスをしながらうまく使って生産しているのが実情です。

税理士：実際のところ、老朽化の影響は多少なりとも出ているようですね。機械のチョコ停（ちょこちょこ停止し、生産性悪化）や、建物の隙間などからの虫などの混入によるクレームなど、良くない影響もあるようですね。事業継続には、当初作成した計画には盛り込みません

でしたが、設備投資や修繕費を多少見込んでおく必要がありそうですね。
社長：それだと、さらに経費が増えて利幅は小さくなる……返済開始の見込みがさらに立たなくなるんじゃないだろうか。
税理士：そうはいっても、当社がこの地域にとっても、従業員にとっても、重要な企業であることは金融機関も理解していますから、実態をお話して協力してもらいましょう。
社長：その通りですね。このローカルベンチマークの指標などを示しながら、金融機関と対話をして、協力してもらうしかありませんね。

【ローカルベンチマーク作成後の再計画策定・追加金融支援のお願い】
社長：金融機関様から日ごろアドバイスもいただき、また顧問税理士や技術の専門家先生にもお願いして、当社現状を調べてもらいました。そこで本日、新しい経営改善計画を策定しお持ちしました。この計画に沿って、当社の現状と今後をご理解いただき、追加の金融支援をお願いしたいと思います。
税理士：前期、売上高は表面上回復したのですが、不採算の取引を増やしたため、残念ながら赤字幅が大きくなってしまいました。今期については、値上げも進めたのですが、その結果お取引が継続できない取引先様も出てきたため、売上高については減少となってしまいました。利益についても、前期の不採算取引が一部残っていたことや、想定したほどの値上げ効果につながっていなかったため苦しい状況です。そこで返済に充てるキャッシュフローを捻出できませんでした。今期後半から、市場環境を見ながら再度値上げをするとともに、開発品の投入も進め、利益率の改善を図ってまいります。効果が出るのはやはり繁忙期である今期後半以降になってしまう見込みです。また、赤字が続いてしまったため、現状では当初の計画通り返済を開始することはできないと想定されます。つきましては、大変心苦しいのですが、条件緩和（リスケ）の継続をお願いしたい考えです。
社長：その通りです。申し訳ございませんが、よろしくお願いいたしま

す。

金融機関支店担当者（以下、支店担当者）：お話はわかりましたが、追加融資はなくても大丈夫なのでしょうか？

税理士：もちろん、融資をしていただけるのであればお受けしたいのですが、担保余力もなく、保証枠もいっぱいで返済により減らすこともできていない現状です。できることならば、なんとか、条件緩和を続けていただき、そのなかで、資金留保しながら、将来の投資に充てたいと考えています。

支店担当者：自社努力で何とか改善できそうですか？

社長：はい、「ローカルベンチマーク」の指標をもとに、税理士先生とも検討したことや、個別に当社で依頼した技術の専門家の先生が調べてくださったことなどによって、私どもも気づいていなかった無駄がいっぱいあることがわかりました。たとえば、各拠点の営業所の家賃を減らしたり、運送ルートの見直しや、在庫の持ち方なども見直すことで倉庫賃借料も減らすことができます。また、繁閑差に合わせた就業管理を進めることで、人件費もぐんと減らすことができるとわかりました。お取引先様も、当方の努力後の原価を示しましたら、値上げ要請に応じてくださって、利益確保ができそうです。

支店担当者：ということは、御社は売上増加、経費圧縮に向けたさらなる対策をすでにスタートされているということですね。それなら、ある程度早い段階で利益創出できる会社になりそうですね。その際には、懸念されている老朽化対策のための設備投資の融資も考えられると思いますよ。顧問税理士の先生、ぜひ今回策定いただいた計画通りに進むよう、モニタリングもよろしく頼みます。

社長：はい、私も独断で進めてしまいがちなところがあるので、税理士の先生とよく相談しながら堅実な経営を行っていきたいと思っています。そのためにも御行のご協力は必要です。よろしくお願いします。

税理士：もちろん、私としてはしっかり社長と相談しながらやっていくつもりです。

金融機関：わかりました。お互い頑張っていきましょう。

おわりに

　不良債権の解消問題であれ、企業格付けの定着であれ、金融円滑化法による返済猶予であれ、金融問題はすべて金融機関が本気にならなければ、普及し社会に浸透しません。今回の「事業性評価融資」や「ローカルベンチマーク」も同様に、金融機関の本部や支店が一枚岩になって取り組まない限り、中小企業や地域には広がっていかないものと思われます。かつては、中央官庁の指示は、まるで軍隊の突撃命令のように、直ちに支店まで浸透しましたが、最近のガイドライン行政の下においては、なかなか、各金融機関には徹底しないようです。1990年ころ発生したバブル崩壊後の不良債権問題も長期間放置され、金融再生プログラムによりメガバンクのみがこの問題を解消するまでに10年以上かかり、企業格付けの定着も金融検査マニュアル公表後、数年間を要し、金融円滑化法による返済猶予も未だに30〜40万社の借り手企業が正常返済を付けていないと言われています。

　ただし、今回は、金融庁も、「金融仲介機能ベンチマーク」を梃子として、早期に「事業性評価融資」や「ローカルベンチマーク」の実績の積み上げを目指しています。「金融仲介機能ベンチマーク」は5つの共通項目、50の選択項目になっており、多くの項目は数値指標で、それぞれの金融機関で比較ができ、時系列評価も可能になっています。これらの数値指標は、多くの金融機関やそれぞれの支店に対し、客観的に公平な評価をすることになりますから、プレッシャーも大きいものです。また、経済産業省のRESAS（地域経済分析システム）や「財務分析シート」のシステムも利便性が高い反面、かなりの投資負担となっており、その普及活動も活発に行われるものと思います。

　そこで、この「事業性評価融資」「ローカルベンチマーク」は、最近の施策と違って、早期に行政自身が動く可能性があります。そのためにも、本書の事例によって、早い段階で「事業性評価融資」「ローカルベンチマーク」の総合的な習得をお勧めします。特に、ローカルベンチマークに

おける第一段階の「地域の経済・産業の現状と見通しの把握」やRESASによって、金融機関の審査手法も変わります。従来の企業の財務情報のみの審査から、地域における企業の役割を評価することと、財務情報を評価することの二元評価の審査に高度化していきます。

　RESASによって、融資企業が、従来の企業審査や事業審査また担保保証チェックのプロセスで信用力が十分でないと判断されても、地域での貢献が認められる企業は、融資審査をクリアすることができます。また、目下、金融庁が主張している「担保・保証に依存しない借入れ」や「短期継続融資」また「経営者保証ガイドライン」の運用も、事業性評価にて、実行承認が得られるようになっています。「金融検査マニュアル別冊（中小企業融資編）」の事例が公表されて約15年が経過し、未だに、これら別冊の事例が貸出現場の担当者に徹底しているとは言えませんが、今回はやはり「事業性評価」にて、実行承認が得られる可能性が高まっています。少子高齢化や都市と地方の格差拡大に加え、長期間のデフレ経済の下、地域金融機関も現在の地域企業の活性化や、創業・第２創業企業の育成が、喫緊の課題になっています。

　たとえ、地域企業が赤字を続け債務超過になろうとも、その企業の事業性評価を見出すことができるならば、その企業に、「ローカルベンチマーク」の指標を開示してもらい、交渉と対話を行って、各金融機関とも自信を持って、融資支援を実施することになると思います。金融機関の支援状況が続く限り、ほとんどの中小企業は倒産しないという実績があります。多くの中小企業は、金融機関に情報開示を行いながら、安心して支援を受け入れて再生していくものと思います。また、このような窮境状況にない企業にとっては、金融機関と情報交換を密に行えば、活性化し、短期間に地域貢献ができるようになると思います。そのような時に、本書の事例が潤滑油役を演じることになれば、有難いものと思っております。

中村　中

〈著者プロフィール〉

中村　中（なかむら　なか）
執筆担当：はじめに、第1〜2章、第3章1、おわりに
資金調達コンサルタント・中小企業診断士
1950年生まれ。
三菱銀行（現三菱東京UFJ銀行）入社後、本部融資部・営業本部・支店部、岩本町・東長崎各支店長、福岡副支店長等を歴任、関連会社取締役。
2001年、㈱ファインビット設立。同社代表取締役社長。週刊「東洋経済」の選んだ「著名コンサルタント15人」の1人。中小企業金融に関する講演多数。
橋本総業㈱監査役、一般社団法人資金調達支援センター副理事長、㈱マネジメントパートナーズ顧問
著書『金融機関・会計事務所のためのSWOT分析徹底活用法－事業性評価・経営改善計画への第一歩』『事業性評価融資－最強の貸出増強策』『ローカルベンチマーク〜地域金融機関に求められる連携と対話』（ビジネス教育出版社）、『中小企業再生への経営改善計画』『中小企業再生への改善計画・銀行交渉術』『中小企業再生への認定支援機関の活動マニュアル』『中小企業再生への金融機関本部との連携・交渉術』（ぎょうせい）、『中小企業経営者のための銀行交渉術』『中小企業経営者のための格付けアップ作戦』『中小企業金融円滑化法対応新資金調達術』『経営改善計画の合意と実践の第一歩「バンクミーティング」事例集』など（TKC出版）、『融資円滑説明術』など（銀行研修社）、『信用を落とさずに返済猶予を勝ち取る法』など（ダイヤモンド社）、『銀行交渉のための「リレバン」の理解』など（中央経済社）、『中小企業融資支援のためのコンサルティングのすべて』（金融ブックス）他

株式会社マネジメントパートナーズ
執筆担当：第3章2（事例集）
著書『金融機関・会計事務所のためのSWOT分析徹底活用法－事業性評価・経営改善計画への第一歩』『事業性評価に結びつく農業法人経営の見方』（ビジネス教育出版社）

酒井篤司（さかい　あつし）
代表取締役、中小企業診断士、農林水産省「農業経営問題研究会」常任委員。三菱商事にて新規事業企画・開発、子会社社長、海外関連会社役員等歴任後、独立し㈱マネジメントパートナーズ設立。

平鍋雅之（ひらなべ　まさゆき）
コンサルティング事業本部マネージャー、シニアコンサルタント

川西智子（かわにし　ともこ）
シニアコンサルタント、元 神奈川県中小企業再生支援協議会統括責任者補佐

古坂真由美（ふるさか　まゆみ）
シニアコンサルタント

事業性評価・ローカルベンチマーク 活用事例集

2017年 2 月15日　初版第 1 刷発行
2017年10月30日　初版第 2 刷発行

著　者　　中　村　　　中
　　　　　㈱マネジメントパートナーズ

発行者　　酒 井 敬 男

発行所　　株式会社 ビジネス教育出版社

〒102-0074　東京都千代田区九段南4-7-13
TEL 03(3221)5361(代表)／FAX 03(3222)7878
E-mail▶info@bks.co.jp　URL▶http://www.bks.co.jp

印刷・製本／シナノ印刷㈱　　装丁・本文デザイン・DTP ／㈲エルグ
落丁・乱丁はお取り替えします。

ISBN978-4-8283-0643-8　C2034

本書のコピー、スキャン、デジタル化等の無断複写は、著作権法上での例外を除き禁じられています。購入者以外の第三者による本書のいかなる電子複製も一切認められておりません。

＝ビジネス教育出版社 関連図書＝

事業性評価融資 —最強の貸出増強策

中村 中（資金調達コンサルタント・中小企業診断士）／著
Ａ５判・248頁　定価：本体 2,500 円＋税

金融行政の大転換、ローカルベンチマークの推進、中小企業等経営強化法の普及、外部専門家との連携……地域金融機関の構造的課題と低金利時代の"融資"のあり方を説く。貸出現場における中小企業経営者と銀行担当者の会話例をふんだんに盛り込み、理解が深まるように工夫。

ローカルベンチマーク
〜地域金融機関に求められる連携と対話

中村 中（資金調達コンサルタント・中小企業診断士）／著
Ａ５判・160頁　定価：本体 2,000 円＋税

地域企業評価手法・指標とそれに基づく対話は事業性評価融資の必須ツール。その全体像をわかりやすく解説。「第一段階」で地域を把握して情報収集・データ分析を行い、「第二段階」で財務・非財務の企業分析を行うローカルベンチマークは、地域経済圏を担う企業に対する経営判断や経営支援等の参考となる評価指標。

金融機関・会計事務所のための SWOT分析徹底活用法
—事業性評価・経営改善計画への第一歩

中村 中・㈱マネジメントパートナーズ [MPS]／共著
Ａ５判・208頁　定価：本体 2,200 円＋税

取引先の実態把握に最も現実的で、融資判断に極めて有用な経営分析手法"SWOT"の活用法を実際の経営改善事例をベースに詳説－Strength（強み）・Weakness（弱み）と Opportunity（機会）・Threat（脅威）の切り口から企業を分析する！

フィデューシャリー・デューティー
—顧客本位の業務運営とは何か

森本紀行／著
四六判・208 ページ　定価：本体 1,500 円＋税

金融庁が確立と定着を目指すフィデューシャリー・デューティーはすべての金融機関の行動原則。日本で最初に「フィデューシャリー宣言」を行った HC アセットマネジメントの森本社長が、フィデューシャリー・デューティーの意義、これまでの経緯、具体的な取組み方、今後の課題等について簡潔にまとめた書。